Alois Mock (Hrsg.)

Das Balkan-Dossier

Alois Mock (Hrsg.)

Das Balkan-Dossier

Der Aggressionskrieg in Ex-Jugoslawien – Perspektiven für die Zukunft

Dokumentiert von Herbert Vytiska

SIGNUM

Besonderer Dank gelten der Mitarbeit des
Bundesministeriums für auswärtige Angelegenheiten,
der Austria Presse Agentur und
Christian Schneider

Die Deutsche Bibliothek - CIP-Einheitsaufnahme
Vytiska, Herbert:
Das Balkan-Dossier :
der Aggressionskrieg in Ex-Jugoslawien - Perspektiven für die Zufkunft /
Herbert Vytiska. Hrsg. von Alois Mock. - Wien : Signum, 1997
ISBN 3-85436-224-2

Bildnachweise
Umschlagphoto: © Hopi Media; Bildteil: 10, 11 © Hopi Media; 1 bis 9 und 12 bis 28 freigegeben vom Bundesministerium für Landesverteidigung in bezug auf G.Z. 1.920/41-02/92

A-1031 Wien, Reisnerstraße 40
E-Mail: contact.us@signum.voei.ada.at

Die Übersetzung des Berichtes von Tadeusz Mazowiecki S. 221 ff.
besorgte Ursula Fischer

Druck: Walla, 1050 Wien
ISBN 3-85436-224-2
Wien, 1997

Inhaltsverzeichnis

Der Balkan beginnt am Rennweg

„I haaß Kolaric, Du haaßt Kolaric, warum sogn's zu Dir Tschusch?"

Dieser Plakattext aus dem Jahre 1972 (verantwortlich zeichnete dafür die „Aktion Mitmensch" der Werbewirtschaft Österreich) wollte einen Beitrag zum Abbau der Vorurteile gegen jugoslawische Gastarbeiter in Österreich durch die sogenannte einheimische Bevölkerung leisten. Es ging auch darum, begreiflich zu machen, daß ein Land wie Österreich schon immer ein Schmelztiegel verschiedener Nationen war.

Ein Beispiel von vielen.

Noch in der Zeit der österreichisch-ungarischen Monarchie war ein gewisser Mlade Kolaric aus Belgrad nach Wien gezogen. Er arbeitete als Dienstbote bei einer Kaufmannsfamilie. Dort lernte er ein Wiener Wäschermädel namens Stefanie Mödlagl kennen und lieben. Sie schenkten mehreren Kindern das Leben. Ein Sohn fiel im Zweiten Weltkrieg für das Deutsche Reich in Stalingrad. Der andere hatte mehr Glück. Er kam durch.

Noch während eines Fronturlaubes hat er geheiratet, Juliane Urban, Angestellte bei der Zensur. Beider Sohn, Wolfgang, erhielt eine gute Schulausbildung, schaffte den Ingenieur und fand in einem Baubüro einen gutdotierten Posten. Eines Tages, am Bau, ärgerte er sich über einen Maurer, weil dieser eine Ziegelmauer nicht so, wie im Plan vorgesehen, hochgezogen hatte: „Bleda Tschusch, konnst net amol a Wand hochricht'n, aber am Letzt'n bist der Erste, der die Hand aufholt, um zu kassier'n."

Der so Angesprochene sah den Meister an und fragte nur: „Ich so arbeit'n, wie dein Plan mir sag'n. Aber du mir sagn, wie du heißen?" Worauf der Meister tief Luft holte, sich in Positur warf und mit dem Brustton der Überzeugung sagte: „Ingenieur Kolaric!" Daraufhin kam leise die Gegenfrage: „I heiß Kolaric, Du heißen Kolaric, warum du sag'n zu mir Tschusch?"

Zwanzig Jahre später. In einer Wiener Disco. Evelyn Kolaric, Tochter des Bauingenieurs Wolfgang Kolaric, langweilt sich mit Freunden bei Techno- und Rave-Music. An der Theke steht ein junger, schüchterner

Mann. Die Mädels flirten mit ihm, nur er reagiert kaum. Es ist fast eine Form des Weltschmerzes, die sein Blick widerspiegelt. Forsch, wie die Mädels sind, törnen sie ihn an. Nicht ganz ohne Erfolg.

Er spricht nur gebrochen Deutsch. Seine Eltern sind vor ein paar Wochen mit ihm vor dem Krieg in Kroatien geflüchtet. Sie haben Obdach in einem Pfarrheim gefunden, nicht weit weg von der Disco. Zum erstenmal hat er es gewagt, allein fortzugehen. Mit ein paar Schilling für ein Cola in der Tasche, um die große, weite Welt zu schnuppern.

Die Jugendlichen stellen sich vor. „Sylvia" kommt es rasch über die Lippen, „Kolaric" folgt noch schnell genuschelt. Man spricht sich ja eigentlich nur mit dem Vornamen an. „Kolaric Nenad" kommt die Antwort. Er ist kroatischer Flüchtling. Sie die Tochter einer seit drei Generationen in Wien ansässigen Familie, somit gebürtige Wienerin, aber letztlich serbischer Abstammung. Man hat die Herkunft schon längst vergessen. Da kommt eine Frage und sie steht im Raum: „I haaß Kolaric, Du haaßt Kolaric, warum kennts ihr daham kan Fried'n geb'n?"

Nachdenklichkeit ist angesagt, denn was weiß schon der Durchschnittsbürger über den Balkan, außer, daß Cevapcici, Letscho und Slivovitz Balkan-Spezialitäten sind?

Aus der Schulzeit bleibt oft nicht mehr in Erinnerung, als daß ein Serbe in Sarajewo den Thronfolger des Kaisers ermordet hat, wodurch der Erste Weltkrieg ausgelöst wurde. Am Ende dieses Krieges stand das Ende der Monarchie und ein Österreich, das um seine Existenz, sein Überleben ringen mußte.

Dann erinnert man sich vielleicht noch daran, daß in Jugoslawien im Zweiten Weltkrieg ein Partisanenkrieg geführt wurde und nach dem Krieg ein gewisser Tito sich dem totalen Herrschaftsanspruch Moskaus widersetzte.

Jugoslawien, das war für viele eine Ansichtskarte: Tiefblauer Himmel, smaragdgrünes Wasser, weißer Sandstrand in einem roten Land. Und die Jugoslawen, das waren Gastarbeiter im Wirtschaftswunderland, die verwaiste Posten ausfüllten, wie Hausmeister, Straßenkehrer, Hilfsarbeiter am Bau.

Dem großen österreichischen Staatsmann Metternich wird der Ausspruch zugeschrieben, daß der Balkan eigentlich schon in Wien, am

Rennweg beginnen würde. Ein Ausspruch, der zu vielen Interpretationen gebraucht und mißbraucht wurde. So, wenn etwa dem Wiener Schlampigkeit, Händler- oder Trinkgeldmentalität unterstellt wurde.

Der Ausspruch kann aber auch so gedeutet werden, daß viele Menschen bei und mit uns leben, die längst als Wiener, als Einheimische anerkannt sind, deren Vorfahren aber einst aus einem der vielen Balkanländer nach Wien zugezogen waren, sich hier seßhaft gemacht, eine Familie gegründet haben.

Das war schon so in der Zeit der Monarchie. In den 60er, 70er und 80er Jahren dieses Jahrhunderts sind dann die Gastarbeiter nach Wien, nach Österreich, nach Westeuropa gekommen, haben hier Arbeit und eine Heimstatt gefunden. Viele ihrer Kinder sind bereits Österreicher, Deutsche etc.

Der Konflikt zwischen den Balkanvölkern ist ein Konflikt, der uns berühren sollte. Nicht nur weil jeder Krieg mit Tränen, Leid, Menschenopfern verbunden ist, sondern weil er in unseren Breitengraden auch Verwandte, Freunde, Nachbarn unmittelbar betrifft.

Neuer Nationalismus folgt KP-Ära

„Die Geschichte lehrt ständig, sie findet aber keine Schüler." Dieses Zitat der österreichischen Schriftstellerin Ingeborg Bachmann paßt vortrefflich auf den Konflikt im ehemaligen Jugoslawien und seine Behandlung durch die internationale Staatengemeinschaft.

In den 80er Jahren gab es nicht wenige intellektuelle Träumer, die ernsthaft die Meinung vertraten, daß es in Europa keine bewaffneten Auseinandersetzungen mehr geben werde. Der immer wieder aufflammende Bürgerkrieg in Nordirland wurde als eine fast schon sektiererische Auseinandersetzung auf einer Insel am Rande Europas abgetan. Der „kalte Krieg" zwischen dem kommunistischen Block einerseits, und den Westmächten andererseits, wurde nur noch als ein Relikt der Vergangenheit angesehen. Die roten Potentaten waren längst salonfähig geworden. Westliche Politiker, die an die ständige Verletzung der Grund- und Freiheitsrechte im „Ostblock" nur zu erinnern wagten, wurden als Revanchisten abqualifiziert. Dem jugoslawischen Weg, das heißt Abnabelung von Moskau und Verdrängen des Wortes „Kommunismus" durch „realer Sozialismus", wurde heftig applaudiert.

Als das Gebäude des Kommunismus (aufgrund der nunmehr vorliegenden Fakten wäre es angebracht, von einem potemkinschen Dorf anstatt eines Gebäudes zu sprechen) in Europa Ende der 80er Jahre in einem ungeahnten rasanten Prozeß in sich zusammenstürzte, kamen erschreckende und ernüchternde Tatsachen ans Licht der Öffentlichkeit.

Solschenyzins „Archipel Gulag", von manchem Zeitgenossen gerne als Übertreibung eines geknebelten Literaten hingestellt und damit aus der Wirklichkeit ins Reich der Dichtkunst gerückt, entpuppte sich als eine Alltagsschilderung, die letztlich in jedem kommunistischen Land, eben nur in unterschiedlichen Ausformungen, stattfand.

Das Ende des kommunistischen Blocks hatte insbesondere auch gravierende wirtschaftliche Ursachen. Von der DDR bis zur UdSSR standen die Staaten nicht vor, sondern mitten im Bankrott. Der wirtschaftliche Konkurs hatte den inneren Zerfallsprozeß beschleunigt. Die Moral der Staats- und Parteiführungen war ausgehöhlt. Ein System der Korruption durchzog alle Ebenen der Gesellschaft. Angst, Terror und brutale Machtanwendung waren der „Kitt“, mit dem die Strukturen noch einigermaßen zusammengehalten, das Funktionieren gewisser staatlicher Teilbereiche sichergestellt und damit nach außenhin der Schein eines beinahe monolithischen Blocks erweckt werden konnten.

Die innere Erosion des kommunistischen Ostblocks war schon weit fortgeschritten, wesentlich weiter als angenommen, wie sich nach dem auf den Systemzusammenbruch folgenden Kassasturz noch zeigen sollte. Die dem Westen vorliegenden Geheimdienstberichte der damaligen Zeit können aus heutiger Sicht nur noch als Schönfärberei bezeichnet werden.

Die christlichen Kirchen waren ein Zufluchtsort für Menschen, die nicht nur in sozialer, sondern auch politischer Not lebten, sie gaben Halt und vermittelten Hoffnung. Viele Intellektuelle standen in geistigem und offenem Widerstand zu ihren Regimen. Aber auch in der breiten Basis der Bevölkerung hatten sich Resignation und Ablehnung breitgemacht. Die Berichterstattung westlicher Medien, dabei spielten nicht nur Radio und Fernsehen in der Nähe des Eisernen Vorhangs, sondern auch internationale Kurzwellensender sowie unter Freunden und Bekannten kolportierte westliche Zeitungen, die oft wie Juwelen gehandelt wurden, eine große Rolle, trug das ihre zum Ende der kommunistisch-marxistischen Herrschaft unter dem Zeichen von Hammer und Sichel bei.

In der kommunistischen Ära waren die nationalen Probleme vieler Staatengebilde nur scheinbar ausgelöscht und verdrängt worden. Kaum waren die alten Potentaten gestürzt, kaum waren ersehnte Freiräume, wie Rede- und Versammlungsfreiheit, möglich geworden, regten sich nationale Strömungen, besann man sich der geschichtlichen Wurzeln.

Dieser neue Nationalismus mußte einfach nach 72 Jahren geistiger, seelischer, körperlicher und politischer Unterdrückung in Rußland, nach gut 40 Jahren in den übrigen osteuropäischen Staaten erwachen. Und es waren gerade auch überhebliche westliche intellektuelle Kreise, die nicht Verständnis für diese nationalen Regungen zeigten, sondern beinahe schon Verständnislosigkeit, weil man sich plötzlich mit einer Vielzahl von politischen, kulturellen, sprachlichen, geschichtlichen und sozialen Differenziertheiten auseinandersetzen mußte, die nicht mehr so einfach und berechenbar waren. Allein ein Blick auf die Landkarte der letzten zehn

Jahre vergegenwärtigt uns die gewaltigen Änderungen, die sich vollzogen haben, die ein Resultat des Zusammenbruchs des Ostblocks ebenso sind wie des erwachten nationalen Bewußtseins: Früher einmal gab es von Brest bis Wladiwostok nur ein Reich, die UdSSR.

Diese UdSSR ist mittlerweile in elf Nachfolgestaaten (Armenien, Aserbaidschan, Kasachstan, Kirgistan, Moldavien, die Russische Föderation, Tadschikistan, Turkmenistan, Ukraine, Usbekistan, Weißrußland) zerfallen. GUS, die Russische Föderation, gliedert sich außerdem noch in 20 autonome Republiken.

Und fuhr man früher auf dem Weg von den Karawanken nach Griechenland nur durch einen einzigen Staat, nämlich Jugoslawien, so sind es jetzt gleich fünf Staaten, die man passieren kann: Slowenien, Kroatien, die neue Bundesrepublik Jugoslawien, Bosnien-Herzegowina und Mazedonien.

Auch der Kommunismus hatte mit dem Problem der unterschiedlichen Nationalitäten auf einem Staatsgebiet zu kämpfen. In vielen Staaten, die verschämt die Bezeichnung „Kommunismus" hinter dem Deckmantel eines sogenannten „realen Sozialismus" zu verbergen suchten, gab es neben den ideologischen Konflikten auch schwelende nationale. Am stärksten ausgeprägt sicher in der alten UdSSR, wo Esten, Litauer, Tschetschenen, Baschkiren, Tataren und viele andere unter der Knute der Kreml-Herren litten. Indem man die am Ort verwurzelte Bevölkerung umsiedelte, aus anderen Regionen Menschen ansiedelte, die weder kulturelle noch ethnische Bindungen an diese Gegend hatten, und so traditionelle Bindungen zu zerstören suchte, war man bemüht, einen Einheitsstaat und eine Einheitsbevölkerung zu schaffen. Man glaubte, das Problem durch eine Art Völker-Vermischung lösen zu können, indem Menschen einfach übersiedelt, fernab ihrer eigentlichen Heimat angesiedelt wurden. Nachvollziehbar in der Russischen Föderation, wo – um nur ein Beispiel zu nehmen – in der Baschkirischen ASSR heute die einheimischen Baschkiren nur noch knapp 25 % der Bevölkerung, die zugesiedelten Russen knapp über 50 % stellen. Kaum war der Druck des kommunistischen Regimes weggefallen, begannen sich viele, vor allem aber auch die Intelligenz, ihrer nationalen Wurzeln zu besinnen, pochten sie auf ihr Heimatrecht.

Diese Umsiedlungspolitik war besonders in der UdSSR ausgeprägt, die Tendenz, einen Einheitsmenschen zu schaffen, zeigt sich allerdings in fast allen kommunistischen Staaten. Die Unterdrückung nationaler Strömungen war ein Mittel, um dieses Ziel zu erreichen. Das Wiedererwachen des Nationalismus eine zwangsläufige Folge der wiedererrungenen Freiheit.

In letzter Zeit hat sich in bezug auf viele dieser „nationalen" Strömungen, die eine mehr als natürliche Wurzel haben, eine abschätzige Diktion breitgemacht. Sie wurden allzuoft und allzugerne als „nationalistisch" abqualifiziert. Einer der Herausgeber der angesehenen „Frankfurter Allgemeinen Zeitung", Johann Georg Reißmüller, hat auf diesen Umstand sehr treffend aufmerksam gemacht und unter anderem geschrieben:

Das Wort „national" in seiner früheren Bedeutung gibt es im politischen Sprachschatz nicht mehr. Wenn über etwas zu reden oder zu schreiben ist, das mit dem Nationalen zu tun hat, wird es „nationalistisch" genannt. Ein Politiker, wo in der Welt auch immer, der eine nationale Frage aufwirft oder ein nationales Interesse verficht, findet sich deshalb als „nationalistisch" beschrieben. Damit ist die Steigerungsstufe von national zu nationalistisch aufgehoben, der Unterschied eingeebnet zugunsten des Schärferen.

Ein großer Teil der in den Medien Tätigen will viel von dem, was „national" meint, nicht gelten lassen, will es disqualifizieren. Wichtige Politik-Inhalte sollen, anders als beliebige soziale und liberale, im Verruf sein. Nicht nur das, sie sollen aus der Politik für immer entfernt werden. Damit wird zugleich politische Wirklichkeit verdrängt. Denn was das Wort „national" herkömmlich meint, ist im Leben der Völker vorhanden, in Gestalt von Zielen, Wünschen, Programmen, Antriebskräften, auch von Institutionen. Das Wegdrängen des Begriffs „national" mitsamt seinen großen Stücken seines Inhalts muß darum zu einem Realitätsverlust führen.

Diese Feststellungen sind insofern von Interesse, weil gerade der Bürgerkrieg im ehemaligen Jugoslawien entscheidende Wurzeln einerseits in der nationalen Unterschiedlichkeit, der Unterdrückung dieser nationalen Regungen und Bestrebungen durch die kommunistische Partei sowie andererseits im Herrschaftsanspruch postkommunistischer Politiker, die damit allerdings sehr wohl eigene nationalistische Interessen verfolgen, hat.

Dazu kam, daß die Reaktion der internationalen Staatengemeinschaft auf den Bürgerkrieg zunächst von einer Mischung aus Opportunismus, Ignoranz, Fehleinschätzung, einer Vogel-Strauß-Politik gekennzeichnet war. Bei vielen westlichen Politikern war zu spüren, daß es ihnen lieber gewesen wäre, hätte man es noch mit dem alten Jugoslawien, mit einer wenn auch linksfaschistischen, marxistischen Partei, aber eben nur mit einer Regierung als plötzlich mit mehreren Staaten, mit mehreren Regierungen und noch mehr Parteien zu tun.

Der österreichischen Außenpolitik und hier gerade dem während der Balkankrise agierenden österreichischen Außenminister Alois Mock wurde immer wieder unterstellt, daß man durch die Hintertür des Nationalitätenkonflikts im ehemaligen Jugoslawien alte Herrschaftsträume realisieren möchte. Bei allen Fehlern, die jedem passieren können, der nicht seine Hände in den Schoß legt, nicht tatenlos zusieht, sondern der mit Herz, Verstand und Engagement bei der Sache ist, steht eines fest: Österreich hat eine Position eingenommen, die auch einer kritischen historischen Beurteilung standhält.

Mock selbst charakterisiert die Grundsätze und Motive, die die österreichische Außenpolitik gegenüber dem zerfallenden Jugoslawien bestimmten, so:

> „Österreich hat schon frühzeitig die ‚Zeichen an der Wand' erkannt, nicht die Augen vor den Vorgängen am Balkan geschlossen, es hat zu jedem Zeitpunkt die notwendigen Schlußfolgerungen aus dem Zerfall des alten Jugoslawiens gezogen und sich vor allem dafür stark gemacht, daß internationales Recht, von den Grund- und Freiheitsrechten über die UNO-Charta bis hin zu den KSZE-Dokumenten, glaubwürdig angewandt wird.
>
> In einer Erklärung vor dem Nationalrat am 8. Juli 1991, nachdem Slowenien und Kroatien bereits ihre Unabhängigkeit erklärt, Belgrad dies nicht zur Kenntnis genommen und die Jugoslawische Volksarmee in Marsch gesetzt hatte, die internationale Staatengemeinschaft zum Teil fassungslos den Ereignissen gegenüberstand, jedenfalls aber ziemlich orientierungslos nach einer angemessenen Reaktion suchte, stellte ich fest:

1. Die einzelnen Völker Jugoslawiens müssen die Möglichkeiten erhalten, ihre Zukunft nach den Grundsätzen des Selbstbestimmungsrechtes, der Demokratie und der Menschenrechte zu gestalten – und zwar in Frieden.
2. Mit der Entscheidung für Unabhängigkeit und Eigenstaatlichkeit haben die Bürger Kroatiens und Sloweniens ihr Recht auf Selbstbestimmung demokratisch und eindeutig in Anspruch genommen.
3. Die Verwirklichung des Selbstbestimmungsrechts und die Neugestaltung des Verhältnisses zwischen den Völkern Jugoslawiens müssen im Wege des Dialoges und unter striktem Verzicht auf Gewalt durchgeführt werden.
4. Österreich lehnt alle Versuche ab, die Grenzen zwischen den Republiken Jugoslawiens mit Gewalt abzuändern.
5. Einen wesentlichen Bestandteil der künftigen Regelung müssen die verbindliche Garantie des Rechts aller Volksgruppen und deren gleichberechtigte Mitwirkung am politischen Entscheidungsprozeß bilden. Dies gilt natürlich auch für die Stellung der serbischen Volksgruppe in Kroatien.
6. Für das Leben aller Völker des heutigen Jugoslawiens müssen die in der Pariser KSZE-Charta festgelegten Grundsätze der pluralistischen Demokratie der Rechtsstaatlichkeit und der Einhaltung der Menschenrechte gelten.
7. Das Bemühen um eine wirkliche Stabilität bei unseren südöstlichen Nachbarn verlangt auch nach entschlossenen Maßnahmen zur Beendigung der Wirtschaftskrise und nach tiefgreifenden strukturellen Reformen in Richtung sozialer Marktwirtschaft."

Zentrale Stützen Mocks bei der Umsetzung seiner politischen Vorstellungen waren insbesondere der damalige Generalsekretär des Außenamtes, Thomas Klestil, der Politische Direktor des Ministeriums, Albert Rohan, und Österreichs Botschafter bei den UN, Peter Hohenfellner.

Tatsache ist, daß der Bürgerkrieg im ehemaligen Jugoslawien, der nach Auffassung mancher auch ein Bruderkrieg (weil die Fronten oft mitten durch Familien und Freundeskreise gingen) war, ein Beispiel dafür ist, wie sehr trotz aller politischen Kultur, die wir nicht nur scheinbar erreicht, sondern die ihren Ausdruck auch in internationalen Organisationen wie der UNO, der KSZE bzw. OSZE und anderen konfliktvermeidenden Sicherheitsinstrumentarien gefunden hat, kleine in Not geratene Staaten nicht auf die eigentlich selbstverständliche Hilfe großer Nationen und Organisationen von vornherein rechnen dürfen. (Dabei werden durchaus auch Erinnerungen an 1938 wachgerufen, als nur Mexiko gegen den Einmarsch der Hitlertruppen in Österreich protestierte, ansonsten aber weltweit Schweigen auf politischer Seite herrschte).

Aufgerüttelt wurde die Weltöffentlichkeit über die Vorgänge zwischen Srebrenica und Tuzla nicht durch die täglichen Meldungen vom „Kriegsschauplatz Jugoslawien", nicht von den zahllosen Statements, die von Politikern abgegeben wurden, nicht von den Hilferufen der bedrohten Völker, sondern erst durch erschütternde Bilder über die Vergewaltigung von Müttern und deren Töchter, die Vertreibung von Kindern, die Erschießung hilfloser Söhne und Väter.

Und es war das „kleine" Österreich, das von der ersten Stunde der Krise an auf den Krisenherd am Balkan aufmerksam, das sich zum Fürsprecher der Verfolgten und Vertriebenen machte, das in einer beispiellosen Hilfsaktion ärgste Not lindern half: Allein die vom Organisationsreferenten der Caritas, Peter Quendler, koordinierte Aktion „Nachbar in Not" transportierte bis dato mit mehr als 3.600 LKW Tonnen von Hilfsgütern im Wert von mehr als einer Milliarde Schilling in die vom Kriegsgeschehen betroffenen Gebiete. Tausende Wohnstätten wurden durch die Aktion „Dach über dem Kopf" in Kroatien und Bosnien-Herzegowina wieder bewohnbar gemacht. Mehr als fünf Milliarden Schilling gingen offiziell aus Österreich an Spenden, Förderungsgeldern und Finanzmittel für den Wiederaufbau in die Krisenregion. Nicht gerechnet, nicht aufgezählt sind die vielen Hilfsaktionen, die ohne große Publizität von Pfarren, Diözesen, Unternehmen und Privatpersonen geleistet wurden.

Österreich war aber auch Zufluchtsort, vor allem für Bürger aus Kroatien und Bosnien-Herzegowina, die der Krieg aus ihrer Heimat vertrieb, die Opfer ethnischer Vertreibungen und politischer Verfolgungen waren. So etwa wurden schon Ende 1992, als der Krieg erst seinem Höhepunkt entgegenstrebte, in Österreich 43.000 bosnische Kriegsflüchtlinge im Rahmen der Aktionen des Bundes und der Länder betreut. Dazu kamen

4.000 Asylwerber und mehr als 20.000 Kriegsflüchtlinge aus Bosnien-Herzegowina, die bei Freunden und Verwandten Aufnahme fanden.

Ende 1996 wurden 85.000 bosnische Flüchtlinge in Österreich gezählt. Die Dunkelziffer wird von offiziellen Stellen als unerheblich bezeichnet. Da illegale Flüchtlinge nicht in den Genuß der staatlichen Beihilfe gelangen, wird von jenen Bosniern, die nach Österreich geflohen und gezogen sind, durchwegs ein legaler Status angestrebt.

Die spontane Hilfsbereitschaft der Österreicher, die caritativen Aktionen der Kirche, die Politik des offiziellen Österreich trugen nicht unwesentlich dazu bei, daß letzten Endes jene politischen Weichenstellungen getroffen wurden, die dazu führten, daß das Recht doch noch zu seinem Recht kam.

Diese Dokumentation will den österreichischen Beitrag zur Lösung der aktuellen Krise am Balkan sowohl vom rein „geschichtlichen" Ablauf (belegt unter anderem durch Dokumente des Außenministeriums, durch Arbeiten von Historikern, durch Agenturberichte) als auch durch Aufzeichnungen aus den Tagebüchern Alois Mocks sowie durch Gespräche, die mit dem von 1987 bis 1995 amtierenden Außenminister der Republik Österreich geführt wurden, aufarbeiten. Es geht dabei um Klarstellungen, um das Ausräumen von Unterstellungen, um das Erklären gewisser Handlungen, das Aufklären von Hintergründen, das Darstellen von Motiven und Beweggründen sowie eine Positionierung Österreichs, inmitten eines neuen Europas mit den alten Fehlern, die zu überwinden, eine der ganz großen Zukunftsherausfoderungen und Aufgaben sind.

Der geschichtliche Hintergrund

Seit jeher spielt der Machtanspruch der Serben am Balkan, spielen die Auseinandersetzungen zwischen Kroaten und Serben, aber auch der Wunsch nach einem multikulturellen Staat aller Südslawen - diese sogenannte „illyrische Bewegung" nahm übrigens in der Mitte des vorigen Jahrhunderts von Wien ihren Ausgang - eine zentrale Rolle. Verständlich, wenn man sich die nationale und religiöse Zusammensetzung der Bevölkerung zwischen Marburg und Skopje ansieht:

1989 wies die Bevölkerungsstatistik für Jugoslawien insgesamt 26 Millionen Einwohner aus. Wie vielfältig diese Bevölkerung aber strukturiert war, zeigt eine Aufgliederung nach Republiken und Provinzen.

Von den 9,3 Millionen Einwohnern Serbiens waren nur 66,3 Prozent Serben, 33,7 Prozent gehörten sonstigen Nationalitäten an. In Kroatien betrug der Anteil der Kroaten 75,1 Prozent, jener der Serben 11,5 Prozent, der Rest entfiel auf sonstige. Für Bosnien-Herzegowina wurden 39,5 Prozent Muslime, 32 Prozent Serben, 18,3 Prozent Kroaten ausgewiesen. In der Vojvodina lebten 54,4 Prozent Serben, 18,9 Prozent Ungarn, 26,7 Prozent verteilten sich auf die verschiedensten Nationalitäten. In Mazedonien lebten 67 Prozent Griechen, 17,1 Prozent Albaner und 15,9 Prozent, die sich zu einer anderen Volksgruppe bekannten. Slowenien war mit 90,5 Prozent Slowenen noch von der konsistentesten Bevölkerungsstruktur Jugoslawiens ausgezeichnet. Im Kosovo bekannten sich 77,4 Prozent als Albaner, 13,2 Prozent als Serben, 9,4 Prozent zu anderen Völkern. In Montenegro schließlich lebten 68,5 Prozent Montenegriner, 6,5 Prozent Albaner und 13,4 Prozent Muslime. Allein die Statistik (als sonstige Nationalitäten werden in Jugoslawien Bulgaren, Tschechen, Ungarn, Italiener, Rumänen, Ruthenen, Slowaken, Türken, Ukrainer, Roma, Walachen angeführt und gezählt) zeigt schon auf, wie schwierig es sein muß, bei einer solchen Zusammensetzung der Bevölkerung einen politischen Konsens zu finden. Dazu kommt nun noch die Differenzierung nach dem religiösen Bekenntnis, das sich quer durch alle Republiken und Nationalitäten zieht: 41,5 Prozent bekannten sich zum serbisch-orthodoxen, 31,8 Prozent zum katholischen, 0,5 Prozent zum protestantischen, 12,3 Prozent zum islamischen Glauben und 12,3 Prozent als konfessionslos.

Der Balkan war schon immer ein Gebiet, das nicht nur viele Völker beherbergte, sondern auf dem sich auch viele Auseinandersetzungen des Abendlandes mit den Türken abspielten, Macht- und Herrschaftsansprüche europäischer Großmächte auf (Neben)-Kriegsschauplätzen, auf den Verhandlungstischen, jedenfalls auf dem Rücken der Bevölkerung ausgetragen wurden. Dazu kam, daß die Völker immer wieder unterschiedlichen Einflüssen von außen ausgesetzt waren, sich nach verschiedenen religiösen, politischen und wirtschaftlichen Machtzentren orientierten.

Unter den einzelnen Völkern hatten die Serben schon immer einen gewissen Führungsanspruch gestellt, den wiederum die anderen Nachbarvölker, insbesondere die Kroaten, nicht bereit waren zu akzeptieren. Denn auch sie strebten hin und wieder nach der Führungsrolle am Balkan.

Seit dem 8. vorchristlichen Jahrhundert war das Territorium des ehemaligen Jugoslawiens, nämlich das Gebiet zwischen Adria, Save, Donau und Amselfeld, von den Illyrern, einem indogermanischen Volk, besiedelt. Darauf basiert auch die „illyrische Bewegung" des 19. Jahrhunderts, und daher haben manche die Ansicht vertreten, Serbien sei überhaupt der Nachlaßverwalter des oströmischen Reiches, wobei die Distanzierung vom Slawentum neuerdings sogar einige kroatische Historiker erfaßt hat, die meinen, die Wurzeln der Völkerwanderung würden nicht in das Gebiet des Dnjepr, sondern nach Persien weisen.

Etwa im 5. Jahrhundert vor Christus drangen Kelten in das von den Illyrern besiedelte Gebiet ein. Schon kurz nach Christi Geburt wird die Region endgültig von den Römern unterworfen, kommt 395 zum weströmischen und 530 zum byzantinischen Reich.

Zu Beginn des 7. nachchristlichen Jahrhunderts, möglicherweise schon ein Jahrhundert früher, was aber nicht genau nachweisbar ist, drangen die Slawen, eben aus dem Gebiet des Dnjepr kommend, am Balkan ein. Zwei Jahrhunderte später schoben sich die Magyaren zwischen die slawischen Stämme und trennten diese in die Ost- und Südslawen. Als Südslawen gelten seither die Serben, Kroaten, Slowenen und Bosnier.

Schon im 7. und 8. Jahrhundert setzte die Christianisierung ein, wobei allerdings sowohl Rom als auch Konstantinopel ihren Einfluß geltend machten. Dies wirkte sich insofern auch auf dem Balkan aus, als die dem Mittelmeer zugewandten Gebiete stärker nach Rom, die südöstlichen Gebiete im Landesinneren stärker nach Konstantinopel orientiert waren. Ende des 9. Jahrhunderts kam es vor allem auf Initiative der Missionare Cyrill und Method im Bereich der Ostkirche zur Einführung der Volkssprache in die Liturgie, was besonders bei den slawischen Völkern großen Anklang fand. Als Papst Stephan V. die slawische Kirchensprache wieder verbot, wurde damit gewissermaßen der Spaltpilz in die Glaubensgemeinschaft der slawischen Völker gelegt. 1054 wurde die endgültige Trennung zwischen Rom und Konstantinopel vollzogen. Während sich die Serben, Bosnier und

Bulgaren für die Ostkirche und damit für die Orthodoxie entschieden, blieben die Kroaten und Slowenen bei Rom und daher römisch-katholisch.

Daß sich Serbien immer stärker Osteuropa und damit auch Rußland freundschaftlich verbunden fand, hat eine seiner Wurzeln im religiösen Bereich. Kroatien war dagegen sowohl – durch die Mittelmeerlage bedingt – venezianischem als auch ungarischem Einfluß ausgesetzt. Slowenien, das von Salzburg und Aquileia aus christianisiert, das im 9. Jahrhundert eine eigene Schrift einführte, das 874 vom Kaiserreich Karls des Großen einverleibt und dessen Führungsschicht in der Folge germanisiert wurde, fühlte sich Mitteleuropa stark verbunden, was sich auch darin ausdrückte, daß hier im 16. Jahrhundert die Lehre Luthers großen Anklang fand.

Bosnien war im Spätmittelalter ein selbständiger Staat, der nicht nur geographisch zwischen Kroatien und Serbien eingekeilt war. Bedingt durch die ständigen Vereinnahmungsversuche der Nachbarstaaten entstand die Identität der „Bosniaken". Dieses Regionalbewußtsein schuf schließlich in Bosnien eine religiöse Sondersituation. Dort hatte sich relativ bald nach der ersten Christianisierungswelle, nämlich im 12. Jahrhundert, die Bogumilensekte ausgebreitet. Diese „ketzerische" Lehre, die von einem Dorfpriester namens Bogumil ihren Ausgang nahm, verfocht den Dualismus. Sie beharrte auf der Ansicht, daß es einen guten und einen bösen Gott gibt, die beide gleichwertig, gleichberechtigt sind, ewig nebeneinander bestehen und sich bekämpfen. Die Bogumilensekte machte der Kirche eine zeitlang zu schaffen, ehe es gelang, die Gläubigen wieder auf den rechten Weg zu bringen. Die Bekehrung im Zuge eines Missionierungsprogramms der Franziskaner hatte vor allem politische Gründe. Königshaus und Adel waren nämlich der Meinung, daß es angesichts der drohenden osmanischen Gefahr opportun sein könnte, wieder den katholischen Glauben anzunehmen, um ein Bündnis mit anderen katholischen Ländern schließen zu können. Die Neubesinnung war aber nur von kurzer Dauer. Und nicht nur das, die Bogumilen waren sehr türkenfreundlich. Als im Zuge der machtpolitischen Ausdehnung des osmanischen Reiches in der zweiten Hälfte des 15. Jahrhunderts Bosnien unterworfen wurde, war in der Bevölkerung eine stärkere Bereitschaft für eine Glaubensorientierung hin zum Islam gegeben als etwa in Serbien.

Zur Mitte des 11. Jahrhunderts konstituiert sich erstmals ein serbisches Königreich, das aufgrund territorialer Fehden und Unstimmigkeiten zwischen den Fürstenhäusern wieder zerfällt. Erst in der zweiten Hälfte des 12. Jahrhunderts erreicht Serbien eine dauerhafte Konsolidierung, indem es sich 1180 die Unabhängigkeit von Byzanz erkämpft. Im 14. Jahrhundert erfährt es unter dem Fürsten Lazar von Raska seine größte Ausdehnung und Macht. Serbien erreicht eine Vormachtstellung am Balkan.

Bereits in der Mitte des 9. Jahrhunderts wird die kroatische Herrscherdynastie, zu Beginn des 10. Jahrhunderts ein Königreich Kroatien begründet. Nach dem Aussterben der Dynastie im Jahre 1091 gerät das Land unter den Einfluß der Stephanskrone. 1102 wird eine Personalunion mit Ungarn vereinbart. Genau 100 Jahre später erobert Venedig große Teile Dalmatiens. Dubrovnik folgt im 15. Jahrhundert. Unter der Stephanskrone wird Kroatien ein Adelsstaat mit mächtigen Feudalherren.

Es sind die Türken, die dem Serbenreich ein blutiges Ende setzen und das Land zwischen Donau, Save und Drina okkupieren. Die Schlacht auf dem Amselfeld, am 28. Juni 1389, in der die Türken das Heer der Balkanvölker, damit insbesondere auch den serbischen Adel vernichtend schlagen und letztlich den Traum vom Großserbischen Reich auslöschen, hat für die Serben bis in die Gegenwart einen hohen historischen und emotionalen Stellenwert.

Die jüngere Geschichtsforschung läßt allerdings den alleinigen serbischen „Besitzanspruch" für die Schlacht am Amselfeld nicht mehr gelten, sie belegt auch, daß das Schlachtfeld in einer Region lag, in der die Albaner, nicht die Serben ansässig waren und sie zeigt auf, daß es sich bei dieser großen kriegerischen Auseinandersetzung um ein bedeutendes Kapitel in der Geschichte aller Balkan-Völker, also auch aber nicht nur der Serben handelt, wobei Serbien sicher eine Führungsrolle innehatte.

Die Schlacht am Amselfeld wurde von den Serben als „ihre" Schlacht heroisiert, sie diente ihnen dazu, am Balkan einen Herrschaftsanspruch zu stellen und die Führungsrolle zu beanspruchen. Mit eine Ursache für den blutigen Konflikt am Balkan, der sich in der zweiten Hälfte der 80er Jahre dieses Jahrhunderts zu entwickeln begann. Die Studien von Selami Pulaha, Direktor am Institut für Geschichte der Albanischen Akademie der Wissenschaften in Tirana, der sich bei den Nachforschungen nicht so sehr auf die Heldenlieder der Balkanvölker, sondern viel mehr auf die osmanischen Kriegsberichte stützte, bringen gleich in mehrfacher Hinsicht Licht in ein dunkles Kapitel europäischer Geschichte:

„Die osmanische Invasion rückte am Ende des 14. Jahrhunderts relativ rasch in den Südosten Europas vor. Sie wurde durch die feudale Zersplitterung, durch die Aufteilung des Balkans in eine Reihe von Staaten, die auf den Ruinen des byzantinischen Reiches und des serbischen Königsreiches von Dusan entstanden waren, begünstigt. Die Feindschaften zwischen den Herrschern dieser Staaten, die Kriege der einen gegen die anderen um expansionistische Ziele willen, öffneten dieser Aggression die Bahn.

Die soziale Realität und die politische Struktur, die die Osmanen auf dem Balkan vorfanden, erleichterte ihre Expansion, die auch durch die Umstände begünstigt wurden, in welchen sich Europa befand. Die langen Konflikte zwischen den europäischen Staaten erlaubten jenen nicht, die Gefahr klar zu sehen, die ihnen vom Südosten drohte.

Für die balkanischen Feudalherren war alsbald klar, daß die gemeinsame Gefahr, die sie bedrohte, nur von einer Zusammenarbeit der Völker und Staaten begegnet werden konnte, indem man sich auf die gemeinsamen politischen Interessen sowie die kulturelle und religiöse Gemeinschaft besann.

Die Schlacht auf dem Amselfeld, in der Nähe von Pristina, war eine Schlacht der Völker, an der die Armeen der Koalition der Balkanstaaten teilnahmen, die sich seit 1387 formiert hatte, wobei die Führenden der serbische Staat von Morava, der Prinz Lazar an der Spitze hatte, der albanische Feudalstaat der Balsha, das serbische Fürstentum Vuk Brankovic in Kosova und das bosnische Königreich von Tvrtko waren. Die historischen Quellen berichten von den Albanern als Teilnehmer an der Schlacht, die reguläre militärische Formationen und eine spezielle Organisation hatten und keine zufällig zusammengewürfelten und unorganisierten Kräfte waren. An der Schlacht nahmen nicht nur die militärischen Kräfte der Feudalstaaten, die Armeen anderer wichtiger Alliierter der Koalition, wie etwa die Hilfstruppen des kroatischen Ban Ivan Horvat, jene des rumänischen Vojvoden Mircea, die bulgarischen und ungarischen Truppen teil, sondern auch die Kämpfer der albanischen Bevölkerung Kosovas.

Die allgemeine jugoslawische, die sowjetische Geschichtsschreibung und einige Schriften anderer ausländischer Forscher haben das Ereignis auf dem Amselfeld einfach als eine Schlacht zwischen den serbischen Staaten von Lazar und Vuk Brankovic einerseits, und dem osmanischen Reich andererseits angesehen. Damit leugneten sie die Schaffung einer Balkan-Koalition.

Heute ist es bereits wissenschaftlich erwiesen, daß der Raum von Kosova, während der Jahrhunderte des Mittelalters (7. bis 12. Jhdt.) eines der Zentren der Bildung des albanischen Volkes und der albanischen Sprache war. Unter diesen Umständen war die Ausdehnung des serbischen Staates auf Kosova am Ende des 12. Jahrhunderts absolut keine Befreiung der serbischen Territorien, sondern eine Annexion. In dieser Region existierte nämlich ein ethnischer Unterschied zwischen der autochthonen - also ansässigen - Bevölkerung, die sich vor allem aus unteren albanischen Volksschichten zusammensetzte und der vorwiegend fremden, serbischen, feudalen Klasse. Die Albaner stellten dabei die Mehrheit dar, die in bezug auf die serbische Minderheit ein politisch und sozial unterdrücktes Element waren.

Die Versuche, die die jugoslawische Geschichtsschreibung (z.B. mit dem Dokument der serbischen Akademie der Wissenschaften 1986) unternommen hat, um die Präsenz der Albaner in Kosova zu minimieren oder sie lediglich als Schäfer und Nomaden darzustellen, die nicht an ein fixes Territorium gebunden waren, laufen der Wahrheit zuwider. Die Elemente der serbischen Superstruktur, die Staatsinstitutionen, die Kirchen, die Moscheen, die königlichen Paläste, etc. die in Kosova besonders in der ersten Hälfte des 14. Jahrhunderts existiert hatten, werden als Beweise des serbisch ehtnischen Charakters dieser Region angesehen, ohne sie auf realistische Weise als Veränderungen zu betrachten, die die Folge einer zweieinhalb Jahrhunderte währenden serbischen Dominanz eines vorwiegend von einer albanischen Bevölkerung bewohnten Gebietes waren.

Trotz des heroischen Widerstands der Armeen der Balkan-Koalition endete die blutige Schlacht auf dem Amselfeld - die letztlich eine ruhmreiche Seite in der mittelalterlichen Geschichte der Balkanvölker darstellt, weil sie nicht nur Zeugnis von ihrem patriotischen Geist und ihrem Drang nach Freiheit ablegt, sondern auch ein wichtiges Beispiel für ihre

Fähigkeit zur Zusammenarbeit darstellt - mit dem Sieg der Osmanen, aufgrund deren wirtschaftlicher und militärischer Überlegenheit. Die Niederlage hatte verheerende Folgen, die nicht für alle Völker gleich waren."

Serbiens Sehnsucht nach der Führungsrolle

Serbien wird nach der Schlacht am Amselfeld von den Türken besetzt und geht bis 1458 ganz im osmanischen Reich auf. Ein Teil der Bevölkerung wandert nach Ungarn aus. Der verbliebenen serbischen Bevölkerung hilft vor allem die Kirche in der langen Zeit der türkischen Besetzung ihre nationale Identität zu bewahren.

Anders in Bosnien, das 1463 von den Türken besetzt wird und, bedingt durch den „Bogumilen-Bazillus", der Islamisierung weniger Widerstand entgegensetzt. Ende des 17. Jahrhunderts sind gar fast drei Viertel der Bevölkerung zum islamischen Glauben übergetreten - diese Zahl hat sich schließlich bei einem guten Drittel eingependelt.

1697 feiert Prinz Eugen den legendären Sieg über das türkische Heer bei Zenta. Im Frieden von Karlowatz kommen Ungarn sowie ein Großteil von Kroatien und Slawonien zum Haus Habsburg. Kroatien wird der südöstliche Eckpfeiler der Donaumonarchie.

Fast 40 Jahre später beginnt Rußland einen Krieg gegen die Türken, die noch immer weite Teile des Balkans besetzt halten. Das verbündete Österreich greift ein. Während sich die Russen erfolgreich schlagen, verlieren die österreichischen Truppen. Österreich muß Belgrad sowie Teile Serbiens an die Türkei abtreten und verliert vor allem Prestige. Das Ansehen Rußlands hingegen steigt. Hier liegt wieder eine Wurzel für die Beziehungsnähe von Belgrad zu Moskau begründet, die in der Zeit der jüngsten Jugoslawienkrise manche Probleme schuf.

Erst im 19. Jahrhundert gelingt es den Serben, sich vom Osmanischen Reich, dessen Herrschaft zunehmend verfällt, zu trennen. Mit dem Zeitalter der Aufklärung besinnt man sich in Serbien nicht nur der geschichtlichen Wurzeln, sondern auch jener Zeiten in der Mitte des 14. Jahrhunderts, da man bestimmenden Einfluß am Balkan ausübte. 1812 wird zunächst einmal die serbische Autonomie anerkannt. Als Folge des russisch-türkischen Kriegs der Jahre 1877 und 1878 erringen schließlich Serbien und Montenegro die Unabhängigkeit, Bosnien-Herzegowina wird von der österreichisch-ungarischen Monarchie okkupiert, 1908 die Okkupation überfallsartig in eine Annexion umgewandelt und damit der Grundstein für neue Unstimmigkeiten gelegt. Die Großmächte sprechen von einer Verletzung des Völkerrechts, sogar der mit Österreich-Ungarn verbündete deutsche Kaiser Wilhelm II. äußert Kritik. Serbien fühlt sich direkt bedroht.

Die Tragik des Hauses Habsburg, der mitteleuropäischen Großmacht, liegt sicher auch darin begründet, daß der Kaiser und sein Hofstaat in Wien auf den erwachenden Nationalismus falsch reagierten, zunächst nicht wahrhaben wollten, daß eine neue starke Demokratiebewegung im Entstehen begriffen war, daß die Menschen nach mehr Freiheit, Unabhängigkeit und Selbständigkeit strebten.

Univ.-Prof. Adam Wandruszka, ein besonderer Kenner der Geschichte des Hauses Habsburg, stellte zu den Ursachen über das Ende der Donaumonarchie in einer seiner vielen Arbeiten fest:

„Beim Eintritt Österreichs in die konstitutionelle Ära, in die Epoche der Mitwirkung der Völker an der Gestaltung der Staatsgeschichte, ist das Problem der Dynastie, ihrer Funktion und Position in einem von neuen Kräften bestimmten Staatswesen in aller Schärfe gestellt worden.

Schon 1848 hat Erzherzog Johann, dieser nicht nur populärste, sondern auch mit dem Denken und Fühlen des Volkes am innigsten vertraute Habsburger des 19. Jahrhunderts, die Ansicht ausgesprochen, daß die Zukunft auch in Europa vielleicht der Republik gehöre. Von Kaiser Franz Joseph gibt es aus allen Epochen seines Lebens Äußerungen, die einen tiefeingewurzelten Pessimismus verraten. Immer wieder hat er in fast gleichlautenden Formulierungen den Gedanken des Stehens auf verlorenem Posten, des Untergehens in Ehren ausgesprochen: ‚Ich bin mir seit langem bewußt, wie sehr wir in der heutigen Welt eine Anomalie sind.'

In den letzten Jahren und Jahrzehnten vor dem Weltkrieg ist in den österreichischen Führungsschichten noch einmal die Hoffnung auf ei-

ne Erneuerung der Monarchie und eine Überwindung der leidigen Nationalitätenkämpfe aufgetaucht. Kaiser Franz Joseph selbst hat gehofft, durch die Gewährung des allgemeinen Wahlrechts und die damit zu erzielende Heranführung der breiten Massen an den Staat, dem bürgerlich-liberalen Nationalismus der Professoren und Advokaten ein Gegengewicht zu bieten, eine, wie sich bald herausstellte, trügerische Hoffnung, weil die breiten Massen einem viel radikalerem und robusterem Nationalismus anheimfielen. Vor allem aber knüpften sich an die Gestalt des Thronfolgers Franz Ferdinand die Hoffnungen der jüngeren Generation auf eine grundlegende, durch einen radikalen Staatsumbau zu erzielende Erneuerung.“

Die Nationalitätenprobleme waren bereits im Zuge der Revolution von 1848 an vielen Stellen Europas akut geworden. Die Völker begannen sich ihrer Selbstbestimmungsrechte zu besinnen. Erst recht am Balkan. Ab 1900 tritt an die Stelle der latenten kroatisch-serbischen Gegensätze eine neue jugoslawische Gemeinsamkeit. Vom Wissen bestimmt, daß man miteinander mehr erreicht als wenn man getrennt vorgeht. Ab 1903 haben alle politischen Parteien Serbiens ein großserbisches Programm, das sich ab 1911 in Richtung „Jugoslawismus“ entwickelt. So erfährt man aus der Zeitung „Pravda“, daß „auf Grund des Nationalitätenprinzips sowie des Prinzips der nationalen Einheit Serbien: Vojvodina, Dalmatien, Kroatien, Bosnien und Hercegovina, Krain, Steiermark und Kärnten“ verlangt.

Nicht nur auf serbischer, sondern auch auf kroatischer Seite denkt man über die Form dieser Gemeinsamkeit nach. Ein Beispiel dafür ist der kroatische Historiker Franjo Rackis. Im Mittelpunkt seiner Ideologie steht das Verhältnis zwischen dem serbischen und kroatischen Volk. Er war überzeugt, daß Serben und Kroaten ursprünglich einer Nation zugehört hätten, daß sie aber im geschichtlichen Verlauf getrennt wurden. Deshalb sei es eine nationale Existenzfrage, sie wieder zu einer Kulturnation zusammenzuführen. Dabei traten die wichtigsten kroatischen Parteien der letzten Jahrzehnte des 19. Jahrhunderts noch für ein „Großkroatien“ innerhalb der Habsburgermonarchie, bestehend aus Kroatien-Slawonien, Dalmatien sowie Bosnien-Herzegowina ein. Die entscheidenden politischen Kräfte des 20. Jahrhunderts schwenkten dann auf den „integralen

Jugoslawismus" und die Vereinigung mit Serbien ein. Allerdings wurde immer auch vor einer serbischen Hegemonie gewarnt.

In Bosnien-Herzegowina entstanden erst zu Beginn des 20. Jahrhunderts politische Parteien, und zwar auf konfessioneller beziehungsweise nationaler Basis. Um sie begann ein richtiges Buhlen sowohl durch serbische als auch kroatische Nationalideologien. Die Bosnier fühlen sich seit Jahrhunderten und so auch in der Gegenwart zwischen „drei Feuern", wie eine Aussage aus dieser Zeit bezeugt: „Die Bosniaken nahmen an der Krönung Tomislavs 925 - das war der erste kroatische König - und Stjepan Dusans - das war der mächtigste serbische Herrscher im Mittelalter - teil. Dann verloren sie aber, wegen des Glaubens, ihr Nationalgefühl. Sie sind sich dessen bewußt, daß ihre Basis slawisch ist, daß sie ein Teil des serbisch-kroatischen Körpers sind, der wegen der Religion anational geworden ist. Es ist nicht möglich, zugleich Muslime zu sein und sich national zu fühlen. Der Islam hat den Vorrang vor der Nation."

Die südslawische Bewegung erhält insgesamt Zulauf, es kommt zu einer Aktionsgemeinschaft großserbischer und südslawischer Nationalisten. Der am 11. Mai 1911 gegründete Geheimbund „Schwarze Hand" zur Befreiung der Serben von der österreichisch-ungarischen und osmanischen Oberhoheit bereitet das Attentat gegen den Thronfolger der k.u.k. Monarchie vor.

Von 1906 an herrscht zwischen der österreichisch-ungarischen Monarchie und Serbien ein heftiger Zollkrieg (auf Wunsch ungarischer Großgrundbesitzer setzt die k.u.k. Regierung einen überhöhten Zollsatz auf die Einfuhr von Schweinen aus Serbien fest, wodurch das wirtschaftlich arme Serbien schwer getroffen wird). Dieser Zollkrieg artet schließlich zusammen mit der Einverleibung von Bosnien-Herzegowina zu einer ausgesprochenen Erbfeindschaft aus. Den Höhepunkt setzt dann die Ermordung von Erzherzog Franz Ferdinand und seiner Gattin am 28. Juni 1914 in Sarajevo. Der Attentäter, Gavrilo Princip, ist ein bosnischer Serbe. Der Tag des Attentats hat für die Serben zudem eine besondere historische Bedeutung, ist doch der 28. Juni der Jahrestag der Schlacht am Amselfeld.

Einen Monat nach den Schüssen am Franz-Joseph-Kai, am 28. Juli, folgt die Kriegserklärung Österreich-Ungarns an Serbien. Der Erste Weltkrieg beginnt. Auf Waggons, mit denen die Soldaten des Kaisers in den Krieg fahren, stehen Parolen geschmiert: „Serbien muß sterbien."

Am 1. Dezember 1918 entsteht aus der Vereinigung von Serbien, Montenegro und den bis dato zur Monarchie gehörenden von Südslawen bewohnten Gebieten das Königreich der Serben, Kroaten und Slowenen. Der Führungsanspruch der Serben in diesem neuen Staat wird durch die nur mit knapper Mehrheit 1921 verabschiedete zentralistische Verfassung durchgesetzt. Die Folge sind latente innerstaatliche Unruhen. Stjepan Radic gehört mit seiner Bauern-Partei zu jenen kroatischen Kräften, die immer das Wort für die „nationale Einheit“ ergriffen haben, aber ebenso entschlossen vor dem Belgrader Zentralismus warnten. Die Situation heizt sich so stark auf, daß es am 20. Juni 1928 zu einem Attentat im Belgrader Parlament kommt. Der Abgeordnete der Radikalen Partei, Punisa Racic, greift zum Revolver. Zwei kroatische Abgeordnete werden von den Schüssen tödlich getroffen, Radic erliegt einige Wochen später seinen Verletzungen. Es kommt zum Ausbruch einer Staatskrise, zur Auflösung des Parlaments und zum Übergang zu einer Königsdiktatur. Vladko Macek, Nachfolger des ermordeten Radic, hält aber weiter am Verständigungskurs mit Belgrad fest. Wie überhaupt sich die ganzen Jahrzehnte zeigt, daß in Kroatien nicht nur für eine serbisch-kroatische Integration geworben, sondern diese auch im Land selbst praktiziert wurde.

Die serbischen Hegemonie-Bestrebungen, die Auseinandersetzungen mit den Kroaten finden 1929 kurzzeitig ein Ende. Der Schein-Frieden im Lande währt aber nicht lange. Auf serbischer Seite wird gegen das vor allem von kroatischer Seite vertretene Konzept des Föderalismus Stimmung gemacht. Als es in den Jahren 1932 und 1933 zu Unruhen unter den kroatischen Bauern („ustasi“) kommt, werden diese unterdrückt. Damit wird der Keim für eine Untergrundbewegung gelegt. 1934 wird König Alexander in Marseille von kroatischen und mazedonischen Nationalisten ermordet, Prinzregent Paul übernimmt die Regentschaft für den minderjährigen König Peter II. Noch einmal, im August 1939, kommt es zur Versöhnung zwischen Agram und Belgrad. Und wieder finden maßgebliche serbische Kreise, von der Politik bis zur Armee, daß die föderalistischen Zugeständnisse an die Kroaten zu weit gingen.

Jugoslawien ist nicht von Anfang an in die Wirren des Zweiten Weltkriegs verstrickt. Erst als es im Frühjahr 1941 zum Sturz des regierenden Monarchen kommt, wird das Land von deutschen und italienischen Truppen angegriffen und besetzt. In Kroatien errichtet die Ustascha einen selbständigen faschistischen Staat. Die Ustascha-Bewegung (viele Kroaten schließen sich aber auch der Partisanenarmee Titos an) heftet die „Rache gegen die Belgrader Tyrannei" auf ihre Fahnen. Im Gegenzug kommt es zur Gründung einer serbischen Freischärler-Truppe, den Tschetniks. Zugleich mit dem Kampf gegen die deutsch-italienischen Besatzungsmächte, die die Spannungen zwischen den Nationalitäten bewußt fördern, entwickelt sich ein Bürgerkrieg zwischen den kommunistischen und nichtkommunistischen Partisanenkämpfern Jugoslawiens. Es ist ein Morden und Brandschatzen, das das Land überzieht. 1,7 Millionen Menschen kommen zwischen 1941 und 1945 in Jugoslawien ums Leben. Die Mehrheit fällt bei den blutigen Auseinandersetzungen zwischen den jugoslawischen Lagern und nicht im unmittelbaren Weltkriegsgeschehen. Letztlich behält im innerjugoslawischen Kräftemessen die kommunistische Volksbefreiungsarmee Titos die Oberhand.

Am 29. November 1945 wird die Republik Jugoslawien ausgerufen. Die Führung übernimmt die Kommunistische Partei, bereits 1943 in Jajce von Tito gegründet. Die Verfassung ist im Grund eine Kopie der sowjetischen Verfassung, wobei es aber bereits 1948 zu einem ersten Konflikt zwischen Jugoslawien und der Sowjetunion kommt, weil sich Tito weigert, sich dem Machtanspruch Stalins zu beugen und die ideologische Führungsrolle der Sowjet-KP anzuerkennen.

Der „Titoismus" wurde zu einer neuer Sprachschöpfung in der politischen Terminologie: Ein etwas gelockertes, aber doch marxistisches System mit stark ausgeprägtem Persönlichkeitskult.

Das Jugoslawien Titos wird trotz aller außenpolitischen Extratouren, eines etwas liberalisierten Wirtschaftskurses und mancher Lockerungen des diktatorischen Regierungssystems von der kommunistischen Ideologie zusammengehalten. Regimekritiker, wie der bekannte Schriftsteller Milovan Djilas, bekommen dies durch den Entzug der Freiheit zu spüren.

Tito nimmt im Zuge von mehreren Verfassungsänderungen immer wieder Anpassungen und Neuorientierungen der staatlichen, wirtschaftlichen und sozialen Strukturen vor, die Jugoslawische Föderation bleibt dennoch bis zu ihrem Zerfall von zwei einander widersprechenden Faktoren geprägt: einer bundesstaatlichen Gliederung mit konföderalen Elementen auf der einen und einer zentralistischen Kontrolle durch die KP auf der anderen Seite.

Die straffe Führung Titos kann nicht verhindern, daß es während seiner Amtszeit immer wieder zu Problemen kommt, die in den unterschiedlichen nationalen Interessenslagen ihre Ursache haben. So gibt es unter anderem Widerstände seitens der Kroaten gegen die unitaristische Ausrichtung der KP beziehungsweise liberale Strömungen innerhalb der Serben, die eine Kursänderung der Partei bezwecken wollen. Durch Säuberungen in den Parteiführungen gelingt es aber Tito eine ernste Gefährdung des Systems zu verhindern. Der auf Lebenszeit bestellte Staatspräsident versucht noch - auch im Wissen um die nationalen Konflikte - für die Zeit nach ihm eine tragfähige Basis für den Weiterbestand Jugoslawiens zu schaffen: Der Vorsitzende des Staatspräsidiums soll jährlich - nach genau festgelegter Reihenfolge - wechseln. Am 15. Mai 1991 verhindert allerdings der serbische Block die verfassungsmäßig vorgesehene Wahl des Kroaten Mesic. Ein Anlaßfall mehr, der das Ende des Jugoslawiens titoistischer Prägung besiegelt.

Als zu Beginn der 80er Jahre, am 4. Mai 1980, Josip Broz Tito stirbt, erwartet die Weltöffentlichkeit weder den Zerfall Jugoslawiens (eher dessen Heimkehr unter die Schirmherrschaft Moskaus) noch jene tiefgreifenden Änderungen, die dieses Jahrzehnt auf der politisch-ideologischen Landkarte Europas bringen sollte.

Mit Tito war ein Politiker von der Bühne des Lebens abgetreten, um den sich schon zu Lebzeiten viele Legenden („Kommunismus mit menschlichem Antlitz") rankten, die allerdings dann vor der harten geschichtlichen Betrachtung nicht wirklich stand hielten. So ist es das Verdienst Titos gewesen, daß er seinem Land einen eigenständigen Kurs, den sogenannten „jugoslawischen Weg" verordnete, der mehr Unabhängigkeit in der Außenpolitik von Moskau (Tito übernahm zum Beispiel in der Gruppe der N+N-Staaten die Rolle eines Sprechers der sogenannten „neutralistischen" Staaten), mehr Bewegungsfreiheit für die Bürger bedeutete (Der „Gastarbeiterexport" und die Öffnung für den internationalen Tourismus brachten dem Land dringend benötigte Devisen und einen im Vergleich zu den sogenannten „sozialistischen Bruderstaaten" bescheidenen Wohlstand). Diese Besserstellung wurde allerdings unter anderem damit erkauft, daß man nationale Strömungen unterdrückte, was dann letztlich - als die ideologische Klammer, der Druck von der kommunistischen Partei- und Staatsspitze weggefallen war - dazu führte, daß diese unterdrückten nationalen Spannungen sukzessive zutage traten. Während sich Slowenien, Kroatien, Bosnien-Herzegowina und Mazedonien mehrheitlich für den Weg der Unabhängigkeit, Eigenstaatlichkeit und Demokratie entschieden, bestimmte die serbische Politik eine Mischung aus übertriebenem nationalen Egoismus und post-kommunistischen Führungsstil.

Für weite Teile der Weltöffentlichkeit kam diese innerstaatliche Eruption weitgehend unerwartet. Hatte man (und dies traf leider auch auf viele Berater in den politischen Machtzentren zu) doch kaum Kenntnis über die historisch gewachsenen Strukturen Jugoslawiens. Der Drang in die Unabhängigkeit und Selbständigkeit der Republiken wurde vor allem als Selbstprofilierung einiger Politiker, als Folge des Wirtschaftsgefälles zwischen Slowenien und Kroatien einerseits, sowie dem Rest Jugoslawiens andererseits interpretiert und weniger auf die tiefgreifenden unterschiedlichen nationalen Sichtweisen, den serbischen Drang, die Führungsrolle am Balkan zu übernehmen, zurückgeführt.

Ein Dokument steht am Beginn der Krise

Die von Tito geschaffene Ordnung hielt nach dessen Tod nur noch kurze Zeit. Nämlich bis in die Mitte der 80er Jahre. Die Weichenstellung in eine verhängnisvolle Zukunft erfolgt am 23. September 1987 als Slobodan Milosevic die Führung der Kommunistischen Partei Serbiens, die nach dem Ende der kommunistischen Hegemonie in Osteuropa in Sozialistische Partei umbenannt wird, übernimmt und am 12. November 1989 bei der ersten Direktwahl durch das Volk mit 86 Prozent gegen drei Konkurrenten zum Präsident Serbiens gewählt wird. Unter seiner Ägide wurde sofort damit begonnen, die auf der Verfassung von 1974 beruhenden staatlichen Strukturen zu beseitigen. Binnen kurzem gelang es ihm außerdem, die Parteiführungen von Kosovo, Montenegro und der Vojvodina auszuwechseln und mit seinen Gesinnungsfreunden zu besetzen. Es kommt zu serbischen Massenkundgebungen, in denen Milosevic auf die besondere Rolle der Serben pocht: „Dieses Volk darf niemand schlagen". Im Kosovo spitzt sich die Situation dramatisch zu. Es folgen albanische Massenkundgebungen und Streikaktionen, die immer wieder niedergeschlagen werden. Blutige Auseinandersetzungen zwischen der albanischen Bevölkerung und der serbischen Sonderpolizei stehen auf der Tagesordnung.

Die Gedankengänge von Milosevic sind vor allem vom am 24. September 1986 von der Serbischen Akademie der Wissenschaften veröffentlichten „Memorandum über die aktuellen und gesellschaftlichen Fragen in unserem Lande" beeinflußt. Dieses Memorandum, dessen Autor anonym geblieben ist, wird gewissermaßen zur Leitschnur der serbischen Politik in den nächsten Jahren, formuliert die politischen Absichten und artikuliert die Überlegungen, die dahinter stecken. Und das sind die Kernsätze dieses Elaborats:

„Die Bundesverfassung von 1974 muß geändert werden, weil durch die Struktur der jugoslawischen Föderation mit ihren fünf Republiken, durch das zusätzliche Bestehen von zwei autonomen Provinzen, die serbische Eigenstaatlichkeit eingeschränkt und den Serben ihr eigener Staat versagt geblieben ist. Dadurch kommt es zu einer Benachteiligung der Serben in Staat und Gesellschaft, zu deren Verdrängung aus den Schlüsselpositionen. Im Kosovo sind die Serben sogar einem „Genozid" seitens der albanischen Bevölkerungsmehrheit ausgesetzt und daher muß gegen ihre Vertreibung mit allen Mitteln angekämpft werden. Die Autonomie der Vojvodina verhindert den Anschluß der dort lebenden serbischen Bevölkerung an ihr eigentliches Mutterland. Nicht hingenommen werden darf, daß sich Slowenien und Kroatien, zwei wirtschaftlich sehr stark entwickelte Republiken, zu einer anti-serbischen Koalition zusammengeschlossen haben, die unter dem Motto steht, daß ‚nur ein schwaches Serbien ein starkes Jugoslawien' bedeutet. Die Abkehr vom Prinzip des demokratischen Zentralismus in der Partei und im Staat, die übertriebene Föderalisierung des Staates stellt die größte Gefahr für den Bestand Jugoslawiens dar."

Beim Memorandum der Serbischen Akademie der Wissenschaften handelt es sich zunächst „nur" um eine Darstellung des „seelischen" Zustandes der serbischen Nation, um einen Einblick in die Gedankenwelt der serbischen Nationalisten, die davon überzeugt sind, daß die bestehende gesellschaftlich-politisch-soziale Ordnung Benachteiligungen für das serbische Volk mit sich bringt. Das Memorandum ist zunächst sicher kein Aktionsprogramm. Dazu wird es erst durch die Politik unter der Federführung von Slobodan Milosevic.

Am 28. Juni 1989, bei der Großkundgebung zum 600. Jahrestag der Niederlage serbischer Truppen im Kampf gegen die Osmanen auf dem Amselfeld legt Milosevic vor über einer Million Menschen, die aus ganz Serbien zusammengetrommelt wurden, die Ziele seiner Politik fest. Mit Pathos in der Stimme deklamiert er, daß Serbien damals, vor sechs Jahrhunderten, ein heldenmütiges Opfer zur Verteidigung Europas gebracht, dafür aber keinen Dank erhalten habe. Serbien sei in der Vergangenheit immer wieder verraten und allein gelassen worden. Jetzt endlich habe das Land „seine politische, nationale und geistige Identität wiedergefunden", weil erkannt wurde, daß „die Einigkeit die Voraussetzung für das Überleben des serbischen Volkes und für seine künftige Entwicklung ist". Daher resümiert Milosevic und es klingt fast wie die Prophezeiung jener Ereignisse, die in Kürze folgen sollten: „Wir stehen heute, 600 Jahre später, wieder in Schlachten und sehen kommenden Kämpfen entgegen. Diese sind nicht mehr bewaffnete, obwohl auch solche nicht ausgeschlossen sind."

Das fast traumatische Erlebnis der Niederlage auf dem Amselfeld, bei der Fürst Lazar fällt und seine Armee von Sultan Murad vernichtend geschlagen wird, ist Grund für die Opferrolle Serbiens. Und der neue „Führer aller Serben" vertieft noch diese Opferrolle, in dem er postuliert: „Serbien ist überall, wo serbische Gräber sind." Damit werden in Zukunft viele Aggressionsakte begründet, so jene gegen die albanische Bevölkerungsmehrheit im Kosovo.

Vom Beginn der Amtsübernahme zeigt der neue Serben„führer", daß sein politisches Ziel auf jenen Überlegungen basiert, die im Memorandum niedergeschrieben wurden, und das lautet: Beseitigung der von Tito geschaffenen und oktroyierten Ordnung (Unterschwellig fließt jetzt auch in die Argumentation für die serbische Bevölkerung ein, daß der große

Sohn Jugoslawiens eigentlich ein gebürtiger Kroate gewesen sei), Verwirklichung einer zentralistisch geführten, unter serbischer Herrschaft stehenden Jugoslawischen Föderation.

In Jugoslawien gehen freilich die Uhren etwas anders als im übrigen Ostblock, der im Sturmlauf Abschied vom Kommunismus nimmt. Zwar entstehen auch hier demokratische Bewegungen und Parteien, erfolgt eine Umgestaltung in Richtung parlamentarischer Demokratie und sozialer Marktwirtschaft, die KP-Herrschaft wird aber nicht abrupt beendet. Die Entwicklung ist unterschiedlich von Republik zu Republik, und sie wird am Beginn vom Aufflammen alter nationalistischen Tendenzen, vom Irrglauben an die serbische Allmacht dominiert.

Der Ostblock bricht zusammen

Die Wende vom achten zum neunten Jahrzehnt des 20. Jahrhunderts ist von vielen historischen Ereignissen gekennzeichnet. Am 27. Juni 1989 durchschneiden der ungarische Außenminister Gyula Horn und sein österreichischer Amtskollege Alois Mock den Eisernen Vorhang. Ein Akt von enormer symbolischer Bedeutung: Die Trennung Europas in zwei Blöcke, in zwei Systeme, in zwei Welten ist gefallen.

Die Worte von Alois Mock widerspiegeln die Dimension dieses Augenblicks:

> „Das erste Fenster der Freiheit im 5.000 Kilometer langen Stacheldrahtverhau, von dem allein 900 Kilometer Österreich umschließen, ist geöffnet. Jahrzehnte hindurch war diese Grenze blutige Endstation für Menschen, die den direkten Weg in die Freiheit suchten. Und von einer Stunde auf die andere ist diese Grenze plötzlich offen und ungehindert passierbar. In diesem Augenblick muß uns aber auch allen klar sein, daß damit eine Entwicklung eingeleitet wird, die Europa verändern wird."

Bereits mit dem ungarischen Aufstand 1956 und dem Prager Frühling 1968 hatte sich gezeigt, daß ein Erosionsprozeß im Gebälk der kommunistisch regierten Staaten Europas im Gange ist, den man aufhalten, aber nicht wirklich stoppen kann.

Der Aufbruch Osteuropas in ein neues Zeitalter beginnt am 16. Oktober 1978, als in Rom vom Kardinalskollegium der Krakauer Erzbischof Karol Wojtyla zum Papst gewählt wird. Vatikanexperten haben zwar schon seit einiger Zeit einen Nicht-Italiener am Heiligen Stuhl erwartet, der Pole als Oberhirte ist dennoch eine Überraschung. Am Beginn seines Pontifikats wissen selbst erfahrene Vatikanbeobachter nicht, was diese Entscheidung für einen Papst, der aus dem Osten kommt, bedeuten soll. Will sich etwa die Weltkirche die Erfahrungen des in Polen praktizierten lebendigen Katholizismus zunutze machen? Oder ist die Wahl eine Referenz an Moskau, das rote machtpolitische Zentrum?

Johannes Paul II. zieht sich nicht hinter die Mauern des Vatikans zurück, er ist ein reisender Papst, den es zu den Gläubigen in aller Welt zieht. Vor allem aber, und das sollte man bald erkennen, ist er eine Symbolfigur für die Katholiken, ja für alle Menschen in Osteuropa, die sich nach Freiheit sehnen, die die Achtung der Menschenrechte fordern, die an eine gerechte Ordnung glauben.

Die Gründung der unabhängigen polnischen katholischen Gewerkschaftsbewegung „Solidarität" am 24. Oktober 1980, die trotz aller kommunistischen Knebelungsversuche und manch mangelnder Solidarität durch westliche Institutionen, die um ihr Arrangement mit KP-Regierungen und KP-Gewerkschaften fürchteten, nicht mehr rückgängig gemacht werden kann, steht am Beginn des Zerfalls des kommunistischen Herrschaftsbereichs und dem Abdanken einer Weltmacht. Der Anfang ist mit vielen Rückschlägen, der Sorge um die gewaltsame Auflösung, der Gefahr des Aufgebens verbunden. Letztlich ist aber die unabhängige, christliche Gewerkschaftsbewegung nicht mehr unterzukriegen. Sie entwickelt sich zu einem politischen Virus. Und es geht dann auch Schlag auf Schlag.

Als zur Jahresmitte 1989 Ungarn mit dem Abbau der Grenzbefestigungen gegenüber Österreich beginnt, ist in Budapest bereits eine Übergangsregierung mit Ministerpräsident Miklos Nemeth an der Macht, die sich öffentlich zum Übergang vom kommunistischen Einparteienregime zur pluralistischen Mehrparteiendemokratie, von der kollektiven Zwangsbewirtschaftung zur Sozialen Marktwirtschaft bekennt. Wie ehrlich die Regierung es mit ihren Reformabsichten meint, muß sie am Ende der Urlaubsreisezeit unter Beweis stellen. In Ungarn halten sich Tausende DDR-Bürger auf, die nicht mehr in ihre Heimat zurückkehren, sondern nach Westdeutschland ausreisen wollen, dies aber aus der Sicht der DDR-Behörden, aufgrund der im Ostblock geltenden Reisebeschränkungen, nicht dürfen. Die ungarische Regierung geht unbeirrt den neuen Weg: Am 11. September öffnet sich um Mitternacht für die DDR-Bürger die Grenze nach Österreich, mehr als 15.000 Menschen gelangen dadurch gegen den Willen der Machthaber in Ost-Berlin in die Bundesrepublik Deutschland. Am 18. September einigt man sich in Budapest am sogenannten „Runden Tisch", an dem die regierenden Machthaber ebenso wie die oppositionellen Kräfte teilnehmen, auf den Übergang zum Mehrparteiensystem, Anfang Oktober beschließt die ungarische KP ihre Auflösung, am 23. Oktober wird schließlich die Republik Ungarn ausgerufen. Das Zeitalter des „Gulaschkommunismus" ist unwiderruflich zu Ende. Nach den ersten freien Parlamentswahlen am 25. März und 16. April 1990 wird der Schriftsteller Arpad Görcz vom Parlament zu seinem Präsidenten gewählt und der Zentrumspolitiker Joszef Antall mit der Regierungsbildung beauftragt.

In Polen konstituiert sich am 12. September 1989 die erste Regierung mit einem nichtkommunistischen Regierungschef seit dem Ende des Zweiten Weltkriegs, nämlich Tadeusz Mazowiecki. Zu Jahresende, am 30. Dezember, beschließt das Parlament die Umbenennung des Staates von „Volksrepublik Polen" in „Republik Polen". Die kommunistische Partei löst sich Ende Jänner 1990 auf. Bei den Kommunalwahlen am 27. Mai 1990, den ersten freien und demokratischen Wahlen in Polen, gehen die Kandidaten des Bürgerforums als Sieger hervor, Arbeiterführer Lech Walesa, der mit seiner 1980 gegründeten Gewerkschaftsbewegung „Solidarität" jene Entwicklung eingeleitet hat, die nun zur gesellschaftlichen und politischen Umgestaltung Polens geführt hat, bereitet seine Wahlkampagne für die Präsidentschaftskandidatur vor.

Nach der erfolgreichen Fluchtbewegung Tausender DDR-Bürger via Ungarn, gerät das KP-Regime in Ostdeutschland zunehmend unter einen enormen inneren Druck, dabei hatte noch im August anläßlich des 28. Jahrestages der Errichtung der Berliner Mauer SED-Chef Erich Honecker überheblich gemeint: „Den Sozialismus in seinem Lauf, hält weder Ochs noch Esel auf." Knapp zwei Monate später, am 7. Oktober läßt sich die öffentliche Meinung nicht mehr unterdrücken, in vielen ostdeutschen Städten gehen der Stasi und Polizei zum Trotz zigtausende Menschen auf die Straße, um gegen die SED-Herrschaft zu demonstrieren. Elf Tage später wird Honecker gestürzt.

In einem geheimen Bericht der Staatsführung wird vom Staatsbankrott der DDR gesprochen. Unterhändler Schalck-Golodkowski bietet Bonn eine Mauer-Öffnung für fünf Milliarden DM an. Ein Betrag, der zeigt, daß sich die Regierung in Ostberlin der Tragweite des Staatsbankrotts und des notwendigen Kapitalbedarfs, um mit Westeuropa wirtschaftlich einigermaßen Schritt halten zu können, gar nicht bewußt ist. Bis Ende des Jahres wird der Betrag, den die ostdeutsche Regierung von Bonn einfordert, bereits auf 15 Milliarden hinauflizitiert und als „Lastenausgleich" begründet. Was das Heranführen der neuen deutschen Bundesländer an den westlichen Standard tatsächlich kostet, zeigen die offiziellen Budgetstatistiken: Die Nettofinanztransfers in das ehemalige Ostdeutschland betragen pro Jahr um die 130 Milliarden DM.

Am 9. November ist von sich aus das Ende der Mauer gekommen: Über Nacht wird der Grenzübertritt von Ost- nach West-Berlin durch das bloße Vorweisen eines Ausweises gestattet. Vor dem Bonner Bundestag erklärt Bundeskanzler Helmut Kohl, der immer an das gemeinsame Deutschland glaubte und sich in diesem Glauben nie beirren ließ: „Wiedervereinigung - der Anfang ist gemacht."

Am 8. Dezember tauft sich die SED in PDS (Partei des demokratischen Sozialismus) um. Zwei Tage vor Weihnachten wird das Brandenburger Tor geöffnet. Am 10. Februar 1990 gibt Gorbatschow beim Treffen mit Kohl grünes Licht für die Wiedervereinigung: „Die Deutschen in der Bundesrepublik und in der DDR müssen selbst wissen, welchen Weg sie gehen wollen." Und sie wissen es. Bei den ersten freien Wahlen zur DDR-Volkskammer am 18. März erhält die von den Unionsparteien geführte Allianz für Deutschland 47,7 Prozent, auf die SPD entfallen nur 21,7, auf die SED-Nachfolgepartei 16,3 Prozent.

Am 23. August beschließt die Volkskammer der DDR den Beitritt zur Bundesrepublik. Einen Monat später verläßt die DDR den Warschauer Pakt, jenes Militärbündnis, das jahrzehntelang Symbol für die militärische

Macht und Kraft des kommunistischen Ostblocks gewesen ist. Am 3. Oktober 1990 wird vor dem Reichstagsgebäude in Berlin die schwarz-rot-goldene Flagge hochgezogen, Deutschland ist nach 45 Jahren wieder ein Staat.

Zeugen dieser Entwicklung sind auch Hunderttausende Bürger geworden, die aus Jugoslawien mit ihren Familien in die deutschen Lande gezogen sind, um hier Arbeit zu finden. Zuhause in Jugoslawien laufen die Uhren anders als in allen anderen Staaten, die im Zeichen von Hammer und Sichel stehen.

Auch in der CSSR wollen die Kommunisten die Veränderung, die Osteuropa erfaßt hat, zunächst nicht recht wahrhaben. Noch am 12. Oktober 1989 erklärt KP-Chef Milos Jakes, daß die Partei zwar Demokratisierungsmaßnahmen ergreifen, aber niemals die Macht an antisozialistische Kräfte abgeben werde. Die Opposition läßt sich jedoch nicht mehr mundtot machen, wenngleich die Sicherheitskräfte noch immer gegen Massendemonstrationen mit brutaler Gewalt vorgehen. Ende November beginnen einzelne Zeitungen und die elektronischen Medien mit einer freien Berichterstattung, worauf die Geheimpolizei die Studios des Staatsfernsehens besetzt. Tags darauf, am 24. November, finden sich 300.000 Demonstranten am Wenzelsplatz ein. Als Redner tritt die Galionsfigur des Prager Frühlings, Alexander Dubcek, auf. Wenige Stunden später tritt das Präsidium der kommunistischen Partei zurück. Am 29. November wird die Führungsrolle der KP aus der Verfassung gestrichen, am 10. Dezember eine mehrheitlich nicht-kommunistische Regierung vereidigt, am 29. Dezember schließlich der erste nicht-kommunistische Staatspräsident seit 1948 gewählt. Mit Vaclav Havel als Staatspräsident und Jiri Dienstbier als Außenminister sind gleich zwei führende Mitglieder der Bürgerrechtsbewegung „Charta 77" an den Schalthebeln des neuen Staates.

Am 29. Oktober 1989 wird in Bulgarien zunächst eine Rede von Staats- und Parteichef Todor Schiwkow veröffentlicht, in der er sich erstmals für gesellschaftlichen Pluralismus ausspricht. Knapp zwei Wochen später wird er abgelöst und am 18. Jänner 1990 unter anderem wegen schweren Amtsmißbrauchs verhaftet. Die bulgarische KP gibt am 13. Dezember 1989 ihren in der Verfassung verankerten Führungsanspruch auf und erklärt sich zu Gesprächen mit der Opposition bereit, der allerdings der Reformprozeß zu langsam voranschreitet. 150.000 Menschen gehen in Sofia auf die Straße, um für ein demokratisches System zu demonstrieren. Bei den ersten freien Parlamentswahlen am 10. und 17. Juni 1990 können die Reform-Kommunisten knapp die absolute Mehrheit halten und damit die Regierung stellen.

In Rumänien glaubt die Hammer-und-Sichel-Genossenschaft sich gegen den Zug der Zeit stemmen zu können. Beim Parteitag im November 1989 erteilt Staats- und Parteichef Nicolae Ceausescu noch jeglichen Reformen eine strikte Absage. Mit einer Demonstration in Temesvar am 16. Dezember erfaßt die Welle der Bürgerproteste in Osteuropa aber auch Rumänien. Ceaucescu macht „imperialistische und revanchistische Kreise sowie ausländische Spionagedienste" für die Unruhen verantwortlich. Am 21. Dezember schlägt eine offizielle Kundgebung für den KP-Chef, die in Bukarest veranstaltet wird, gegen ihn um. Sicherheitskräfte eröffnen das Feuer auf die Menge. Mehr als 1.000 Menschen kommen bei den Dezember-Unruhen ums Leben. Während sich große Teile der Armee der Aufstandsbewegung anschließen, geht die Geheimpolizei Securitate weiter gegen die Demonstranten vor. Das Ehepaar Ceaucescu flieht aus der Hauptstadt, wird aber auf der Flucht verhaftet, am 25. Dezember – festgehalten auf einem TV-Film – von einem Militärgericht zum Tode verurteilt und anschließend erschossen. Ab 28. Dezember heißt der Staat nicht mehr „Sozialistische Republik", sondern nur noch Rumänien. Der seit 1971 abgesetzte ZK-Sekretär Ion Iliescu wird zum neuen Präsidenten bestimmt, der auch am 20. Mai 1990 bei den ersten freien, aber von kritischen Beobachtern nicht als wirklich fair erachteten Wahlen als Sieger hervorgeht. Mittelfristig kann sich aber auch Rumänien nicht dem Trend der Zeit verschließen.

Diese gesamte Entwicklung in Osteuropa, die den Eisernen Vorhang zum Fall, die alten kommunistischen Machtstrukturen zum Einsturz, die autoritären Regime zum Abdanken – wenngleich nicht in allen Staaten Erneuerungsbewegungen an die Macht – gebracht hatte, wäre allerdings ohne die Veränderung des politisch-ideologischen Klimas in der UdSSR nicht möglich gewesen.

Bereits Mitte der 80er Jahre wurden die Weichen für den osteuropäischen Reformzug in Moskau gestellt. Dort wurde nach dem Tod von Partei- und Staatschef Konstantin Tschernenko am 11. März 1986 Michael Gorbatschow neuer Generalsekretär der kommunistischen Partei. Er erkannte, daß die Sowjetunion dringendst eine Reform der nicht nur ideologisch verkrusteten ökonomischen Strukturen benötigte. Auch die verfilzte, korrumpierte Parteihierarchie verlangte nach einer „Durchlüftung". Gorbatschow verordnete eine tiefgreifende Reform, die unter dem Titel „Perestroika" (Veränderung) und „Glasnost" (Öffnung) weltweit Schlagzeilen und Geschichte machte. Es wurde insgesamt ein politisches Klima geschaffen, ein neues, offenes Denken zugelassen, das noch kurz zuvor selbst von den erfahrensten Kreml-Experten für undenkbar gehalten worden war, das aber schließlich zu einer, wenn auch mit vielen Mängeln behafteten, jedoch insgesamt beeindruckenden Demokratisierungsbewegung in Rußland führte.

Am 20. September 1989 werden bei einer Umbildung des Politbüros der KPdSU Veteranen aus der Breschnew-, Antropow- und Tschernenko-Ära entlassen und wird die Reformergruppe um Staats- und Parteichef Gorbatschow gestärkt. Am 24. Oktober kommt es zur Beschlußfassung eines neuen Wahlgesetzes, wonach alle Abgeordneten auf lokaler und regionaler Ebene direkt gewählt werden. Anfang Dezember proklamieren Gorbatschow und US-Präsident George Bush offiziell „das Ende des kalten Krieges". Die ersten Wochen des Jahres 1990 sind von Massendemonstrationen gegen die Alleinherrschaft der KP und für Demokratie gekennzeichnet. Gorbatschow ist noch immer Hoffnungsträger für die Reform, wenngleich ihm manche Entwicklungen zu schnell vorangehen, ein Rezept zur Sanierung der russischen Wirtschaft fehlt. Reformer und Bremser stehen einander aber nicht nur in der Öffentlichkeit, sondern auch in der Partei gegenüber. Beim Juli-Parteitag der KPdSU muß Gorbatschow seine Perestroika-Politik gegen die Vorwürfe der Altkommunisten verteidigen. Moskaus Bürgermeister Boris Jelzin tritt aus der Partei aus und wird zum neuen Leitbild der Radikalreformer. Am 15. August wird der Schriftsteller und Nobelpreisträger Alexander Solschenizyn rehabilitiert.

Nachdem 1940 die Sowjetunion die baltischen Staaten annektiert hat, ist deren Schicksal fast schon ein wenig in Vergessenheit geraten. Aber im Zusammenhang mit dem Zusammenbruch des Ostblocks nicht minder erwähnenswert. Am 11. März 1990 erklärt Litauen seine Unabhängigkeit. Estland folgt am 30. April, Lettland am 4. Mai. Das Abnabeln von der Moskauer Zentralmacht ist allerdings ein langer und zäher Prozeß, der mit vielen Hürden und Machtdemonstrationen gepflastert ist, der bewußt macht, was es für die Anhänger und Sympathisanten der alten UdSSR bedeutet, von einem durch über sieben Jahrzehnte indoktrinierten Denken und Handeln Abstand zu nehmen.

Als letzten ehemals europäischen Ostblock-Staat erfaßt die Demokratisierungswelle Albanien. Erst am 6. September 1990 kündigt der kommunistische Staats- und Parteichef Ramiz Alia eine Reform des Wahlrechts an. Nach einer Studentendemonstration in Tirana, bei der es sogar zwei Todesopfer zu beklagen gibt, wird die Zulassung unabhängiger Parteien vom Politbüro der herrschenden KP beschlossen und mit der Entstalinisierung begonnen. Die ersten freien Parlamentswahlen am 31. März 1991 bringen überraschenderweise einen Sieg der (post)kommunistischen Partei.

In all den Staaten, wo sich die (post)kommunistischen Parteien auch nach dem ersten Demokratisierungsschub, sei es sogar schon in freien Wahlen oder sei es noch in Wahlgängen, bei denen die Wähler nicht wirklich frei, geheim und ohne äußerem Druck entscheiden durften, noch an der Regierungsmacht halten konnten, wurde alsbald der Druck der Opposition immer stärker und mußten die (alten) Machthaber dem Druck der Bevölkerungsmehrheit nachgeben oder sie nahmen Zuflucht zu einer betont nationalistischen Politik (Die zum Beispiel dazu führte, daß sich die Slowakei von der Tschechoslowakei lossagte und an deren Spitze mit Vladimir Meciar ein Premierminister steht, der marxistisches Denken mit nationalistischem Eifer vereint).

Wobei man immer wieder mit einem Phänomen konfrontiert ist: Nach Jahrzehnten der Entbehrung, der Angst, der Indoktrinierung erwartet sich die Bevölkerung von der großen Wende oft wahre Wunderdinge. Die Situation der Staatsfinanzen, der gesamten Infrastruktur der einzelnen Staaten ist allerdings in einem derart desaströsen Zustand, daß jede Restrukturierung mit großen Opfern der ohnedies schon durch das kommunistische Wirtschafts- und Gesellschaftssystem ausgebeuteten Bevölkerung verbunden ist.

An die neuen Parteien und neuen Regierungen werden übergroße Erwartungen geknüpft, die einfach nicht zu erfüllen sind. Mit dem Effekt, daß die den Jahren 1990/91 folgenden Wahlgänge meist zu einem Regierungs- und Farbenwechsel (wie zum Beispiel in Slowenien, Ungarn und

Polen) führen. Und auch dort, wo die neuen demokratischen Parteien im ersten Anlauf noch Zweite geblieben sind, schaffen sie letztlich aus der Opposition den Sprung in die Regierung, aber ebenfalls mit der Hypothek belastet, daß man nun von ihnen die große Wende erwartet.

Nach all diesen gigantischen politischen Umwälzungen in Osteuropa ist die Erwartungslage im westlichen Kreisen in bezug auf Jugoslawien, das viele schon nicht mehr wirklich dem kommunistischen Block zugehörig wähnten, das man beinahe schon auf die gleiche Stufe mit neutralen Staaten wie Schweden, der Schweiz und Österreich gestellt hatte, besonders hoch. Immerhin hat die europäische Landkarte innerhalb von Monaten eine gewaltige, in diesem Ausmaß von niemanden erwartete Umgestaltung erfahren. Statt zwei Europas gibt nun wieder ein Europa, das vom Atlantik bis zum Ural reicht und sich in viele unabhängige Staaten gliedert. Auf dieser Landkarte gibt es aber auch einen „dunklen Fleck", Jugoslawien.

Der lange Zerfallprozeß Jugoslawiens

Im Gegensatz zur rasanten Auflösung der UdSSR, dem in vielen osteuropäischen Staaten unblutigen Abschied vom Kommunismus und dem überraschend problemlosen Übergang zu einem parlamentarisch-demokratischen System in Ungarn, der Tschechoslowakei, in Polen, im Osten Deutschlands, war der Zerfall Jugoslawiens mit einem langen und blutigen Konflikt verbunden.

Die Amtszeit von Außenminister Alois Mock gehört zu einem der faszinierendsten Abschnitte in der europäischen Geschichte. Er war allerdings nicht nur Beobachter, sondern gehörte auch zu den handelnden Personen. Das war schon so, als die christlichen Gewerkschafter Österreichs an der vordersten Front jener Demokraten standen, die die katholische polnische Gewerkschaftsbewegung „Solidarität" in ihrem Kampf um Recht und Anerkennung unterstützten. Und das zeigte sich dann ganz besonders in seinem Engagement, als die politische Entwicklung im Nachbarland Jugoslawien außer Rand und Band geriet.

Die erste Etappe auf der „via dolorosa jugoslawiae" war die Aufhebung der verfassungsmäßigen Stellung der beiden autonomen Provinzen Kosovo und Vojvodina durch das serbische Parlament am 23. Februar 1989. Von nun an sind sie nur noch Landesteile von Serbien. Vier Tage später wurden „Sondermaßnahmen" über den Kosovo verhängt. Das bedeutet unter anderem, daß anstelle der ohnedies spärlichen Minderheitsrechte nun wieder die „legitimen Rechte Serbiens" gelten, daß es zu Verhaftungen und Einschüchterungen kritischer Bürger, aber auch Abgeordneter kommt, die der albanischen Volksgruppe angehören.

In der Zwischenzeit - ausgelöst auch durch den politischen Umbruch in Osteuropa - nehmen die Bemühungen einiger Teilrepubliken der jugoslawischen Föderation, unter der Führung Sloweniens, sich von der kommunistischen Staatsideologie zu verabschieden und zu Demokratie, einem pluralistischen System, dem bedingungslosen Respekt der Grund- und Freiheitsrechte, zu kultureller Selbstverwirklichung sowie zur sozialen Marktwirtschaft zu bekennen, konkrete Formen an.

Der Konflikt tritt offen beim 14. außerordentlichen Kongreß des „Bundes der Kommunisten Jugoslawiens", der vom 20. bis 22. Jänner 1990 stattfindet, zutage. In den Debattenbeiträgen und Resolutionen wird offenkundig, daß die notwendige bundesstaatliche Reform angesichts der gegensätzlichen und völlig unvereinbaren Vorstellungen über die Zukunft von Staat und Gesellschaft nicht realisierbar ist. Die slowenische Partei wird in den meisten ihrer Forderungen überstimmt und verläßt daraufhin den Kongreß. Die kroatische Delegation folgt. Der Kongreß muß vertagt werden und wird schließlich nie mehr fortgesetzt. Damit hat die Kommunistische Partei, die im Jugoslawien Titos nicht nur ein Macht- sondern auch ein Integrationsfaktor war, faktisch aufgehört zu existieren.

Von nun an werden die Republiken und ihre in freien Wahlen bestellten Regierungen zu den Trägern der Erneuerungsbewegungen, nachdem eine Reform auf Bundesebene nicht zustande kommt. Das alte Jugoslawien hat ausgedient. Eine neue Zeit bricht an, die eigentlich auch die Chance bietet, daß die Völker am Balkan nach Jahrzehnten, nach Jahrhunderten der Fremdbestimmung und Unterdrückung nun endlich einmal die Chance haben, ihren Weg nach eigenen Vorstellungen in Freiheit und Selbstbestimmung zu gestalten und zu gehen. Einige politische Kräfte im

Inneren und manche politischen Beobachter im Ausland wollen dies nur noch nicht recht wahrhaben.

Am 8. April 1990 gibt es die ersten freien Parlamentswahlen in Slowenien. Das aus fünf Parteien der politischen Mitte geformte Bündnis ‚Demos' erhält 55 Prozent der Stimmen, die einst alleinherrschende kommunistische Partei schafft nur noch 17 Prozent. Der Christdemokrat Lojze Peterle wird Regierungschef. An der Volksabstimmung am 23. Dezember 1990 nehmen 90 Prozent der Wähler teil, von denen sich 88 Prozent für die Unabhängigkeit entscheiden. Erster Präsident des unabhängigen Sloweniens ist Milan Kucan, ein reformierter Kommunist, allerdings mit einer glaubwürdigen Vergangenheit als Reformpolitiker und einem untadeligen Ansehen.

In Kroatien wird erstmals am 22. März und 3. April 1990 ein freies Parlament gewählt. Die HDZ (kroatische demokratische Gemeinschaft), eine betont national orientierte Partei, erringt mit 42 Prozent die relative Stimmenmehrheit und damit die absolute Mehrheit an Parlamentssitzen. Die reformierten Kommunisten werden auf den zweiten Platz verwiesen. Franjo Tudjman, einst jüngster General in Titos Jugoslawischer Volksarmee, 1967 wegen seiner betont nationalen Gesinnung entlassen und politisch verstoßen, Gründungsmitglied der HDZ, wird erster Präsident des unabhängigen Kroatiens. Bei der Volksabstimmung am 19. Mai 1991 entscheiden sich die kroatischen Bürger mit 92 Prozent gegen den Verbleib in einem einheitlichen jugoslawischen Bundesstaat und damit für die Unabhängigkeit.

Die Wähler Mazedoniens verschaffen am 11. und 25. November 1990 der national-orientierten Partei die Oberhand. Allerdings fällt das Wahlergebnis nicht so eindeutig aus wie in den anderen jugoslawischen Republiken, die nach Selbständigkeit von Belgrad streben. Im 120 Sitze umfassenden mazedonischen Parlament sind die Nationalen mit 38 Abgeordneten vertreten. Die Reformkommunisten werden mit 31 Mandaten auf den zweiten Platz verwiesen, gefolgt von der Partei der albanischen Volksgruppe und der liberalen Partei, die 22 beziehungsweise 18 Mandatare zugesprochen erhalten. Der Rest der Parlamentssitze verteilt sich auf mehrere Kleinfraktionen. Zur Regierungsbildung ist eine Fünf-Parteien-Koalition, bestehend aus der nationalen, der postkommunistischen, der albanischen, der liberalen und der neuen sozialistischen Partei notwendig. Auch hier wird ein nationaler Vertreter der Bevölkerungsmehrheit, der einstmals Kommunist war, sich aber zu einem unabhängigen Demokraten gewandelt hat, Präsident, nämlich Kiro Gligorow, allerdings erst im zweiten Durchgang. Am 9. September 1991 entscheiden sich schließlich die Mazedonier in einem Plebiszit, das von der albanischen Minderheit weitgehend boykottiert wird, mit 95 Prozent für die Unabhängigkeit des Landes.

In Bosnien-Herzegowina, wo die Wähler am 18. November und 2. Dezember 1990 zur Wahlurne gerufen werden, folgt das Wahlergebnis der ethnischen Gliederung (bosnische Muslime und bosnische Kroaten contra bosnische Serben): 41 Prozent für die moslemische, 35 für die serbische und 20 für die kroatische Volksgruppe. Zum Präsidenten wird Alija Izetbegovic, Gründer der Partei der Demokratischen Aktion, die den Großteil der bosnischen Muslime vertritt, gewählt. Er ist ein angesehener Intellektueller und übrigens der einzige Präsident der fünf Republiken, der keine kommunistische Vergangenheit (zu verbergen) hat. An der Volksabstimmung, die erst am 29. Februar und 1. März 1992 stattfindet, nehmen 63 Prozent der stimmberechtigten Bevölkerung (die bosnischen Serben, die bereits am 9. Jänner dieses Jahres ihre eigene Republik ausgerufen haben, boykottieren diesen Wahlgang) teil, von denen sich 99,9 Prozent für die Unabhängigkeit entscheiden. Am Ergebnis der Parlamentswahlen beziehungsweise an der Wahlbeteiligung der Volksabstimmung zeigt sich die Maßlosigkeit der Serben, die 65 Prozent des bosnischen Territoriums für sich beanspruchen und bis August 1992 fast 70 Prozent militärisch unter ihre Kontrolle bringen.

Nur in Serbien und Montenegro behalten beim Urnengang am 9. und 23. Dezember 1990 die gewendeten Kommunisten, die sich jetzt Sozialistische Partei nennen, die absolute Mehrheit. Die albanische Bevölkerung des Kosovo boykottiert die Wahlen, so daß die Wahlbeteiligung von Bezirk zu Bezirk zwischen 55 und 80 Prozent schwankt. In Montenegro erhalten die Postkommunisten 83 der 125 Parlamentssitze, und der kommunistische Parteichef, Momir Bulatovic, wird zum Republikpräsidenten gewählt. In Serbien wird Milosevic im Präsidentenamt bestätigt, seine Partei darf im Parlament 194 der 250 Abgeordneten stellen. Die Opposition muß sich mit den verbleibenden 56 Sitzen begnügen. Die Gründe für das serbische Wahlergebnis sind offenkundig: Die demokratische Opposition ist zu diesem Zeitpunkt in diesen beiden Republiken, Serbien und Montenegro, einfach noch zu wenig profiliert, sie steht unter dem Konkurrenzdruck der betont nationalistisch agierenden Post-Kommunisten und bekommt auch noch die Staatsgewalt zu spüren. So endet eine von den Oppositionsparteien organisierte Großdemonstration in Belgrad am 9. März 1991 mit Ausschreitungen und Armeeeinsatz, wobei sogar Panzer zum Einsatz kommen. Die Bilanz: zwei Tote.

Das Votum der Bürger in vier der fünf jugoslawischen Teilrepubliken ist mehr als eindeutig ausgefallen. Dem alten Jugoslawien wurde eine Absage erteilt. Belgrad hat für alle, außer den Serben und Montenegrinern, als Sitz der Zentralgewalt ausgedient. Die Bevölkerung von Slowenien, Kroatien, Bosnien-Herzegowina und Mazedonien will das eigene Schicksal selbst in die Hand nehmen und nicht mehr von den Serben fremdbestimmt werden.

Noch aber existiert die Jugoslawische Föderation, wenngleich eigentlich nur mehr auf dem Papier. So hat Serbien ein Handelsembargo gegen Slowenien verhängt. Und zwar als Reaktion darauf, daß Slowenien eine serbische Großdemonstration in Laibach gegen die angebliche Unterdrückung der serbischen und montenegrinischen Minderheit im Kosovo verboten hatte. Am 21. Mai 1990 wird vom jugoslawischen Staatspräsidium sogar die Entwaffnung der slowenischen und kroatischen Territorialverteidigung durch die Jugoslawische Volksarmee beschlossen. Alles, nur sicher keine „Freundschaftsakte“. Schließlich leben alle Beteiligten noch in einer Föderation zusammen.

Das neu gewählte slowenische Parlament verabschiedet dafür am 2. Juli 1990 eine Souveränitätserklärung auf der Basis des Selbstbestimmungsrechtes, postuliert allerdings noch nicht den Austritt aus der staatlichen Gemeinschaft. Und am 5. Oktober dieses Jahres wird sogar noch ein neuer slowenisch-kroatischer Vorschlag für eine Konföderation selbständiger souveräner jugoslawischer Staaten präsentiert.

Inzwischen verfolgt die politische Führung in Belgrad immer offener die Realisierung der großserbischen Idee: Nachdem der Kosovo und die Vojvodina bereits die militärische und politische Übermacht der Serben, durch den Einsatz der Armee gegen Demonstranten, durch die gewaltsame Niederschlagung jeglicher Freiheitsbestrebungen, durch die Abschaffung des Autonomiestatus, die Beschlußfassung einer neuen serbischen Verfassung, wodurch sie zu simplen serbischen Landesteilen degradiert wurden, zu spüren bekamen, ging man nun daran, auch die gewaltsame Herauslösung serbisch besiedelter Gebiete in Kroatien und Bosnien-Herzegowina systematisch zu betreiben. Dabei wurde zuerst in der Krajina, dann in Slawonien und später übrigens auch in Bosnien-Herzegowina immer wieder nach dem gleichen Schema gehandelt (Wie man es schon in der kommunistischen Schule der Revolution gelernt und schließlich auch in der Praxis immer wieder angewandt hat):

Es beginnt zunächst mit der Schaffung eines Klimas von Furcht und Unruhe unter der Bevölkerung in jenen Gebieten, die man sich einverleiben möchte. Es kommt in weiterer Folge zur Bewaffnung der serbischen Minderheit, was nicht ohne Auswirkungen bleibt. Es kommt daher alsbald zu ersten bewaffneten Zwischenfällen, worauf serbische Freischärler in das Krisengebiet geschickt werden. Die Konflikte nehmen kein Ende und man entsendet Einheiten der Jugoslawischen Volksarmee, um - wie es erklärend und beschwichtigend heißt - „die Streitteile auseinanderzuhalten". Schließlich übernimmt die Volksarmee ganz offiziell die Kontrolle über die Gebiete und führt offene Kampfhandlungen. Die einheimische Bevölkerung, die nicht serbisch ist, wird vertrieben, das Land „gesäubert".

Die europäische Öffentlichkeit registriert im Augenblick aber noch kaum, was sich am Balkan eigentlich abspielt. Dabei sollten die Ereignisse genaugenommen schon seit Ende der 80er, jedenfalls aber mit Beginn der 90er Jahre die Alarmglocken bereits zum Läuten bringen.

Und so liest sich das Vorspiel zum jugoslawischen Drama, das zwar immer wieder als Bürgerkrieg bezeichnet wird, eigentlich aber ein von der politischen Führung Serbiens gesteuerter Aggressionskrieg war. Im Juni 1989 finden serbische Kundgebungen unter anderem gegen die kroatische Verwaltung in Knin statt. Zu Beginn des Jahres 1990 werden in Pristina, der Hauptstadt des Kosovo, Demonstranten von der serbisch dominierten Bundespolizei niedergeknüppelt. Am 5. Juli 1990 beschließt das serbische Parlament ein Gesetz, mit dem die Arbeit von Parlament und Regierung des Kosovo beendet wird und serbische Republiksorgane deren Agenden übernehmen. In der mehrheitlich serbisch besiedelten Region Krajina finden am 17. August 1990, dem Vorabend einer Volksabstimmung über Autonomie, Überfälle auf Polizeistationen und Zusammenstöße mit kroatischen Ordnungshütern statt. In Slawonien fällt der „Startschuß" am 28. Februar 1991 mit dem bewaffneten Überfall eines serbischen Kommandos auf das Rathaus von Pakrac.

Trotz der bereits im Gange befindlichen ständigen serbischen Attacken findet noch am 25. März 1991 ein Geheimtreffen zwischen dem Präsidenten Kroatiens, Tudjman, und dem Serbiens, Milosevic, statt. Dabei werden nicht nur die An- und Übergriffe auf kroatische Bürger und Gebiete, sondern – offenbar der Versuch eines „Gegengeschäftes", das zeigt, daß auch auf kroatischer Seite zu diesem Zeitpunkt krause Gedankengänge anzutreffen sind – sogar eine mögliche Aufteilung von Bosnien-Herzegowina besprochen. Das Gespräch bringt keine Änderung der Standpunkte. Im Gegenteil.

Am 1. April 1991 kommt es zur Konfrontation zwischen serbischer Miliz und kroatischen Sicherheitskräften im Bereich der Plitvice-Seen, dabei sind zwei Todesopfer zu beklagen. Ebenfalls am 1. April gibt der „Nationalrat des Serbischen autonomen Gebietes Krajina" eine Erklärung zur Vereinigung des Gebietes mit Serbien ab.

Trotz der wachsenden Spannungen, ständigen Übergriffe und der ersten Opfer sind die innerjugoslawischen Gesprächskontakte noch nicht abgebrochen, was wiederum viele ausländische Beobachter falsche Schlüsse ziehen läßt. Die einzelnen Meinungen, die bei einem Treffen der Republikspräsidenten am 11. April 1991 im slowenischen Brdo geäußert werden, zeigen aber bereits, wie unterschiedlich die Positionen sind. So streben Slowenien und Kroatien danach, daß sich ihre beiden Teilrepubliken als souveräne und unabhängige Staaten konstituieren. Mazedonien möchte eine Umstrukturierung Jugoslawiens in einen Bund souveräner Staaten nach dem Modell der EG. Die Option Serbiens und Montenegros lautet: Erhaltung Jugoslawiens als einheitlicher und integraler Bundesstaat, an den die einzelnen Republiken Teile ihrer souveränen Rechte abtreten. Bosnien-Herzegowina schlägt vor, daß sich die Bürger zwischen dem slowenisch-kroatischen und dem serbisch-montenegrinischen Modell per Referendum entscheiden sollen.

Indessen wird an der Kriegsschraube weitergedreht. Mit einem Massaker an zwölf kroatischen Polizisten in Borovo Selo am 2. Mai 1991 greift der serbische Aufstand auf Ostslawonien über.

Die Entwicklung in Bosnien setzt mit einer gewissen Zeitverzögerung – nachdem die Jugoslawische Volksarmee Slowenien und Kroatien nach den Unabhängigkeitserklärungen „in die Knie zwingen“ wollte, Slowenien es geschafft hatte, in „Frieden entlassen“ zu werden, Kroatien in ständige kriegerische Auseinandersetzungen verwickelt war – ein. Am 12. September 1991 kommt es zunächst zur Ausrufung mehrerer „serbischer autonomer Regionen“, die sich per Deklaration am 10. Jänner 1992 zur Ausrufung der „Serbischen Republik Bosnien-Herzegowina“ (am gebräuchlichsten ist die serbische Bezeichnung „Republika Srpska“) entschließen. „Erst“ im Frühjahr 1992 beginnen schließlich die Kampfhandlungen auch auf bosnischem Gebiet.

Wenn man die Geschichte des Balkan-Konfliktes Revue passieren läßt, so zeigt sich eindeutig, daß einerseits die politische Führung Serbiens nicht imstande war angemessen auf den totalen Zusammenbruch des kommunistischen Systems und Machtblocks in Europa zu reagieren, und andererseits (was in einem kausalen Zusammenhang steht), daß die Kosovo-Frage am Beginn des jugoslawischen Zerfallprozesses stand. Durch sie gelang die Mobilisierung des serbischen Nationalismus, die Emotionalisierung der Bevölkerung und damit die Überwindung der ideologischen Gräben im eigenen Land sowie die Zerstörung der gleichgewichtigen Partnerschaft zwischen den einzelnen jugoslawischen Republiken.

Die Ursachen für die Gegensätze im Kosovo liegen zunächst in einem fast mystisch-religiös verklärten serbischen Anspruch auf dieses Territorium begründet. Die serbische Geschichtsschreibung, die – wie schon an anderer Stelle erwähnt – von den tatsächlichen Gegebenheiten nicht unwesentlich abweicht, sieht den Kosovo als die Wiege Serbiens. Weil in den im Kosovo gelegenen Klöstern serbische Sprache und serbische Kultur entwickelt wurde, verlangte die orthodoxe Kirche die Sicherung der Kontrolle über mittelalterliche Klöster und Gedenkstätten und schuf damit den Vorwand für die Rückeroberung des Gebietes durch Serbien.

Erleichtert wurde dieses nationalistische Streben durch die Tatsache, daß die Albaner in der Volksrepublik Jugoslawien mit 1,8 Millionen Einwohnern zwar zahlenmäßig eine ähnlich starke Volksgruppe wie die Slowenen stellten, in der jugoslawischen Verfassung von 1974 aber nur als „Nationalität“ nicht als „Nation“ eingestuft worden waren. Mit dem Effekt, daß der Kosovo keine eigene Republik, sondern nur eine autonome Provinz innerhalb Serbiens war.

Als Milosevic in Belgrad an die Macht kam, erkannte er die „Chance", die ihm das Problem Kosovo bot. Die Legitimation für sein Vorgehen hatte ihm ein pseudo-wissenschaftliches Dokument geliefert. Mit der Partei hatte er den notwendigen Machtapparat an der Hand, wobei auch die Sozialistische Partei nach dem alten kommunistischen Muster gestrickt war. Die Armee stand im unmittelbaren Einflußbereich der Parteiführung. Die Durchsetzung aller Maßnahmen erleichterte eine autoritäre Führungsstruktur. Aufkeimende Proteste bekam die Opposition mit dem Eingreifen des Polizeiapparates und einer gleichgeschalteten Justiz zu spüren. Die Armee wurde in den Kampf mit den abtrünnigen Mitbürgern aus den Nachbarrepubliken geschickt.

Die Position Österreichs

Wäre es 1987 nicht zur Bildung einer SPÖ-ÖVP-Koalitionsregierung gekommen, wäre Ende der 80er Jahre Alois Mock nicht Außenminister gewesen, so hätte Österreichs Europa- und Jugoslawienpolitik wahrscheinlich anders ausgesehen. Österreich hätte den Brief nach Brüssel mit dem Ersuchen um die Aufnahme von Beitrittsverhandlungen später abgesandt und Österreich hätte in bezug auf die Ereignisse im südöstlichen Nachbarland sicher eine nicht so engagierte Position in bezug auf die Achtung des Völkerrechts, der elementaren Grund- und Freiheitsrechte eingenommen.

Für Alois Mock war die christliche Soziallehre immer ein zentrales Fundament seiner Politik. Grundsätze, wie die Solidarität mit den Schwachen, mit unschuldig in Not geratenen Menschen unserer Gesellschaft, bestimmten sein politisches Handeln. National wie international. Dazu kam, daß Politik für ihn nicht (nur) aus dem Augenblick entsprang, sondern immer wieder auch vor einem geschichtlichen Hintergrund stattfand. Zu einem Zeitpunkt, da sich die österreichische Außenpolitik zunehmend mit den Beitrittsverhandlungen zur EG beschäftigte, die Auflösung des kommunistischen Ostblocks nicht nur zu einer Neuorientierung der Nachbarschaftspolitik führte, sondern ein Überdenken vieler innen-, außen-, wirtschafts- und kulturpolitischer Positionen verlangte, gehörte Mock zu jenen europäischen Persönlichkeiten, die die dramatische Entwicklung im Südosten Europas mit besonderer Aufmerksamkeit und Sorge registrierten. Die es aber nicht nur beim Beobachten beließen:

> „Österreich hat bereits in einem frühen Stadium die sich in Jugoslawien abzeichnende Krise erkannt, daß nämlich die Aufrechterhaltung der Jugoslawischen Föderation in ihrer bisherigen Form nicht möglich war. Angesichts der politischen Wende in Zentral-, Ost- und Südosteuropa, der chaotischen Wirtschaftsverhältnisse und des aggressiven Nationalismus der serbischen Führung war eine grundlegende Änderung der bundesstaatlichen Ordnung Jugoslawiens unvermeidbar.
> Österreich verfolgte die Entwicklung in Jugoslawien mit größter Besorgnis. Entgegen vielfachen Zusicherungen - etwa durch Außenminister Dizdarevic im Mai 1988 anläßlich eines offiziellen Besuchs in Belgrad - kam es in den darauffolgenden Jahren zu massiven militärischen Unterdrückungsmaßnahmen im Kosovo sowie zur Beseitigung von Regierung und Parlament dieser autonomen Provinz."

Ende Jänner, Anfang Februar 1990 kommt es in Pristina, der Hauptstadt des Kosovo, zu blutigen Auseinandersetzungen zwischen Demonstranten und der Bundespolizei, die im wesentlichen aus serbischen Einheiten besteht. 34 Tote sind die traurige Bilanz. Österreich macht auf die Geschehnisse aufmerksam und setzt schließlich erste konkrete Maßnahmen, die sich aus den vorhandenen Szenarien zur Konfliktverbreitung ergeben:

> „Diese neue Entwicklung und Verschärfung der Situation im Kosovo veranlaßt mich am 2. Februar zu einer Erklärung - noch unter dem Gesichtspunkt eines Jugoslawiens -, in der ich unter anderem festhalte, daß Österreich aufmerksam und mit Sorge die gegenwärtige Entwicklung beobachtet. Eine Lösung des Problems ist nicht durch Gewaltanwendung, sondern nur durch einen politischen Dialog möglich.

Diese Lösung müsse es allen in Kosovo lebenden Volksgruppen und Nationalitäten ermöglichen, sich als gleichberechtigte Partner innerhalb der jugoslawischen Föderation am wirtschaftlichen und politischen Reformprozeß zu beteiligen.
Österreich hat wiederholt die von den Bundesorganen Jugoslawiens eingeleiteten Maßnahmen zur politischen und wirtschaftlichen Stabilisierung des Landes begrüßt und unterstützte diese Maßnahmen im Rahmen seiner Möglichkeiten. So setzte sich Österreich laufend dafür ein, daß Jugoslawien stärker als bisher am europäischen Integrationsprozeß teilnehmen kann. Dazu kamen aktive Bemühungen, europäische Organisationen wie den Europarat, EFTA und OECD für eine geeignete Form der Mitarbeit Jugoslawiens zu öffnen. Die Ereignisse in Pristina nährten allerdings die Sorge, daß dadurch die Erreichung der deklarierten Ziele erschwert wird.
Tatsächlich muß sich Österreich aufgrund der sich weiter zuspitzenden Situation im Kosovo am 15. August 1990 entschließen, die 1. Stufe des KSZE-Mechanismus der Menschlichen Dimension gegenüber Jugoslawien zur Anwendung zu bringen."

Mock war als Politiker immer, im positiven Sinne, auch ein Formalist. Gesetze waren für ihn geschrieben worden, um eingehalten und respektiert zu werden. Sie waren Leitlinie des politischen Handelns. National wie international. Was waren, rein formal gesehen, die zentralen Orientierungspunkte der österreichischen Jugoslawienpolitik?

„Seit Beginn der Krise hat Österreich im wesentlichen genau die Lösungsgrundsätze vertreten, die in weiterer Folge durch die universelle Anerkennung der einzelnen Nachfolgestaaten Jugoslawiens, deren Aufnahme in die Vereinten Nationen sowie durch die Prinzipien-Erklärung der Londoner Konferenz vom 26. August 1992 bestätigt wurden. Diese Lösungsgrundsätze sind im Grunde nichts anderes als die Anwendung der sich aus der UN-Charta, der KSZE-Schlußakte und der Charta von Paris ergebenden Prinzipien, also eine Umsetzung der internationalen Rechtsnormen von der Theorie in die Praxis. Konkret verlangte Österreich, daß folgende Prinzipien aus den völkerrechtlich verbindlichen Dokumenten im Konfliktfall Jugoslawien zur Anwendung gebracht werden:

1. Das Verbot zur Anwendung oder Androhung von Gewalt in den internationalen Beziehungen *(UN-Charta, Artikel 2)*
2. Die Zurückweisung gewaltsam herbeigeführter Grenzänderungen verbunden mit dem Recht der Rückeroberung *(Resolutionen des UN-Sicherheitsrates sowie Prinzipien der Londoner Konferenz 1992)*
3. Die Achtung der Menschenrechte, von Demokratie und Rechtsstaatlichkeit, einschließlich des Minderheitenschutzes (Charta von Paris für ein Neues Europa, verabschiedet am 21. November 1990)
4. Das Recht auf Selbstbestimmung *(Schlußakte der Konferenz für Sicherheit und Zusammenarbeit in Europa, KSZE, Helsinki 1975)*
5. Das „naturgegebene" Recht auf individuelle und kollektive Selbstverteidigung *(UN-Charta, Artikel 51)*

Genaugenommen, so würde man meinen, handelt es sich bei diesen Rechtspositionen um Selbstverständlichkeiten im Umgang zwischen zivilisierten Staaten. Verfolgt man allerdings die Chronologie des Jugoslawien-Konflikts, den Umgang mit dem Völkerrecht, die Pro- und Kontra-Argumente, die im Verlauf der Entwicklung fielen, so stellt sich sehr wohl auch die Frage, was viele dieser Feststellungen des internationalen Rechts wirklich wert sind, wenn bedrohte Völker im Ernstfall auf deren Anwendung pochen.
Die österreichische Jugoslawienpolitik ist immer von diesen Grundsätzen bestimmt gewesen. Dazu kam eine auch durch die geographische Situation bestimmte Interessenslage. Von Wien nach Laibach oder Zagreb sind es genausoviele Kilometer wie von Wien nach Salzburg, Belgrad liegt so weit wie Bregenz von Wien entfernt."

In Zusammenhang mit den Beitrittsverhandlungen Österreichs zur Europäischen Gemeinschaft, die im Umfeld der Jugoslawienkrise stattfanden, ist immer wieder von der Notwendigkeit einer gemeinsamen europäischen Außen- und Sicherheitspolitik gesprochen worden. Der Status der Neutralität war sicher in der Zeit des „kalten Krieges" ein Erfolgsrezept für die Stabilität Österreichs, das geopolitisch an einer besonders exponierten Stelle lag, nämlich im Herzen Europas an der Demarkationslinie zwischen Ost und West. Das neue Europa erfordert neue Sicherheitsmechanismen. Für Mock stand daher das Bekenntnis zur Notwendigkeit der Landesverteidigung auch unter dem Aspekt der Sicherheit:

> „Die Sicherheit Österreichs - und das galt erst recht vor dem Beitritt zur EU - ist nämlich im Hinblick auf seine beschränkten Verteidigungsressourcen (unvergleichlich niedrigere Aufwendungen für die Landesverteidigung im Vergleich zu neutralen Staaten wie die Schweiz und Schweden) und den fehlenden Schutz durch Einbindung in ein europäisches Sicherheitssystem in hohem Maß von der Einhaltung und Durchsetzung der internationalen Rechtsordnung abhängig. Dies erklärt auch die traditionell aktive Mitarbeit Österreichs in den Vereinten Nationen, dem Europarat, der OSZE (vormals KSZE) und anderen internationalen Institutionen.
> Der lange andauernde Balkankonflikt unter grober Mißachtung grundlegender Rechtsprinzipien und die damit verbundene Destabilisierung der gesamten südosteuropäischen Region haben auch zu einer Beeinträchtigung der Sicherheit Österreichs geführt. Durch die De-Facto-Tolerierung schwerster Menschenrechts-Verletzungen und die einige Zeit feststellbare internationale Beinahe-Zur-Kenntnisnahme von gewaltsamen Gebietseroberungen beziehungsweise durch die lange Zeit weitestgehende Unwirksamkeit der Entscheidungen des UNO-Sicherheitsrates wurde die Glaubwürdigkeit des durch die Vereinten Nationen verkörperten Systems der kollektiven Sicherheit erschüttert.
> Dazu kam, daß der Jugoslawien-Konflikt die österreichische Wirtschaft direkt und indirekt (durch den Verlust von Handelspartnern, die Verteuerung des Transitverkehrs, die Blockade der Donau) schädigte. Darüber hinaus gab es eine nicht zu unterschätzende Gefahr terroristischer Akte gegen österreichische Persönlichkeiten und öffentliche Einrichtungen und damit eine Bedrohung der inneren Sicherheit.
> Bedingt durch die räumliche Nähe hatte die Krisensituation im Nachbarland allerdings auch Einflüsse auf die äußere Sicherheit Österreichs, die vor allem in der Zeit der Kriegshandlungen in Slowenien

auch für die Bevölkerung spürbar wurden. Nicht zuletzt erwuchsen durch den Flüchtlingsstrom beträchtliche materielle Kosten und soziale Anforderungen. Die Verwirklichung einer mit dem Völkerrecht im Einklang stehenden, dauerhaften Friedenslösung am Balkan lag und liegt noch immer im offenkundigen und vordringlichen österreichischen Interesse, was auch noch heute ein aktives Engagement gegenüber den Krisenregionen im ehemaligen Jugoslawien erklärlich macht."

Österreichs Verhältnis zu den Republiken

Von der Zeit als Oppositionspolitiker bis hin zum Regierungsmitglied zieht sich wie ein roter Faden durch die Konzeption der Mockschen Außenpolitik, daß Europa-, Nachbarschafts-, Sicherheitspolitik sowie die Respektierung der Grund- und Freiheitsrechte Priorität haben. Im Fall Jugoslawiens kamen alle vier Faktoren zusammen. Am Ballhausplatz analysierte man das Verhältnis Österreichs zur jugoslawischen Gesamtsituation und zu den einzelnen Teilrepubliken:

> „Die Auflösungsprozeß Jugoslawiens hat genau genommen mit der Entwicklung im Kosovo im Jahre 1987 begonnen und beschleunigte sich ab 1991. Zu Jahresbeginn 1992 erfolgte die internationale Anerkennung von Slowenien und Kroatien, im April jene von Bosnien-Herzegowina. Noch am Ende dieses Monats konstituierte sich Serbien-Montenegro als Bundesrepublik Jugoslawien, zur diplomatischen Anerkennung aber kam es erst im Zuge der Unterzeichnung des Friedensabkommens von Dayton. Im April 1993 wurde die frühere jugoslawischen Republik Mazedonien in die Vereinten Nationen aufgenommen, was viele Staaten, darunter auch Österreich, als gleichzeitigen Akt der völkerrechtlichen Anerkennung betrachteten. Die Beziehungen Österreichs sind aufgrund dieser Entwicklung daher grundsätzlich für jeden Staat gesondert zu betrachten."

Slowenien ist ein unmittelbares Nachbarland, mit dem Österreich durch eine jahrhundertelange gemeinsame Geschichte und ein dichtes Beziehungsnetz auf allen Ebenen verbunden ist.

„Auf österreichischer Seite bestand immer ein prioritäres Interesse an der fortgesetzten Entwicklung dieses Staates in Richtung Demokratie, Rechtsstaatlichkeit und Marktwirtschaft, ebenso wie die Bereitschaft, bei diesem Prozeß nach besten Möglichkeiten mitzuhelfen. Österreich hat Slowenien vielfältigst politische und andere Unterstützung gewährt, damit es den ihm zustehenden Platz in der Gemeinschaft demokratischer Staaten wahrnehmen kann. Und Slowenien hat von der ersten Stunde seiner Unabhängigkeit an, einen klaren demokratischen Kurs gesteuert - und seine Chancen genützt.
Die Beziehungen zwischen Österreich und Slowenien haben sich sogleich in einer freundschaftlichen und engen Weise entwickelt. Dabei hat es sehr wohl - noch in der kommunistischen Ära - zwischen Laibach und Wien auch durchaus problembelastete Zeiten gegeben, wobei ich da nur den Kärntner Ortstafelkonflikt erwähne. Wenn im zwischenstaatlichen Verhältnis - und das gehört zu meinem grundsätzlichen Politikverständnis - hin und wieder Probleme auftreten, so sollten diese für Länder, die als unmittelbare Nachbarn zusammenleben und zwischen denen viele Berührungspunkte bestehen, lösbar sein, zumal jedes Spannungsverhältnis schädlich ist. Aufgabe der für die Politik Verantwortlichen ist es nämlich, auch zu verhindern, daß hieraus Kontroversen entstehen, durch die das freundschaftliche Verhältnis nachhaltig getrübt werden könnte.
Zu einem Problem dieser Art gehört der Status der jeweiligen Minderheit im anderen Land. Das Minderheitenproblem in Kärnten ist gelöst, wenngleich es immer wieder Versuche gegeben hat, daraus auch politisches Kapital zu schlagen.
Wir haben daher von allem Anfang an der Regierung in Laibach unseren Standpunkt klargemacht: Österreich empfindet das Interesse Sloweniens am Schicksal der slowenischen Volksgruppe in Kärnten (und der Steiermark) als legitim. Der damit in Zusammenhang stehende Wunsch nach einem Eintritt in den österreichischen Staatsvertrag ist

allerdings nicht realisierbar, da Slowenien kein Rechtsnachfolger des alten Jugoslawiens ist und daher dem Staatsvertrag gemäß Artikel 37 gar nicht beitreten kann. Ein Standpunkt, der letztlich auch respektiert wurde. Dazu trug sicher auch die Tatsache bei, daß der Status der slowenischen Minderheit heute in Österreich voll anerkannt ist.
Noch ein wichtiges Wort zu den Beziehungen mit Slowenien. Die Mißstimmung, bedingt durch das Verlangen nach einer Verstärkung der Minderheitenrechte, hat sich nach der Auflösung des alten Jugoslawien nicht nur gelegt, sondern zwischen Laibach und Wien gibt es heute besonders freundschaftliche Verbindungen. Die österreichischen Slowenen haben zudem eine große Rolle gespielt, um die neue Republik Slowenien so rasch wie möglich an den westeuropäischen Standard heranzuführen, indem sie wertvolle Hilfe in der Zeit des Wiederaufbaus leisteten. Die Tatsache, daß 1995 die Feier der Kärntner Landesregierung zum 10. Oktober von Österreichern deutscher und slowenischer Muttersprache gemeinsam getragen wurde, zeigt, daß der Prozeß des gegenseitigen Zusammenlebens, der beidseitigen Wertschätzung stärker geworden ist."

Kroatien ist aufgrund seiner geographischen Nähe fast als Nachbarstaat anzusehen, zumal auch besonders enge geschichtliche, wirtschaftliche und kulturelle Verbindungen bestehen.

„Kroatien war bereits ein Eckpfeiler Österreichs in der Zeit der Monarchie, Kroatien hatte aber auch bis herauf in die Jetzt-Zeit in Österreich immer wieder einen Fürsprecher. Österreich wurde daher in punkto Kroatien immer wieder auch Einäugigkeit vorgeworfen.
Tatsache war und ist aber, daß wir in höchstem Maße interessiert sind, daß die Entwicklung Kroatiens zu einem demokratischen Rechtsstaat, in dem stabile politische und wirtschaftliche Verhältnisse herrschen, rasch abgeschlossen werden kann. Österreich hat daher die Bemühungen der kroatischen Regierung um die volle Eingliederung in die Organisationen und Institutionen der internationalen Staatengemeinschaft unterstützt. Allein aufgrund der Tatsache, daß Kroatien länger als Slowenien in die Auflösungskonflikte des ehemaligen Jugo-

slawiens verwickelt war, gestaltete sich dieser Prozeß etwas langwieriger.
Bei der Beurteilung der Situation in Kroatien und des Verhaltens der kroatischen Regierung sollte man sich stets vor Augen halten, daß Kroatien Opfer einer militärischen Aggression serbischer Freischärler und der Jugoslawischen Volksarmee geworden war.
Dieser Krieg hatte neben einer großen Anzahl von Menschenopfern, die mutwillige Zerstörung zahlreicher Dörfer und Städte, von Teilen der wirtschaftlichen und touristischen Infrastruktur sowie unwiederbringlicher Kulturdenkmäler zur Folge und führte sogar zur Besetzung eines Viertels des kroatischen Staatsgebietes. Österreich zählte immer zu jenen Staaten, die sich ohne Wenn und Aber dafür ausgesprochen haben, daß die kroatische Souveränität - so wie dies auch in den Resolutionen des Sicherheitsrates festgehalten ist - über das gesamte Staatsgebiet wiederhergestellt wird und gleichzeitig der serbischen Minderheit entsprechende Autonomierechte gewährt werden müssen.
Was die häufige internationale Kritik an der kroatischen Politik betrifft, war ich immer der Auffassung, daß es nicht nur das Recht, sondern auch die Pflicht eines befreundeten Staates ist, der noch dazu in unmittelbarer Nachbarschaft lebt, die andere Seite auf Fehlverhalten und Fehlentwicklungen aufmerksam zu machen. In diesem Sinne ist Österreich wiederholt und mit Nachdruck in Agram vorstellig geworden. Gegenstand waren unter anderem die Behandlung der serbischen Minderheit in den nicht-besetzten Gebieten, die kroatische Medienpolitik, das Verhalten Kroatiens gegenüber Bosnien-Herzegowina und die bewaffneten Auseinandersetzungen zwischen moslemischen und kroatischen Bosniern. Mit besonderem Nachdruck wurde auch darauf hingewiesen, daß Österreich jegliche Politik ablehnt, die eine Aufteilung oder Beseitigung von Bosnien-Herzegowina zum Ziel hätte. Gewaltsame Grenzänderungen würden nur den Interessen Kroatiens zuwiderlaufen, da es im Gegenzug zur Infragestellung kroatischer Grenzen käme. Und Österreich hat wiederholt in Erklärungen unterstrichen, daß Verletzungen der Menschenrechte, sogenannte „ethnische Säuberungen" aufs Schärfste verurteilt werden, gleich welche Seite

dafür die Verantwortung trägt. Alle diese Vorhaltungen haben ihre Wirkung nicht verfehlt, die kroatische Regierung bewogen, in vielen Fragen letztlich einzulenken.
Wogegen man sich allerdings auch wenden muß, ist, daß die internationale Staatengemeinschaft bei der rechtlichen, politischen und moralischen Beurteilung von Vorfällen gerne unterschiedliche Maßstäbe anlegt. Dazu gleich ein Beispiel: Die alte UdSSR ist zwar in viele Staaten zerfallen, Rußland aber noch immer eine Weltmacht. In Rußland gibt es ohne Zweifel viele Anstrengungen, das Land auf einen demokratischen, rechtsstaatlichen und marktwirtschaftlichen Weg zu führen; es gibt aber auch Problem- und Krisenherde, wie etwa Tschetschenien. Dort hat man es sich allerdings lange Zeit versagt, die Verletzung von Menschenrechten anzuprangern, weil man es sich offenbar mit einer Großmacht nicht anlegen wollte. Beim kleinen Kroatien sparte man nicht mit Kritik, man verwehrte sogar eine zeitlang die Aufnahme in den Europarat. Beim großen Rußland ließ man eine ähnliche kritische Haltung vermissen."

Zu **Bosnien-Herzegowina** bestand in der Vergangenheit, bedingt unter anderem durch die Ereignisse im Jahre 1914, eine emotional belastete Beziehung. Eine Beziehung, die sich in den letzten Jahren total wandelte. Mit Österreich und viceversa unterhält man heute betont freundschaftliche Kontakte.

„Bosnien-Herzegowina war jener Staat auf dem Gebiet des ehemaligen Jugoslawiens, in dem die Mißachtung anerkannter Grundsätze und internationaler Normen auf eklatanteste Weise erfolgte. Lange Zeit schien es so, als würde von allen Seiten Gewalt als einzig wirkungsvolles Mittel zur Durchsetzung von Ansprüchen angesehen werden. Diese Erkenntnis, die Sorge um eine Schwächung gemeinsamer Werte und Prinzipien sowie die Minderung des Ansehens und der Wirksamkeit internationaler Sicherheitsmechanismen waren der Grund für das besonders aktive Engagement Österreichs im Konflikt um Bosnien-Herzegowina. Ein Engagement, das auch in der islamischen Welt Beachtung und Anerkennung fand. Für mich stand eines fest: Bei einer Aufteilung dieses Landes wäre es das erste Mal seit Gründung der Vereinten Nationen gewesen, daß es zu einer gewaltsamen Beseitigung eines der Mitgliedsländer kommt. Neben der katastrophalen Beispielwirkung für andere Territorialkonflikte hätte dies das Entstehen eines Problems - ähnlich dem Palästinenserproblem im Nahen Osten - zur Folge gehabt. Von den Auswirkungen einer solchen Entwicklung wäre Österreich als einer der Staaten in dieser Region besonders betroffen gewesen.

Die österreichische Politik hat sich daher mit allem Nachdruck und in allen Gremien für die Beendigung der Kämpfe und der menschenunwürdigen Handlungen, für den Weiterbestand von Bosnien-Herzegowina, für die Schaffung von militärisch geschützten Sicherheitszonen ausgesprochen und humanitäre Hilfe in einem Ausmaß geleistet, an dem sich größere Staaten nur ein Beispiel nehmen können.

Durch die tragische Entwicklung am Balkan zu Beginn dieses Jahrhunderts, die mit beitrug, den Ersten Weltkrieg auszulösen, hatte Sarajewo immer einen besonderen, heiklen Stellenwert. Durch das besonders starke öffentliche Bekenntnis zu und durch die außerordentlichen sozialen Hilfsaktionen für Bosnien in den letzten Jahren, genießt Österreich heute in dieser Region ein besonders hohes Ansehen.

An dieser Stelle ist es aber auch noch notwendig eine Anmerkung zu treffen, die auf ein besonderes Problem hinweist, das mit den aktuellen Spannungen unmittelbar zu tun hat, bei dem sich aber auch eine Chance zeigt, die sich in Zukunft eröffnen könnte. Ein großes Problem von Bosnien-Herzegowina ist, daß auf seinem Staatsgebiet drei Nationen leben und daß die Bürger Bosniens automatisch einer dieser drei Nationen zugeschlagen werden. Insbesondere Sarajewo stand einmal im Ruf, ein Musterbeispiel für eine multikulturelle Stadt zu sein. Von dieser Einstellung ist heute, nach Kriegsende, nicht mehr viel zu spüren. Die einstmals traditionelle übernationale Geisteshaltung ist vorerst Vergangenheit. Manchmal gewinnt man trotz der noch immer vorhandenen Polarisierung zwischen den bosnischen Serben, den bosnischen Kroaten und den moslemischen Bosniern den Eindruck, daß man sich der Katalogisierung in moslemische, kroatische und serbische Bosnier zwar gebeugt hat, sie aber im Grunde doch wieder überwinden möchte."

Mazedonien ist eine ex-jugoslawische Republik, auf die fast immer etwas vergessen wird. Sie teilt ein Rand-Schicksal, das in einem solidarisch denkenden Europa nicht hingenommen werden darf.

> „Mazedonien hatte immer schon mit seiner besonders schwierigen geopolitischen Lage, der wirtschaftlichen Schwäche, der ethnischen Zusammensetzung seiner Bevölkerung sowie potentiellen territorialen Ansprüchen der Nachbarstaaten zu kämpfen. Dies gelangte auch im Jugoslawienkonflikt zum Tragen. Mazedonien kam zwar im Zuge der Kampfhandlungen im ehemaligen Jugoslawien sehr glimpflich davon, konnte als einzige jugoslawische Teilrepublik die Unabhängigkeit ohne einen Waffengang erreichen (Bereits Mitte März 1992 wurde die Kontrolle der Grenzen zu den Nachbarstaaten von der Jugoslawischen Volksarmee an die mazedonische Territorialverteidigung und das freiwillig übergeben, möglicherweise wurde der bloß zweiprozentige serbische Bevölkerungsanteil für eine Eingliederung in einen großserbischen Staat als für zu gering erachtet), zeigte sich dabei aber immer wieder als ein latenter Faktor der Instabilität. Dazu trugen vor allem die mazedonisch-griechischen Spannungen bei, die die EU geradezu in ein Dilemma stürzten. Auf der einen Seite versuchte die EU, den Brandherd Jugoslawien zu löschen, auf der anderen Seite übte sie gegenüber ihrem eigenen Mitgliedsland Griechenland, das in einem Konflikt mit Mazedonien stand, Zurückhaltung. Mit der Aufnahme Mazedoniens in die Vereinten Nationen und dem Einwirken der EG auf die Regierung in Athen, beruhigte sich dieser „Frontabschnitt“ langsam.
> Aufgrund der geographischen Lage, des Fehlens einer nennenswerten staatlichen Tradition sowie der wirtschaftlichen, politischen, sozialen, gesellschaftlichen und militärischen Schwäche (keine nennenswerte Produktionsstruktur, extrem hohe Arbeitslosenrate, 23 Prozent der Bevölkerung sind zudem Albaner) bleibt Mazedonien ein gewisser Unsicherheitsfaktor.“

Als Jugoslawien noch als Vielvölkerstaat existierte, war **Serbien** geographisch der Mittelpunkt. Während sich der kommunistische Ostblock auflöste, glaubte Serbien nicht nur geographisch Mittelpunkt Jugoslawiens bleiben zu können. Serbien war immer ein anerkannter politischer, wirtschaftlicher und kultureller Faktor in Europa. In die Außenseiterrolle wurde es nur durch die Politik Milosevic' und seiner Gesinnungsgenossen gedrängt.

„Serbien sieht sich nun einmal mit der Tatsache konfrontiert, daß es den Jugoslawien-Konflikt zum Ausbruch brachte, weil es das erklärte Ziel der an der Regierung befindlichen politischen Führung in der zweiten Hälfte der 80er und zu Beginn der 90er Jahre war, einen großserbischen Staat unter Einschluß aller serbisch besiedelten Gebiete in den angrenzenden Nachbarstaaten zu errichten. Dieses Ziel wurde lange Zeit, zu lange, ohne Rücksichtnahme auf die Regeln des Völkerrechts, andere internationale Normen und Beschlüsse der Staatengemeinschaft verfolgt. Der 1992 konstituierten Bundesrepublik Jugoslawien blieb daher auch bis zum Abschluß das Daytoner Abkommens die volle internationale Anerkennung versagt.
Die Skepsis gegenüber der von Milosevic bestimmten Belgrader Politik war auch weiterhin voll angebracht, wie dann die Ereignisse im Herbst 1996 zeigten. Wieder einmal traute man in den europäischen Staatskanzleien zu sehr den Schalmeientönen aus Belgrad, hatte bereits vergessen, wo und wie eigentlich die kriegerischen Auseinandersetzungen im Zuge des jugoslawischen Auflösungsprozesses ihren Ausgang genommen hatten. Milosevic war nicht vom Saulus zum Paulus geworden, er hatte es nur geschickt verstanden, von der Seite des Verursachers auf jene des Vermittlers zu wechseln. Man muß sich nur sein Vorgehen gegen den Kosovo, gegen die serbische Opposition während des Kriegsgeschehens und sein Verhalten zumindest am Beginn der Auseinandersetzungen mit Slowenien, Kroatien und Bosnien-Herzegowina in Erinnerung rufen.
Die Annullierung der Kommunalwahlen im Herbst 1996 - und dann noch die Bestätigung dieses politischen Gewaltaktes durch die obersten Gerichte - war eine Manipulation der schlimmsten Art. Selbst der Präsident des montenegrinischen Parlaments meinte in Richtung des von ihm durchaus anerkannten Staatspräsidenten Milosevic, „man soll nicht gegen das Volk regieren".

Konnte Milosevic in der Kriegsära – oft wurde beschönigend nur von einem Konflikt, abschwächend von einem Bürgerkrieg gesprochen, tatsächlich war es ein Aggressionskrieg – mit nationalen Untergriffen noch das serbische Volk im Zaum halten, so entlud sich jetzt die längst angestaute Wut, zeigte sich, welche Entbehrungen, Enttäuschungen der Krieg auch in Serbien hinterlassen hatte. Zu Hunderttausenden gingen die Menschen, Arbeiter, Angestellte, Studenten auf die Straße, um gegen Willkür und Diktatur, für Freiheit und Demokratie, gegen Milosevic und für faire Neuwahlen zu demonstrieren. Dazu kam, daß zwischenzeitlich auch die Führer der Opposition, Vuk Draskovic, Zoran Djindjic und Vesna Pesic an Format gewonnen hatten.
Die Art und Weise wie das Milosevic-Regime demokratische Wahlergebnisse verfälschte und negierte, wie die Proteste der Massen ignoriert, wie gleichzeitig im Kosovo wieder einmal ‚gezündelt', Anschläge auf Oppositionelle inszeniert wurden, um von den Problemen vor der eigenen Haustür abzulenken, wäre bereits ein Anlaß gewesen, um erneut den OSZE-Mechanismus in Gang zu setzen. Diesmal, um der serbischen Opposition internationalen Flankenschutz zu gewähren und dem serbischen Volk zu signalisieren, daß die westliche Staatengemeinschaft nicht anti-serbisch eingestellt ist, sondern daß es ihr um die Wahrung der Grund- und Freiheitsrechte schlechthin geht. Das war so, als Milosevic seine Schergen gegen die albanische Minderheit im Kosovo, gegen die bosnischen Muslime losschickte, und das gilt genauso für das diktatorische, undemokratische, bedrohliche Verhalten gegenüber den legitimen Forderungen der serbischen Opposition. Menschenrechte sind unteilbar."

Serbien verlangt nach einer differenzierten Betrachtungsweise. Auch die serbische Politik darf nicht verallgemeinert, von Milosevic & Co. auf andere Politiker geschlossen werden. Daß diese Differenzierung Maßstab der Mockschen Politik war und ist, zeigt ein aktuelles Beispiel.

Zu Beginn des Jahres 1997 lagen im Exekutivbüro der Europäischen Demokratischen Union (Die EDU ist der Dachverband aller christlich-sozialen, konservativen und Volks-Parteien Europas) Beitrittsansuchen der von Draskovic beziehungsweise Djindjic repräsentierten Parteien, der Erneuerungsbewegung und der Demokratischen Partei. Die Chancen, daß den beiden serbischen Parteien bei der nächsten EDU-Parteiführerkonferenz, die am 24. April 1998 stattfindet, der Beobachterstatus zuerkannt wird, stehen gut. Zwar gibt es bei einigen europäischen Parteiführern noch eine rerservierte Einstellung (Die Bedenken gegen eine Mitgliedschaft betreffen die nationalistische Ausrichtung, diesen Einwänden steht aber die beachtliche Leistung der Opposition bei der Organisation des demokratischen Widerstands gegen die Politik des Milosevic-Regimes gegenüber), Draskovic und Djindjic haben aber im EDU-Vorsitzenden Alois Mock einen starken Befürworter. Und damit schließt sich der Kreis: Österreich hat sich immer besonders bemüht, Jugoslawien beim wirtschaftlichen Aufbau und auf dem Weg in Richtung eines parlamentarisch-demokratischen Systems zu unterstützen. Und das noch in einer Zeit, da der Eiserne Vorhang Europa in zwei Hälften trennte, Jugoslawien aber aus der kommunistischen Einheitsreihe tanzte. Österreich verfolgte mehr als nur mit Sympathie den demokratischen Wandlungsprozeß in Osteuropa und die Unabhängigkeitsbestrebungen in den einzelnen jugoslawischen Republiken. Österreich war aber auch sofort zur Stelle, als Minderheitenrechte - etwa der albanisch-stämmigen Bevölkerung im Kosovo - schwer mißachtet wurden, eine gewisse serbische Clique einen Aggressionskrieg vom Zaun brach und den Balkan in ein blutiges Schlachtfeld verwandelte. Österreich stand immer auf der Seite jener, die das Opfer des Großmachtstrebens, des diktatorischen Gehabens der Machthaber in Belgrad waren.

Es paßt zu dieser Grundsatzeinstellung, daß, als zwei serbische Oppositionsparteien um die Aufnahme in die EDU ansuchten, konkrete Gespräche mit den Parteiführern aufgenommen wurden. Die schwierige innenpolitische Situation in der jugoslawischen Bundesrepublik ist auch eine Herausforderung an erfahrene Demokraten und Parlamentarier nicht nur den Dialog mit der Opposition zu suchen, sondern den neuen politischen Kräften mit Rat und Tat beiseite zu stehen, ihnen auch bei der Integration in die internationale Parteienlandschaft behilflich zu sein. Nicht nur an diesem Beispiel zeigt sich, daß im Visier der Jugoslawienpolitik nur eine bestimmte Gruppe handelnder Personen in Serbien stand, die das Völkerrecht, Minderheiten- sowie Grund- und Freiheitsrechte mißachtete. Es wurde aber nie verallgemeinert, und schon gar nicht Serbien generell an den Pranger gestellt:

„Österreich hat in seinem Verhalten gegenüber Serbien-Montenegro immer nur die von der UNO, der KSZE beziehungsweise OSZE gefaßten Beschlüsse, die Regeln des internationalen Rechts voll mitgetragen und sich vor allem voll daran gehalten.
Im Zuge des Konflikts wurde der österreichischen Außenpolitik hin und wieder der Vorwurf der Einseitigkeit unterschoben. Dem stehen aber die tatsächlichen Beziehungen zwischen Wien und Belgrad in den 80er Jahren entgegen. Nicht einmal habe ich festgestellt, daß eine diskriminierende anti-serbische Agitation ebenso abzulehnen ist wie die einige Zeit gegen Österreich gerichtete Propaganda Belgrads. Aber an Menschenrechtsverletzungen, wie etwa im Kosovo, an den mutwilligen Kriegshandlungen in den anderen Landesteilen kann man nicht vorübersehen und man darf schon gar nicht ein Auge zudrücken, nur weil während einer jahrhundertelangen Geschichte zwischen Österreich und Serbien ein freundschaftliches Verhältnis, eine weitgehende Gemeinsamkeit von Interessen bestand, und es erst zu Beginn dieses Jahrhunderts zu Gegensätzlichkeiten kam.
Österreich hat sich im Rahmen seiner Nachbarschaftspolitik stets in besonderer Weise um die Konsolidierung Jugoslawiens und dessen Transformation zu einem demokratischen und marktwirtschaftlich organisierten Rechtsstaat bemüht. Die diesbezüglichen Bestrebungen manifestieren sich zum einen in der aktiven und erfolgreichen Entwicklung enger und freundschaftlicher zwischenstaatlicher Beziehungen. Daneben warb Österreich gegenüber Drittstaaten und im multilateralen Rahmen konsequent um ein erhöhtes Verständnis für die Anliegen Jugoslawiens und setzte sich auch besonders für internationale Unterstützungsmaßnahmen ein. So bemühte sich Österreich ab 1980, nach dem Tod Titos, in einer Zeit relativer Liberalisierungen, um einen EFTA-Hilfsfonds. Trotz vieler Widerstände unter den westeuropäischen Staaten schrieb ich am 12. April 1989 an den damaligen norwegischen Außenminister Thorvald Stoltenberg einen Brief und bat ihn um Unterstützung für dieses Vorhaben, das sich an einem für Portugal bereits

existierenden Fonds orientieren sollte. Ich gab dabei zu überlegen, ob nicht auch einige EG-Staaten konsultiert und miteinbezogen werden sollten.
Wie gut die Beziehungen zwischen Österreich und Jugoslawien waren, und wie sehr sich Österreich einsetzte, seine Brückenfunktion zwischen der westlichen Hemisphäre und den (süd)osteuropäischen Nachbarländern zum Tragen zu bringen, zeigt eine Tischrede, die ich anläßlich eines offiziellen Besuchs in Belgrad am 29. März 1989 hielt. Ich betonte unter anderem, daß wir eine solide und dauerhafte Basis für ein freundschaftliches Nachbarschaftsverhältnis auf allen Ebenen schaffen konnten. Die beiden Länder würden damit ein positives Beispiel des Zusammenlebens von Staaten gegensätzlicher Gesellschaftsordnung in einer geopolitischen Schlüsselzone Europas geben und damit einen nicht zu unterschätzenden Beitrag zu einer friedlichen Entwicklung und Zusammenarbeit auf unserem Kontinent leisten. Österreich werde auch in Zukunft im Sinne seiner bisherigen Nachbarschaftspolitik alle ihm zur Verfügung stehenden Möglichkeiten auf bilateraler und multilateraler Ebene für eine Unterstützung der wirtschaftlichen Reformmaßnahmen in Jugoslawien nutzen. Wir begrüßen das Interesse Jugoslawiens an einer verstärkten Einschaltung in den wirtschaftlichen und technologischen Integrationsprozeß in Europa. Österreich werde sich weiterhin nicht nur in der EFTA nachdrücklich dafür einsetzen, daß Jugoslawien an der wirtschaftlichen und technologischen Dynamik teilhaben kann.
Wie die weitere Entwicklung zeigen sollte, hielt Jugoslawien, das einstmals hoffnungsvollste Ostblockland mit der Dynamik des einsetzenden politischen Umgestaltungsprozesses in Osteuropa nicht mit und verspielte damit viele Chancen, die sich noch in den 80er Jahren für das Land aufgetan hatten."

Aber auch noch nach Beginn der Jugoslawien-Krise war Österreich bemüht, mit führenden Persönlichkeiten Kontakt zu halten. Dies kam in einer nach Belgrad entsandten österreichischen Parlamentarierdelegation, in Treffen des Bundeskanzlers mit dem Ministerpräsidenten Markovic, in Gesprächen, die Mock mit dem Außenminister (Loncar verhielt sich immer sehr korrekt, konnte aber in seiner Amtszeit nur jene Politik ausführen, die Milosevic vorgab, als er aber den Irrweg erkannt hatte, sprach er wörtlich vom „letzten Akt der Zerstörung Jugoslawiens" und trat am 11. Dezember 1991 zurück) führte, in der Teilnahme von serbischen Politikern an einem von der ÖVP organisierten „Runden Tisch Europa" und dem Besuch des serbischen Patriarchen in Wien zum Ausdruck. Und natürlich ging es Österreich immer darum, mit den vorhandenen demokratischen Kräften in Serbien Verbindung zu halten und sie nach besten Kräften zu unterstützen.

Die deutliche Ausweitung der wirtschaftlichen Zusammenarbeit sowie der kontinuierliche Besuchsaustausch in den 80er Jahren auf der Ebene der Regierungschefs, der Minister, der Landesregierungsmitglieder dokumentieren Österreichs Anstrengungen um die positive Weiterentwicklung der Beziehungen mit Belgrad.

Parallel zum Aufschwung im bilateralen Handel intensivierte Österreich Ende der 80er Jahre die kulturell-wissenschaftliche Kooperation. Die Zahl der österreichischen Lektoren wurde verdoppelt, wichtige Ausstellungen, vor allem auch in Belgrad, durchgeführt. Die Festlichkeiten, die 1987 im Zusammenhang mit dem Gedenken an den serbischen Sprachforscher Vuk Karadzic stattfanden, bezogen in besonderer Weise Wien ein, nachdem dieser Gelehrte des 19. Jahrhunderts den Großteil seines Lebens in der österreichischen Metropole verbracht hatte. Und schließlich initiierten Niederösterreich und Serbien gemeinsam eine Zusammenarbeit der Regionen entlang der Donau nach dem Vorbild der bereits bestehenden „Arge Alpen-Adria". Diese „Arge Donauländer" war eine Initiative des niederösterreichischen Landeshauptmanns Siegfried Ludwig und wurde im Frühjahr 1988 gegründet. Noch im selben Jahr fand auf Anregung Österreichs hin in Belgrad eine erste Begegnung prominenter Publizisten und Journalisten beider Staaten statt, wobei man sich zum Ziel setzte, auch mit den Mitteln der Publizistik zu einem besseren Verständnis für das jeweils andere Land, seine Kultur, sein Bevölkerung und zum Abbau von stereotypen Vorurteilen sowie Ansichten beizutragen.

Österreich setzt KSZE-Mechanismus in Gang

Die Konsenssuche und Kompromißfähigkeit ist ein besonderes Merkmal der politischen Kultur. Es gibt allerdings einen Punkt, von dem an das Bemühen um einen gemeinsamen Weg bereits dazu führen kann, daß man die Augen vor der Realität zu verschließen beginnt. Im Falle von Jugoslawien wurde lange der Entwicklung zugesehen, selbst die unmittelbar betroffenen Republiken haben noch zu einem Zeitpunkt nach gemeinsamen Lösungen gesucht, da einer der Partner, nämlich Serbien, bereits den Konflikt vom Zaun gebrochen hatte und gar nicht mehr an eine Abkehr von diesem Irrweg dachte. Österreich wollte sich nicht mitschuldig machen, eine augenscheinliche Entwicklung zu übersehen und machte sich daher zum Anwalt der bedrohten Völker:

> „Angesichts des Scheiterns der international und auch von Österreich tatkräftig unterstützten Bemühungen um eine Konsolidierung der jugoslawischen Wirtschaft sowie des sichtbaren Zerfalls des Gesamtstaates wurde von den österreichischen Politikern im Rahmen der intensiven Kontakte mit Gesprächspartnern im südöstlichen Nachbarland immer wieder die Notwendigkeit unterstrichen, daß Jugoslawien seine politische Krise auf friedlichem Weg durch für alle akzeptable Lösungen überwinden müsse. Gleichzeitig trat Österreich mit Nachdruck dafür ein, daß sich die einzelnen Republiken auch im Falle einer Auflösung der Föderation in ihrem eigenen Interesse ein größtmögliches Maß an Gemeinsamkeiten erhalten sollten.
> Das brutale Vorgehen der Machthaber in Belgrad gegen die Albaner und deren politische Repräsentanten im Kosovo, machte viele dieser ehrlichen Bemühungen für eine gute Nachbarschaftspolitik zunichte.
> Angesichts der blutigen Repressionsmaßnahmen gegen die albanische Mehrheitsbevölkerung fühlte sich Österreich aufgrund seines Rechtsverständnisses und ethisch-moralischen Empfindens für die Verfolgten und Unterdrückten verpflichtet, zusammen mit anderen Staaten am 15. August 1990 die erste Stufe des KSZE-Mechanismus zur Anwendung zu bringen."

Um die Achtung der Menschenrechte und Grundfreiheiten sichern zu helfen, wurde von der KSZE ein genauer Mechanismus der „menschlichen Dimension" festgeschrieben, der immer dann von einem Land in Gang gesetzt werden kann, wenn in einem anderen Land „Gefahr im Verzug ist":

1. Schritt: Austausch von Informationen sowie Beantwortung von Informationsansuchen und Vorstellungen, die von anderen Teilnehmerstaaten zu Fragen der menschlichen Dimension der KSZE an sie herangetragen werden. Solche Mitteilungen können auf diplomatischem Wege übermittelt oder an jede für diese Zwecke bestimmte Stelle gerichtet werden.
2. Schritt: Abhaltung bilateraler Treffen mit anderen Teilnehmerstaaten, die darum ersuchen, Fragen betreffend die menschliche Dimension der KSZE, einschließlich Situationen und konkreter Fälle, mit dem Ziel ihrer Lösung zu prüfen. Zeit und Ort solcher Treffen werden in gegenseitigem Einvernehmen auf diplomatischem Wege vereinbart.
3. Schritt: Jeder Teilnehmerstaat, der es als notwendig erachtet, kann Situationen und Fälle, die unter die menschliche Dimension der KSZE fallen, anderen Teilnehmerstaaten zur Kenntnis bringen.

Informationsansuchen und schriftlich eingebrachte Vorstellungen sind so rasch wie möglich, jedoch spätestens binnen vier Wochen in schriftlicher Form zu beantworten.

Bilaterale Treffen gemäß Punkt 2 müssen innerhalb von drei Wochen ab dem Tag des Ersuchens durchgeführt werden.

Genau von diesen KSZE-Bestimmungen nahm Österreich Gebrauch, nachdem sich die Berichte über die Zuspitzung der Situation in Jugoslawien dramatisch häuften und eine eklatante Verletzung des Völkerrechts, der Menschenrechte, etc. vorlag.

Nachdem dieser erste Schritt aber keine Haltungsänderung Belgrads herbeigeführt hatte, nahm Österreich am 28. März 1991 – übrigens damals als einziger Staat – die zweite Stufe des KSZE-Mechanismus in Anspruch. In einem bilateralen Treffen, das dann am 8. und 9. Mai in Belgrad stattfand, legte Österreich ein 13 Punkte umfassendes „Sündenregister" auf den Tisch und machte Jugoslawien darauf aufmerksam, daß folgende in bezug auf den Kosovo getroffenen Maßnahmen in eklatantem Widerspruch zu den KSZE-Verpflichtungen und zur Charta von Paris für ein neues Europa stehen:

„1. *Durch die Auflösung des Parlaments, der Regierung und des Präsidiums der autonomen Region Kosovo durch serbische Sondergesetze vom Juli 1990, die im Widerspruch zur jugoslawischen Bundesverfassung stehen, wurde die Verpflichtung zu repräsentativer und pluralistischer Demokratie sowie zur Rechtsstaatlichkeit verletzt.*
2. *Die politischen Parteien, die die Interessen der albanisch-stämmigen Bevölkerung des Kosovo vertreten, können nicht registriert werden, was im Widerspruch zu dem im Kopenhagener Dokument verankerten Recht zur Gründung politischer Parteien steht.*
3. *Durch die Entlassung der meisten albanisch-stämmigen Richter und Staatsanwälte wurde gegen das Prinzip der Unabhängigkeit der Justiz verstoßen.*
4. *Die Entlassung albanisch-stämmiger Beamter stellt einen flagranten Verstoß gegen das Verbot der Diskriminierung aufgrund ethnischer Zugehörigkeit dar.*
5. *Die willkürliche Anhaltung, Verhaftung und Mißhandlung von Kosovaren, insbesondere auch die Anwendung exzessiver Gewalt seitens der serbischen Polizei, ist mit dem Prinzip der Achtung der Menschenrechte und Grundfreiheiten unvereinbar.*

Unvereinbar mit dem Rechtsempfinden ist weiters

6. *die Verurteilung von Kosovaren aufgrund rein politischer Delikte,*
7. *die weitgehende Einschränkung der Versammlungsfreiheit,*
8. *die Einschränkung der Meinungs- und Informationsfreiheit, indem die Tageszeitung des Kosovo am Erscheinen gehindert wird, im lokalen Fernsehprogramm keine albanisch-sprachigen Programme gesendet werden dürfen,*
9. *die Verhinderung unabhängiger Gewerkschaften,*
10. *die massenweise Entlassung albanisch-stämmiger Arbeiter,*

11. *die Entlassung von über 1.200 Ärzten und medizinischen Fachkräften, wodurch auch noch die medizinische Versorgung des Kosovo schwer gefährdet wird,*
12. *die Schließung kultureller Einrichtungen und die Entlassung von mehr als 300 Universitätslehrern, tausender Mittelschullehrer sowie des Schulpersonals wegen deren Zugehörigkeit zur albanischen Volksgruppe sowie*
13. *die Auswechslung der alten Lehrpläne in den albanisch-sprachigen Schulen durch serbische Lehrpläne (auch für die Fächer Geschichte und Literatur).“*

Man ist mehr als verwundert, daß angesichts dieser Verstöße die internationale Staatengemeinschaft zu diesem Zeitpunkt schweigt und sich dem österreichischen Vorstoß im Zuge der sogenannten 2. Stufe des KSZE-Mechanismus nicht anschließt.

Interessant ist die Reaktion der serbischen Seite. Die jugoslawischen Vertreter bei diesem bilateralen Treffen leugnen grundsätzlich gar nicht die Verletzung von Menschenrechten und Grundfreiheiten im Kosovo. Die Menschenrechtsverletzungen werden lapidar mit „separatistischen Tendenzen“ der albanisch-stämmigen Bevölkerung begründet. Und gäbe es diese separatistischen Tendenzen nicht, so könnten die Menschenrechte und Grundfreiheiten gewährt werden, sagen die von der Belgrader Regierung entsandten Diplomaten.

Eine in jeder Form inakzeptable Relativierung, die aber Zeugnis vom Denken in der herrschenden politischen Führungsschicht Serbiens ablegt.

Weisenrat und Friedenstruppen

Zunehmend zeigt sich, daß das serbische Vorgehen nicht nur das Konfliktklima im Gesamtjugoslawien anheizt, sondern die Gesprächsbasis zwischen den Republiken und deren offiziellen Repräsentanten immer labiler wird. Dieser Entwicklung kann nur noch durch Hilfestellung von außen entgegengesteuert werden.

Am 4. Mai wirft Außenminister Dr. Mock in einem Interview erstmals den Gedanken der Entsendung von Friedenstruppen in die Diskussion:

> „Die EG soll Jugoslawien die Entsendung einer Friedenstruppe anbieten. Die Zeit ist vorbei, mit Appellen zur Gewaltlosigkeit etwas zu erreichen. Man muß rasch handeln, um einen Bürgerkrieg zu vermeiden, der Auswirkungen auf ganz Europa hätte."

Die Idee der Friedenstruppe, insbesondere deren Entsendung zur präventiven Verhinderung von Auseinandersetzungen, wird noch im Herbst 1991 präzisiert, von der Ebene der EG auf jene der UNO angehoben. Zunächst aber geht es um die Gesprächsvermittlung zwischen den Konfliktpartnern, darum, wenigstens die Sicherstellung der Dialogbereitschaft zu erreichen. Am 6. Mai 1991 stellt Mock daher einen Vorschlag zur Diskussion, der helfen soll, gewissermaßen im letzten Augenblick, den Bürgerkrieg in Jugoslawien zu verhindern:

> „In der jetzigen Situation ist eine Hilfestellung Europas an den Vielvölkerstaat notwendig. Zur Lösung der jugoslawischen Krise schlage ich daher vor, daß sich aus Europa ein Gremium weiser Männer zur Verfügung stellt, um den Dialog zwischen den Republiken und den Bundesorganen aufrechtzuerhalten.
> Diese Vermittlungsmission soll den Dialog zwischen den Streitparteien aufrechterhalten, außerdem neue Sicherheitsmechanismen entwickeln, um lokale und regionale Gewaltanwendung zu verhindern.
> Es ist ein Gedanke, der mich dabei vor allen anderen bestimmt. Solange in Jugoslawien der Dialog andauert, so lange besteht wenigstens Hoffnung, daß es dort zu keiner großflächigen militärischen Auseinandersetzung kommt.
> Drei oder vier erfahrene europäische Persönlichkeiten sollen sich in Jugoslawien für eine Fortsetzung des Dialogs zwischen den verfeindeten Lagern einsetzen. Je intensiver der Dialog zwischen den Republiken geführt wird, desto größer ist die Wahrscheinlichkeit, daß die Rechte der Minderheiten akzeptiert werden. Die Sicherheit Europas ist unteilbar. Die Menschen in Mittel und Osteuropa setzen große

Hoffnungen in die Europäische Gemeinschaft. Initiativen müssen aber auch von neutralen Ländern ausgehen.

Das Angebot einer Hilfestellung Europas zur Lösung der jugoslawischen Krise stellt keine Einmischung in die inneren Angelegenheiten eines souveränen Staates dar. Es müssen aber auch in Jugoslawien Mechanismen zur Gewaltvermeidung eingesetzt werden, wie es sie bereits in Zypern oder auf den Golan-Höhen gibt.

Vor dem Hintergrund eskalierender militärischer Auseinandersetzungen und der Erfolglosigkeit von insgesamt sechs Verhandlungsrunden der Präsidenten der jugoslawischen Teilrepubliken wurde der Bedarf einer internationalen Hilfestellung bei der Lösung der Krise immer deutlicher. Daher schlage ich die Bildung eines ‚europäischen Weisenrates' vor. Dieser soll bei der Suche nach einer friedlichen und einvernehmlichen Lösung mit Rat und Tat den Konfliktparteien beiseite stehen, konkrete Lösungsvorschläge ausarbeiten und insgesamt zu einer Beruhigung der angespannten Lage beitragen."

Dieser Vorschlag zur Schaffung eines Weisenrates findet unter den maßgeblichen politischen Vertretern Westeuropas ein positives Echo. Slowenien, Kroatien und Bosnien-Herzegowina befürworten ihn. Die Schlüsselrolle kommt nun den Belgrader Zentralbehörden zu.

Der österreichische Vorschlag wird dem jugoslawischen Außenminister Loncar offiziell übermittelt und von diesem – übrigens sehr korrekt – zunächst abgelehnt.

Österreich läßt aber nicht locker. Auch bei der KSZE-Ministerkonferenz wird über die Schaffung eines Weisenrates ausführlich diskutiert. Als US-Außenminister Baker am 21. und 22. Juni 1991 in Begleitung des holländischen Außenministers van den Broek sowie der außenpolitischen Ressortchefs von Italien und Ungarn in Belgrad weilt, erkundigt er sich nach der Reaktion auf Mocks Vorschlag. Es wird ihm offiziell von den Regierungsstellen mitgeteilt, daß Jugoslawien die Gründung eines solchen „Weisenrats" als Einmischung in innere Angelegenheiten qualifiziert und daher strikt ablehnt.

Retrospektiv kann man davon ausgehen, daß dieses „Nein" vielleicht auch deshalb so hart ausfiel, weil die Gesamtsicht der Jugoslawienkrise, die der amerikanische Außenminister bei seinem Treffen mit dem jugoslawischen Ministerpräsidenten Ante Markovic und den sechs Republikspräsidenten vertrat, eher als Unterstützung für die Aufrechterhaltung eines möglichst einheitlichen Jugoslawiens aufgefaßt wurde, was die Belgrader Zentralregierung in ihrer Meinung, die Krise selbst regeln zu können, nur noch bestärkte.

In Vorausahnung der Reaktion Belgrads hat Mock, damit kein Stillstand in den Lösungsbemühungen eintritt, Baker noch einen Brief an den jugoslawischen Amtskollegen mitgegeben.

Dieser Vorschlag auf Einrichtung eines „Weisenrates", der sicher zu einer De-Eskalierung beitragen hätte können, findet nicht nur durch das Abblocken der Politiker in Belgrad, sondern vor allem auch durch den mangelnden Nachdruck der westlichen Staatengemeinschaft keine Realisierung. Einer der Gründe: Noch wird die Dramatik der Entwicklung im zerfallenden Jugoslawien international nicht richtig zur Kenntnis genommen. Manche hoffen auf ein Wunder, das - nachdem der kommunistische Ostblock mit Ausnahme von Rumänien fast ohne Blutvergießen auseinandergefallen war - vielleicht doch noch eintreffen könnte. Andere wiederum sind einfach desinteressiert und abgestumpft, mag sein, daß sie sogar ob der „Ruhestörung" durch „nationale Unruhestifter" verärgert sind.

Anfang Juni gibt es doch noch ein neues Signal aus Belgrad. Außenminister Loncar reagiert auf Mocks Brief und erklärt nun, man könne über den Vorschlag auf Einrichtung eines Weisenrates reden. Leider ist es jetzt bereits zu spät.

Immer mehr wird nämlich der Krieg der Worte von einem Krieg der Waffen begleitet. Der im Februar begonnene serbische Aufstand, unter anderem in Slawonien, weitet sich aus.

Am 6. Juni wird allerdings noch ein mazedonisch-bosnischer Vorschlag, betreffend die Schaffung eines jugoslawischen Staatenbundes nach dem Muster der Europäischen Gemeinschaft veröffentlicht. Ein Akt, der einmal mehr deutlich macht, wie sehr zwar die Teilrepubliken an einer konstruktiven Lösung interessiert waren, aber Belgrad von seinem Konfrontationskurs - erst Mitte Mai wurde die turnusmäßige Übernahme des Vorsitzes im Staatspräsidium durch Kroatien verhindert - nicht mehr abhalten konnten.

Wie sehr auf internationaler Ebene das über Jugoslawien heraufziehende Unwetter eines innerstaatlichen Konflikts zwischen den Republiken und Volksgruppen bagatellisiert wurde, zeigt eine Erklärung anläßlich des Berliner Treffens des Rates der KSZE am 20. Juni, das noch zu sehr von Worthülsen geprägt ist:

„Die Minister erörterten die Situation in Jugoslawien. Seine Exzellenz, der Bundessekretär für Auswärtige Angelegenheiten, Herr Budimir Loncar, informierte sie über die jüngsten Entwicklungen in Jugoslawien. Die Minister bekundeten ihre freundschaftliche Besorgnis und ihre Unterstützung im Hinblick auf die demokratische Entwicklung, die Einheit und territoriale Integrität Jugoslawiens auf der Grundlage von Wirtschaftsreformen, der uneingeschränkten Anwendung der Menschenrechte in allen Teilen Jugoslawiens, einschließlich der Rechte von Minderheiten sowie einer friedlichen Lösung der gegenwärtigen Krise im Land."

Der Konflikt wird zum Krieg

Noch nie hat es in Europa eine so lange Zeitspanne des Friedens gegeben wie von 1945 bis zu Beginn der 90er Jahre. Viele wähnten sich – auch noch in Zeiten, da Europa in zwei Machtblöcke gespalten war, der Eiserne Vorhang West und Ost trennte – bereits in totaler Sicherheit. Die Entwicklung in Jugoslawien machte sehr rasch diese Träume zunichte – auch jene, daß in unmittelbarer Nähe Österreichs die politische Welt ohnedies in Ordnung, Landesverteidigung ein übertriebener Luxus sei.

Wir schreiben den 25. Juni 1991. Slowenien und Kroatien erklären, nachdem alle Versuche, einen gemeinsamen Nenner mit den Serben zu finden, gescheitert sind, ihre Unabhängigkeit. Außenminister Mock gibt eine offizielle Erklärung ab:

> „Österreich verfolgte stets die Entwicklung in seinem südlichen Nachbarland mit besonderer Anteilnahme aus dem Bewußtsein heraus, daß Freiheit, Menschenrechte und Demokratie in ganz Europa unteilbar sein müssen. Der Prozeß der Demokratisierung und marktwirtschaftlichen Entwicklung wurde aus diesem Grunde von Österreich stets aktiv unterstützt.

> Österreich geht davon aus, daß es die Verantwortung der Völker Jugoslawiens sei, ihr Schicksal selbst zu bestimmen. Die von Slowenien und Kroatien nunmehr getroffenen Entscheidungen entsprechen dem demokratischen Willen der beiden Völker. Demokratische Entscheidungen eines Volkes sind grundsätzlich zu respektieren. Die von Slowenien und Kroatien bekundete Absicht, die Gespräche über eine einvernehmliche Lösung mit den anderen Teilrepubliken und der Zentralregierung weiterzuführen, um ein möglichst hohes Maß an Gemeinsamkeit sicherzustellen, wird begrüßt.
>
> Österreich wird aufgrund der freundschaftlichen Beziehungen zu Jugoslawien alles daran setzen, um eine Fortsetzung des bisherigen gutnachbarschaftlichen Verhältnisses zu allen Teilrepubliken auch in der derzeit schwierigen Situation sicherzustellen.
>
> Es wird die im Verhältnis zu Jugoslawien gültigen völkerrechtlichen Verträge – soweit dies aufgrund des jeweiligen Vertragsinhaltes möglich ist – auch in Zukunft auf alle Republiken anwenden. Dadurch soll die unbeeinträchtigte Aufrechterhaltung der Beziehungen insbesondere auf den Gebieten des Personen- und Wirtschaftsverkehrs sowie des Rechts- und Sozialwesens sichergestellt werden.
>
> Über eine formelle Anerkennung kann jedoch erst entschieden werden, wenn die hiefür maßgeblichen völkerrechtlichen Voraussetzungen vorliegen.
>
> Im Sinne der von allen KSZE-Außenministern am 19. Juni verabschiedeten Erklärung wird der Appell an alle Beteiligten, jegliche Gewaltanwendung zu unterlassen und gerade in der derzeitigen Situation den politischen Dialog unbedingt aufrechtzuerhalten, wiederholt."

Viele internationale Vermittler, die in Jugoslawien unterwegs sind, haben bis zu diesem Zeitpunkt vor allem eines versucht, Slowenien und Kroatien zu überreden, den Weg in die Unabhängigkeit nicht anzutreten, um Serbien nicht zu vergrämen. Belgrad sieht sich dadurch in seinem Denken, in seinen Bestrebungen sogar noch ermuntert und läßt sich daher von seinem Weg nicht abbringen.

In den Morgenstunden des 27. Juni rücken Panzer auf die slowenische Hauptstadt vor. Die Jugoslawische Volksarmee will mit Waffengewalt die

Eigenständigkeit von Slowenien und Kroatien verhindern. Die „Eilt-Meldung", die über die internationalen Nachrichtenagenturen rund um die Welt läuft, trägt die Uhrzeit 06.44 und ist nur wenige Sätze lang:

Panzer rollen auf Laibach zu.

Laibach - Rund 40 Panzer der jugoslawischen Armee rücken nach Angaben des slowenischen Rundfunks auf die Hauptstadt Laibach (Ljubljana) vor. Alle Einfahrtstraßen sind mit Bussen und Feuerwehrautos blockiert. Ein Polizist sagte Donnerstag früh an einer der Straßenblockaden, die Panzereinheiten hätten bereits den Flughafen Plnik rund 30 Kilometer vor der Stadt passiert. In einer über Radio Ljubljana verbreiteten Erklärung hieß es, unter anderem sei eine Panzerbrigade von ihrer Kaserne in Vrhinka 20 Kilometer westlich von Ljubljana aufgebrochen. Die slowenischen Verteidigungskräfte bereiteten sich darauf vor, die Einheiten der Streitkräfte des Bundes zu stoppen.

Das österreichische Bundesheer verstärkt sofort die Grenzsicherung und die Luftraumüberwachung. Unter der österreichischen Bevölkerung macht sich Sorge breit.

Die Jugoslawische Volksarmee wird nicht nur in den nördlichen Landesteilen aktiv, sie greift auch direkt in die serbischen Kampfhandlungen in der Krajina und in Slawonien ein. Der Bürgerkrieg am Balkan ist offen ausgebrochen.

Jetzt, nach dem Beginn der Kampfhandlungen, kommt abermals der Gedanke einer internationalen Vermittlung auf. Die Idee des Weisenrates läßt sich zwar nicht mehr realisieren, dafür kommt es zur „Troika-Mission" der EG-Außenminister. Auch die schon frühzeitig von Österreich geforderte, zunächst aber ebenfalls nicht realisierte Einschaltung der Vereinten Nationen erweist sich letztlich als unerläßlich. Es muß erst etwas passieren, bevor etwas geschieht.

Die Kampfhandlungen in Slowenien werden durch die erfolgreichen Verteidigungsaktionen der slowenischen Territorialkräfte sowie durch eine tatkräftige Vermittlung der EG-Troika (bestehend aus den Außenministern der Niederlande, Luxemburgs und Portugals, Hans van den Broek, Jacques Poos und Jose Pinheiro) bald, nämlich mit einem Waffenstillstandsabkommen, das am 8. Juli auf der Adria-Insel Brioni unterzeichnet wird, beendet. Die Jugoslawische Volksarmee wird zu einem bedingungslosen Abzug verpflichtet. In einem Moratorium wird für das Wirksamwerden der Unabhängigkeitserklärungen von Slowenien und Kroatien eine dreimonatige Frist eingeräumt.

Nach Ablaufen dieser Frist werden von Laibach und Agram neue, eigene Reisepässe ausgegeben, eine eigene Währung eingeführt. Der Tolar und - etwas später - die Kuna lösen den Dinar ab.

Während es Slowenien tatsächlich schafft, ein ruhigeres politisches Fahrwasser zu erreichen, gerät Kroatien immer stärker in den Strudel kriegerischer Auseinandersetzungen mit seinen ehemaligen Nachbarn und Staatsgenossen. So gelingt es der Jugoslawischen Volksarmee gemeinsam mit serbischen Freischärlern im Verlauf der nächsten Monate rund ein Drittel des kroatischen Staatsgebietes zu besetzen. Einer der Höhepunkte ist das Luftbombardement des Agramer Präsidentenpalastes am 7. Oktober 1991 durch die Jugoslawische Volksarmee.

Einschaltung internationaler Gremien

Österreich hat die mit den Prinzipien des Völkerrechts und insbesondere mit dem Humanitätsrecht unvereinbaren kriegerischen Handlungen von Anfang an aufs Schärfste verurteilt und zur sofortigen Beendigung der Kämpfe aufgerufen. Die Zerstörung kroatischer Städte und Dörfer, insbesondere die Vernichtung Vukovars und das Bombardement von Dubrovnik stießen auf die einhellige Verurteilung aller verantwortlichen politischen Kräfte.

Generell hat Österreich bei jeder sich bietenden Gelegenheit auf möglichst frühe, wirkungsvolle und völkerrechtskonforme Maßnahmen zur Beendigung der Kämpfe gedrängt. Vor allem aber haben sich die offiziellen Vertreter der Republik für eine klare und prinzipientreue Sprache bei den zahlreichen internationalen Erklärungen und Resolutionen, so vor allem im Bereich der UNO und der KSZE eingesetzt.

Die UNO-Schiene kann von Österreich besonders dadurch aktiv genutzt werden, da es vom 1. Jänner 1991 bis 31. Dezember 1992 Mitglied des Sicherheitsrates ist.

Und am 19. September 1991 fordert Österreich auch als erstes Mitglied des UN-Sicherheitsrates eine eigene Sitzung als Reaktion auf die serbische Aggression gegen Kroatien. Österreichs ständiger Vertreter bei den Vereinten Nationen, Peter Hohenfellner, schreibt an den Präsidenten des Sicherheitsrates:

„I have the honour to request an urgent consideration, in informal consultations of the member of the Security Council, of the deteriorating situation regarding Yugoslavia which gives rise to serious concern throughout the region."

Die verlangte Sitzung des Sicherheitsrates findet am 25. September statt. In einer Resolution werden ein verbindliches Waffenembargo verabschiedet und die europäischen Bemühungen ausdrücklich unterstützt. Zusätzlich wird auch noch die Einschaltung des UNO-Generalsekretärs verlangt. Unter anderem heißt es darin, daß sich der Sicherheitsrat „zutiefst besorgt über die Kampfhandlungen in Jugoslawien, die schweren Verluste an Menschenleben und Sachschäden und über die Auswirkungen dieser Kampfhandlungen auf die Länder der Region, insbesondere in den Grenzgebieten der Nachbarländer" zeigt. Man ist aber auch „besorgt darüber, daß das Fortbestehen dieser Situation eine Bedrohung des Weltfriedens und der internationalen Solidarität darstellt". Der UN-Sicherheitsrat „unterstützt voll und ganz alle Regelungen und Maßnahmen mit dem Ziel einer stabilen und wirksamen Beendigung der Feindseligkeiten in Jugoslawien" und er „appelliert eindringlich an alle Parteien und legt ihnen nahe, ihre Streitigkeiten auf friedlichem Wege und durch Verhandlungen beizulegen". Der Sicherheitsrat „beschließt, daß ... alle Lieferungen von Waffen und militärischen Ausrüstungen an Jugoslawien sofort mit einem allgemeinen und vollständigen Embargo belegt werden". Gleichzeitig werden alle Staaten „aufgefordert, sich jeglicher Handlungen zu enthalten, die zur Erhöhung der Spannungen und zur Behinderung oder Verzögerung eines friedlichen und auf dem Verhandlungswege herbeigeführten Ausgangs des Konflikts in Jugoslawien beitragen könnten".

Diese durch Österreichs Einsatz veranlaßte „Resolution 713" ist übrigens nur eine von vielen Resolutionen (Von 1991 an wurden im ersten Kriegsjahr drei, im zweiten 23, im dritten 25, im vierten 12 und im fünften 26 Resolutionen „produziert"), die der UN-Sicherheitsrat zur Jugoslawien-Krise verabschiedete. Sie ist aber eine Art Initialzündung. Auf sie wird immer wieder Bezug genommen, so auch in der zwei Jahre später, am 4. Juni 1993 verabschiedeten Resolution 836, als der Sicherheitsrat die UNPROFOR ermächtigt, sich „im Falle der Bombardierung von Schutzzonen" oder „bei Behinderung der Bewegungsfreiheit", auch wehren zu dürfen, und sei es mit Waffengewalt.

Indessen geht der Zerfall Jugoslawiens noch an einem anderen, nicht militärischen „Frontabschnitt" weiter. Nachdem zunächst am 15. Mai die Wahl des Kroaten Mesic ins Staatspräsidium verhindert wird, kommt es am 1. Oktober zum Putsch im Staatspräsidium: Das von Serbien kontrollierte Rumpfpräsidium dekretiert eine unmittelbare Kriegsgefahr und übernimmt unter diesem Vorwand die gesamtstaatlichen Kompetenzen.

Die serbischen Politiker nützen bei ihren Auslandsaufenthalten jede Möglichkeit, die Öffentlichkeit über die wahren Ziele und Vorhaben zu täuschen. So stellt zum Beispiel Außenminister Vladislav Jovanovic am 11. Oktober 1991, nachdem Mock ihm vorgehalten hatte, daß Serbien einen Krieg gegen Kroatien führe, in einer Pressekonferenz unter anderem fest: „Es steht kein einziger Soldat Serbiens in Kroatien." Serbien habe keinerlei Expansionsbestrebungen und stelle auch keine Territorialansprüche. Serbien sei nicht aus eigenem Antrieb in die Jugoslawienkrise geschlittert. „An den jetzigen Umständen ist die sezessionistische Politik zweier Republiken schuld. Das führt automatisch zu Problemen, vor allem was die nationalen Rechte von Völkern und die Grenzen betrifft. Die Serben sind sehr an einem dauerhaften Frieden interessiert."

Die Realität des jugoslawischen Alltags wird zunehmend, wenn auch schleppend, in den westlichen Staatskanzleien als solche registriert. Nachdem sich zwar mit dem Abkommen von Brioni die Situation um Slowenien beruhigte, die Kämpfe in Kroatien aber weitergingen, entschied sich die EG für die Einberufung einer internationalen Friedenskonferenz. Zu deren Präsidenten wird am 3. September 1991 Lord Carrington bestellt. So sehr zunächst von manchen Seiten seine Nominierung nicht unkritisch gesehen wird, weil man den Briten generell eine eher pro-serbische Haltung nachsagt (Sir Michael Rose, Kommandant der bosnischen UN-Truppen in den Jahren 1994 und 1995 stärkt zum Beispiel nicht gerade den Ruf der Briten als objektive und geschickte Vermittler am Balkan), so sehr wächst Carrington mit der Aufgabe, die er übernommen hat. Er wird zu einem äußerst bemühten und engagierten Verhandler, der sehr bald erkennt, daß die serbische Seite zu einem Einlenken nicht bereit ist, die internationalen Vermittler an der Nase herumführt und der letztlich an seiner Aufgabe scheitern muß.

Am 18. Oktober 1991 präsentiert Lord Carrington einen Lösungsvorschlag, der unter anderem die Assoziation der unabhängigen Republiken in den bestehenden Grenzen, die Errichtung einer Zollunion und die Einrichtung von Minderheitenregimen vorsieht. Noch immer schwingt der Gedanke, eine Einheit durch Vielfalt schaffen zu können, mit. Milosevic weist dennoch diesen Vorschlag zurück, angeblich, weil er die Kompetenzen der Friedenskonferenz übersteigt. Am 5. November wird daraufhin von der EG ein Ultimatum an Serbien gerichtet, die Grundzüge des Carrington-Vorschlags zu akzeptieren, widrigenfalls es zu Wirtschaftssanktionen kommt.

Auf der Konferenzsitzung am 4. November 1991 in Brüssel schlägt Lord Carrington eine adaptierte Fassung des Erstvorschlages, nämlich die Umwandlung Jugoslawiens in eine freie Assoziierung souveräner, unabhängiger Republiken vor, die unter sich einen gemeinsamen Staat bilden können, sofern sie dies wünschen. Die autonomen Regionen Kosovo und Vojvodina – und das ist einer der Schwachpunkte – werden in dem Plan freilich nicht ausdrücklich genannt. Allerdings ist vorgesehen, daß „jene Gebiete, in denen Personen einer nationalen oder ethnischen Gruppe die Mehrheit bilden, einen Sonderautonomiestatus erhalten sollen".

Slowenien kritisiert die Vorschläge, weil sie nicht ihre Eigenstaatlichkeit vorsehen. Serbiens Regierung fordert einen Sonderstatus für die Serben in Kroatien, das sich ebenfalls mit dem Konzept Carringtons nicht einverstanden erklärt. Dennoch wird von allen Republiken um die Fortführung der EG-Friedenskonferenz gebeten und auch die Entsendung von UN-Friedenstruppen grundsätzlich befürwortet.

International wird darum gerungen, ob das Gewicht von Drohungen eines Aggressors, nämlich der Jugoslawischen Volksarmee, von der etwa der US-Vermittler Cyrus Vance sagt, er fühle sich von ihr betrogen, und von der sich die EG-Beobachter wörtlich ‚desavouiert' fühlen, gewichtiger ist als der Respekt vor demokratisch ausgeübten Selbstbestimmungsrechten.

Am 16. Dezember 1991 faßt der Ministerrat der EG – nachdem noch drei Tage zuvor UN-Generalsekretär Perez de Cuellar den deutschen Außenminister Hans-Dietrich Genscher brieflich vor einer „selektiven und vorzeitigen Anerkennung einzelner jugoslawischer Republiken" gewarnt hatte – den Grundsatzbeschluß über die Anerkennung von Slowenien und Kroatien. Österreich hat auf diese Entscheidung bereits gewartet und schließt sich dem Schritt der EG an.

In der Koalition besteht dazu nicht unbedingt eine einhellige Meinung. Auf SPÖ-Seite gibt es einige Politiker, die sich zur Anerkennung Sloweniens und Kroatiens sehr zurückhaltend, restriktiv verhalten. Dadurch, daß Mock in seiner Funktion als Außenminister bereits in der Sitzung des Außenpolitischen Rates vom 26. August den Antrag gestellt hatte, Slowenien und Kroatien im Einklang mit anderen Ländern als unabhängige Staaten anzuerkennen (ein Antrag, der mehrheitlich Zustimmung fand), kann nun die Bundesregierung gar nicht mehr anders handeln und muß folgedessen am 10. Dezember beschließen, daß Österreich der EG-Entscheidung folgen wird. Damit ist das Land gebunden. Die SPÖ-Regierungsmitglieder ziehen mit. Am 15. Jänner 1992 erfolgt die Aufnahme offizieller diplomatischer Beziehungen mit Laibach und Agram.

Belgrad verschickt daraufhin am 17. Jänner Protestnoten. Eine geht nach Wien. Unter anderem heißt es darin: „Dieser Akt (gemeint ist die Anerkennung) bedeutet eine unmittelbare Negation der Souveränität, der territorialen Integrität und internationalen Subjektivität Jugoslawiens. Somit wird in die internationalen Beziehungen die gefährliche Praxis eingeführt, daß die Sezession als Methode der Auflösung eines Staates völkerrechtliche Anerkennung erlangt. Der Beschluß der Regierung der Republik Österreich bedeutet eine offenkundige Verletzung der Prinzipien und Bestimmungen der UN-Charta, der UN-Deklaration über die Grundsätze des Völkerrechts ..."

Im Gegensatz zu den Floskeln, die in der Belgrader Protestnote enthalten sind, resultiert Österreichs Eintreten für die völkerrechtliche Anerkennung Sloweniens und Kroatiens tatsächlich aus den in der Charta von Paris an die Spitze gestellten Grundsätzen der Demokratie, Menschenrechte und Grundfreiheiten für die neue Friedensordnung in Europa sowie aus den Bestimmungen der KSZE-Schlußakte zum Selbstbestimmungsrecht der Völker.

Nach Österreichs Ansicht waren die Entscheidungen der einzelnen Republiken für einen Weg in Unabhängigkeit zu respektieren, weil sie in überzeugender, demokratischer und friedlicher Weise sowie in Ausübung der von der jugoslawischen Verfassung ausdrücklich eingeräumten Rechte erfolgten. Durch die Einschaltung der internationalen Staatengemeinschaft sollte eine ehestmögliche Beruhigung des Konfliktes herbeigeführt werden.

Maßgebend für die Haltung der österreichischen Bundesregierung waren aber auch mehrere einschlägige Entschließungen des Nationalrates, die Resolutionen der Landtage von Steiermark, Tirol, Kärnten, Niederösterreich, Oberösterreich und dem Burgenland sowie der einstimmige Beschluß der gesamtösterreichischen Landeshauptleutekonferenz vom 29. November 1991. Darin heißt es unter anderem:

„Fünf Monate endloser Vermittlungsbemühungen durch die EG, 14 Waffenstillstandsabkommen und die Tätigkeit eines UNO-Sonderbeauftragten haben das menschliche Elend Hunderttausender Menschen nicht beenden können. Innerhalb von Kroatien gibt es derzeit schon 500.000 Flüchtlinge und allein im belagerten Dubrovnik befinden sich über 60.000 Menschen unter unvorstellbaren Bedingungen.

Ein weiteres Warten auf die Anerkennung Kroatiens und Sloweniens durch die USA und die EG verlängert nur die Leiden eines Volkes, das nichts will als das elementare Recht der Unabhängigkeit und Selbstbestimmung."

Quintessenz der Resolution ist, daß die Landeshauptleutekonferenz die österreichische Bundesregierung ersucht, unverzüglich Slowenien und Kroatien als unabhängige Staaten anzuerkennen.

Dieser gemeinsame Appell aller Landeshauptmänner hat nicht nur einen eindeutigen Solidaritätsaspekt, sondern auch einen innenpolitischen Hintergrund. Während in der Bundesregierung noch die SPÖ in bezug auf die völkerrechtliche Anerkennung bremst, der Bundeskanzler sogar die Ablehnung der von der ÖVP geforderten völkerrechtlichen Anerkennung Sloweniens und Kroatiens empfiehlt, es daher auch in einigen Landtagen zu keinen gemeinsamen Beschlüssen kommt, haben sich einige Sozialdemokraten - etwa in Kärnten - bereits anders entschieden.

Und auch der Landeshauptmann und Bürgermeister der Bundeshauptstadt, Helmut Zilk, beweist Gespür. Die Wiener Landesregierung verabschiedet eine einstimmige Entschließung, in der sie „die Bundesregierung ersucht, die notwendigen Schritte zu setzen, damit, im Einvernehmen mit anderen europäischen Staaten, so schnell wie möglich Slowenien und Kroatien von Österreich als unabhängige souveräne Staaten anerkannt werden".

Der Verlauf der Ereignisse zeigt, daß der militärische Angriff der Jugoslawischen Volksarmee auf Slowenien und Kroatien durch die Entscheidung dieser Republiken für Selbständigkeit und Demokratie ausgelöst wurde – und nicht durch die internationale Anerkennung der beiden Staaten, die erst ein halbes Jahr später erfolgte. Mehr noch, nachdem sich die EG und Österreich zu Weihnachten 1991 für die Anerkennung entschieden hatten, kam es sogar zu einem Nachlassen der serbischen Offensive und dem Abschluß eines Waffenstillstandsabkommens in den ersten Jännertagen des Jahres 1992.

Dies ist deshalb wichtig zu erwähnen, weil gerade zu dieser Zeit in den USA, aber auch von namhaften westeuropäischen Politikern immer wieder das Argument gebraucht wurde, daß die Anerkennung einzelner Teilrepubliken zum Zerfall Jugoslawiens geführt hätte. Abgesehen davon, daß diese Meinung mit den Tatsachen einfach nicht übereinstimmt, von einer Unkenntnis der Ursachen des Konflikts, der Zusammenhänge sowie Zeitabläufe zeugt, macht sie auch noch deutlich, welche eigenartige nostalgische Sehnsucht an das alte Jugoslawien titoistischer Prägung in manchen westlich gesinnten politischen Köpfen herumgeisterte.

Wie wenig manche westliche Kreise von den tatsächlichen Vorgängen am Balkan wußten, bzw. wissen wollten, belegen viele Zitate, die die Tragweite des Versagens der internationalen Staatengemeinschaft aufzeigen.

Als die blutige Belagerung der kroatischen Grenzstadt Vukovar durch die serbische Armee bereits begonnen hatte, eine Belagerung, die schließlich in Vergewaltigungen von Frauen und Mädchen, in ersten systematischen ethnischen Säuberungen münden sollte, erklärte noch Italiens Außenminister De Michelis bei einem Besuch in Zadar im September 1991: „Dieser Krieg ist eine Erfindung der Medien."

Der amerikanische Militärexperte und Politologe Edward Luttwak vertrat gar die Ansicht, die Staaten Ex-Jugoslawiens einfach ihrem Schicksal zu überlassen: „Das soziale und kulturelle Niveau der Volksgruppen, die in Bosnien kämpfen, ist so tief, daß sie sich unter Umständen auch ein ganzes Jahrhundert gegenseitig massakrieren können."

Und George Kenney, bis August 1992 Leiter der Jugoslawien-Abteilung im US-State Departement, enthüllte später, welches Spiel in manchen westlichen Staatskanzleien zu Beginn der Krise am Balkan gespielt wurde. Wörtlich sprach Kenney von „Heuchelei" und lieferte gleich den Beweis für die praktizierte Des-Informationspolitik: „Es gelang, die Bedeutung der Krise herunterzuspielen und die wirklichen Ereignisse zu verschleiern – natürlich auf Kosten der zivilen Verluste, deren Zahl bis heute noch nicht bekannt ist. Der Trick bestand darin, alle Fakten – ob sie nun Greueltaten, erste Gerüchte über Konzentrationslager oder über Hunger betrafen – zu ignorieren. Denn sie hätten es erschwert, das politische Ziel der Nichteinmischung aufrechtzuerhalten."

Genau in diesem Zeitraum, zwischen Frühjahr und Sommer 1992, so berichtet der langjährige Abgeordnete der SVP zum römischen Parlament, Hans Benedikter, der sich im Auftrag der Südtiroler Landesregierung mit der Verletzung der Menschen- und Mißachtung der Minderheitenrechte in Ex-Jugoslawien beschäftigte, wurden im Raum um Banja Luka und längs der „Grenze" Ostbosniens zu Serbien zahlreiche Internierungs- und Konzentrationslager eingerichtet: „Am 3. Juni 1992 hatte eine Arbeitsgemeinschaft bosnischer humanitärer Organisationen auf die Existenz eines weitverbreiteten KZ-Netzes in den eroberten und ethnisch gesäuberten Gebieten hingewiesen. Den Vereinten Nationen, dem UN-Hochkommissar für Flüchtlinge, dem Internationalen Roten Kreuz und der US-Regierung wurde eine detaillierte Liste von 94 serbischen Lagern in Bosnien mit 105.348 Häftlingen und elf Lagern in Serbien und Montenegro mit 22.710 Gefangenen vorgelegt. Wider besseres Wissen haben diese Institutionen über Monate geschwiegen. Als Verhöhnung der geschundenen Opfer muß empfunden werden, daß etwa das Internationale Komitee vom Roten Kreuz serbische Internierungslager solange nicht offiziell anzuerkennen bereit war, solange die Serben deren Existenz nicht bestätigten. Nur wenige Politiker, wie der damalige österreichische Außenminister Mock und sein deutscher Amtskollege Genscher sowie Menschenrechtsorganisationen haben immer wieder, lange Zeit vergeblich, ihre Stimme gegen das Unrecht erhoben."

Österreich gehörte in dieser Zeit zu den wenigen Staaten, die nichts vom Leisetreten, vom Beschönigen, vom Negieren hielten. Österreich versuchte mit allen Kräften und Mitteln, die entscheidenden politischen Institutionen in Europa und der Welt wachzurütteln. Wie kaum ein anderer Politiker war Außenminister Mock rund um die Uhr aus erster Hand über die Geschehnisse am Balkan informiert. Spät in der Nacht riefen ihn slowenische, kroatische und bosnische Politiker an, um ihn über die neuesten Entwicklungen zu informieren, seinen Rat einzuholen und ihn um seine Unterstützung zu ersuchen. Diese war selbstverständlich. Kaum hatten ihn neue Schreckensmeldungen erreicht, schon nahm er Kontakt mit europäischen und amerikanischen Spitzenpolitikern auf, um seine Informationen weiterzugeben, um vielleicht doch Anstoß zu einem konkreten Handeln zu geben.

Zu Jahresende 1991, am 21. und 22. Dezember, reiste Mock noch schnell als Leiter einer Delegation von Außenministern der Zentraleuropäischen Initiative nach New York und Washington, um die Besorgnis von direkt betroffenen Nachbarstaaten über die tragische Entwicklung im ehemaligen Jugoslawien zum Ausdruck zu bringen und wirkungsvolle Maßnahmen der internationalen Staatengemeinschaft zu fordern. Mock warnte vor allem vor den möglichen Folgen eines Nichthandelns der Staatengemeinschaft:

> „Das Verschwinden von Bosnien-Herzegowina, eines Mitgliedsstaates der Vereinten Nationen und der KSZE, als Opfer einer Aggression ist zu befürchten. Die moslemische Nation von Bosnien-Herzegowina würde dadurch heimatlos werden, was zu einem Palästina-Problem in Südosteuropa führen könnte, mit der Gefahr des Entstehens eines islamischen Fundamentalismus in Europa. Damit wäre aber der Verlust jeglicher Glaubwürdigkeit der internationalen Sicherheitsmechanismen verbunden.
>
> Um dem entgegenzuwirken, sind allerdings umgehende konkrete Maßnahmen notwendig, und zwar die zwangsweise Durchsetzung des Flugverbotes über Bosnien-Herzegowina sowie die Sicherung humanitärer Konvois, die Errichtung von Schutzzonen, die präventive Stationierung von UN-Truppen nicht nur in Mazedonien, sondern auch im

Kosovo, allenfalls auch in der Vojvodina und im Sandschak sowie die Errichtung eines ad-hoc-Gerichtshofes zur Ahndung von Menschenrechtsverletzungen."

Die Gesprächspartner des Außenministers in New York und Washington, von UNO-Generalsekretär Perez de Cuellar bis hin zum amerikanischen Präsidenten George Bush teilten diese Analyse und anerkannten grundsätzlich die Notwendigkeit wirkungsvoller Maßnahmen. Bush meinte sogar, daß eine wirkungsvolle Warnung an Milosevic gesandt werden müsse. Gleichzeitig machte der amerikanische Präsident aber auf das bekannte Faktum aufmerksam, daß die wichtigsten europäischen Bündnispartner der USA noch immer Zurückhaltung gegenüber militärischen Zwangsmaßnahmen üben würden. Die Amerikaner wären zu einem Eingreifen bereit, wollen dies aber nur in Abstimmung mit ihren wichtigsten europäischen Partnern tun – und da gäbe es eben das Problem, daß einmal die Franzosen dafür, die Briten wieder dagegen wären. Und so ging das hin und her.

Die Leidtragenden des Zauderns der westlichen Staatengemeinschaft, der Fehleinschätzungen in den Machtzentralen, der Verbalnoten diverser internationaler Organisationen waren die vom Krieg betroffenen Menschen.

Für die österreichische Außenpolitik stand eines immer fest: Der Konflikt im ehemaligen Jugoslawien ist weder ein Bürgerkrieg im Rahmen eines festen Staatsgefüges noch ein Religionskrieg, und es handelt sich auch nicht um die Sezession einzelner Teile eines weiterbestehenden Gesamtstaates, sondern letzten Endes um einen Aggressionskrieg, mit dem die politische Führung Serbiens ihre Machtansprüche durchsetzen wollte.

Es beweist die Richtigkeit des österreichischen Weges, wenn in diesem Zusammenhang auf das am 7. Dezember 1991 veröffentlichte Gutachten der sogenannten Badinter-Kommission (Diese Schiedskommission war von der EG im Herbst 1991 zur Beurteilung der Jugoslawien-Krise eingesetzt worden) verwiesen wird. Darin heißt es nämlich klipp und klar, daß sich „Jugoslawien im Prozeß der Auflösung" befindet, sowie daß Slowenien, Kroatien und Mazedonien die Voraussetzungen für eine völkerrechtliche Anerkennung erfüllen. Den betroffenen Republiken wird daher auch das Recht zugestanden, aufbauend auf dem internationalen Recht, unter Beachtung der Menschen- und Minderheitenrechte, einen demokratischen Weg ihrer eigenen Wahl zu gehen.

Mit dem Badinter-Gutachten hat man auf EG-Ebene wenigstens die rechtlichen und politischen Realitäten auf dem Gebiet des ehemaligen Jugoslawien zur Kenntnis genommen. Es ist allerdings noch ein weiter Weg bis danach auch entsprechend entschlossen gehandelt wird.

Zentralismus versus Föderalismus

Welche Vorstellungen in bezug auf die Situation am Balkan zu Beginn der 90er Jahre in vielen westlichen Staatskanzleien und Redaktionen vorherrschten, läßt sich aus einer wissenschaftlichen Arbeit von Dr. Alojz Ivanisevic, Assistent am Institut für Ost- und Südosteuropaforschung der Universität Wien, herauslesen:

In Zusammenhang mit dem serbisch-kroatischen Krieg 1991/92 erschienen im Westen die verblaßten Klischeebilder über die beiden Völker in neuem Glanz. Auch das überwunden geglaubte Lagerdenken erlebte im neuen, vereinten Europa seine Renaissance. Das eine ‚Lager' bildeten angeblich – geographisch und ‚bündnispolitisch' gesehen – Österreich, Deutschland, Ungarn und ideologisch gesehen eher die konservativen Kräfte, während das andere ‚Lager' die Siegermächte der beiden Weltkriege (England, Frankreich und die USA) mit den eher linksorientierten politischen Gruppierungen teilten. Die geographisch-ideologische Wortkombination soll auf die Spaltung innerhalb der ‚Lager' beziehungsweise die inneren Zerreißproben innerhalb der einzelnen ‚Teillager' aufmerksam machen.

Das traditionell positive Klischeebild Serbien bei den Westmächten hat seine Wurzeln im Ersten Weltkrieg, in dem Serbien deren Verbündeter im Kampf gegen die Mittelmächte war. In diesem Zusammenhang sind auch diese Sympathien zu verstehen ebenso wie die traditionelle

Abneigung gegen Kroatien als ein ehemaliges besonders treues Kronland des feindlichen Österreich-Ungarn.

Ihren Ruf unter der westeuropäischen Linken als Reaktionäre (So schreibt Ernst Bloch 1985: ‚Die Kroaten, die in der BRD leben, sind fast alle Faschisten') haben die Kroaten neben dem Ustasa-Regime während des Zweiten Weltkriegs und dessen Sympathisanten unter den Exilkroaten hauptsächlich der Belgrader Propaganda zu verdanken. Das Vorurteil von ‚klerikalen', ‚reaktionären', ‚faschistoiden' Kroaten widerlegt die Geschichte. Die klerikal oder faschistisch orientierten Parteien haben in Kroatien nie Erfolg gehabt.

Die Demontage des für viele europäische Linke nachahmungswerten jugoslawischen Modells (in ihrer Verliebtheit übersahen sie dessen ‚unangenehme Nebenerscheinungen' wie den ‚Stalinismus ohne Stalin', ‚Gulags' auf jugoslawische Art, hunderttausende Opfer der Revolution, die ungeheure Aufrüstung und die Militarisierung der Gesellschaft) begann nicht etwa im separatistischen Zagreb oder im abtrünnigen Ljubljana, sondern im ‚jugoslawienerhaltenden' Belgrad. Und zwar sichtbar und massiv im Jahre 1986, als die Serbische Akademie der Wissenschaften und Künste ein Memorandum verabschiedete, in dem die Bundesverfassung aus dem Jahre 1974 als ‚anarchiefördernd' und ‚serbenfeindlich' bezeichnet und regelrecht verdammt wurde. Auf der anderen Seite forderten die maßgeblichen politischen Kräfte in Kroatien und Slowenien die Umwandlung Jugoslawiens in eine ‚echte Konföderation' und beriefen sich dabei eben auf diese Verfassung als Ausgangspunkt der Reform ...

Nach der Eskalation des Krieges in Bosnien fühlte sich das ‚mitteleuropäische Lager' in seiner Jugoslawienpolitik bestätigt. Im ‚westlich-linken Lager' waren deutlich Bewegungen zu registrieren, die USA wechselten sogar das Lager, während England und Frankreich sowie die westeuropäische Linke zunächst noch in der modern gewordenen Haltung der ‚Äquidistanz' verharrten. Allerdings gewannen auch auf dieser Seite bereits manche prominente Politiker, wie z.B. Lord Carrington eine neue, kritische Sicht der Balkankrise. An diesem Beispiel zeigt sich deutlich, welch wichtige Rolle in der Weltpolitik neben den Interessen der Großmächte das Gesetz der geistigen Trägheit beziehungsweise der Schwerfälligkeit bei der Änderung der einfachen Klischeevorstellungen sowie der ideologischen Verknöcherung spielen.

Auch wenn der Krieg am Balkan kein ethnischer Konflikt ist, sondern ein Kampf um die Macht, schürt er den Haß unter den Völkern. Die Serben werden im Bewußtsein der Kroaten zu Cetniks, die Kroaten im Bewußtsein der Serben zu Ustase, ein Phänomen, das auf Bosnien übergegriffen hat. Hier kommt noch das Muslimfeindbild hinzu, verstärkt durch das an die Wand gemalte Gespenst des muslimischen Fundamentalismus. Die Beziehungen zwischen Serbien und Kroatien im gemeinsamen Staat waren von 1918 bis 1991 von einem Konflikt zwischen zwei grundverschiedenen, geschichtlich gewachsenen beziehungsweise geschichtsbedingten Staatskonzeptionen geprägt. Der zentralistischen auf der serbischen und der föderalistischen auf der kroatischen Seite. Die zentralistische Position Belgrads war ein Ausdruck und Ergebnis der militärischen und machtpolitischen Stärke der Serben, während die föderalistische Position Zagrebs aus der Schwäche der Kroaten auf demselben Gebiet resultierte.

Das Rezept für die ‚Debalkanisierung' des Balkans besteht nicht nur im Ausschalten jeglichen Nationalismus, sondern in der Beseitigung der repressiven Strukturen. Die Zukunft des Balkans und Ostmitteleuropas besteht nicht in einer anationalen beziehungsweise amorphen, sondern in einer feindbildfreien Gesellschaft. Im konkreten Fall müßten maßgebliche europäische und amerikanische Politiker Gewissenserforschung betreiben, auch im Namen ihrer Vorgänger, die dieses Gebilde im Jahre 1918 aus der Taufe gehoben und im Jahre 1945 reanimiert haben. Diese Gewissenserforschung sollte zur Erkenntnis führen, daß es falsch, ja verhängnisvoll war, einerseits dem expansionistischen serbischen Nationalismus den Rücken zu stärken, indem man Serbien zur ‚Ordnungsmacht' am Balkan auserkor, und andererseits der Schaffung eines eigenen kroatischen Nationalismus zur Entfaltung verhalf, indem man Kroatien immer wieder in die Rolle eines ‚Separatisten' und ‚Anarchisten' drängte.“

Betrachtet man eine Landkarte Jugoslawiens aus der Zeit vor 1991, so macht diese den Eindruck eines „Flickenteppichs“. Insbesondere auf dem

Gebiet von Bosnien-Herzegowina, abgeschwächt auch in Kroatien und Serbien lebten verschiedene Volksgruppen nebeneinander. Ohne Zweifel hätte es eines besonderen politischen Fingerspitzengefühls bedurft, um die verschiedenen nationalen Interessen auf einen Nenner zu bringen. Das wäre in einer Demokratie, die den Interessensausgleich sucht, die von Dialogfähigkeit und dem Verständnis für kulturelle Vielfalt geprägt ist, möglich gewesen. Wenn freilich einseitig Macht- und Führungsansprüche gestellt werden, ein diktatorisches Regime, eine linksfaschistische Partei Regie führen, muß es zum Konflikt kommen. Und dieser Konflikt, dieser Aggressionskrieg, hat viele Spuren hinterlassen. Betrachtet man eine Landkarte, die nach ethnischen Gesichtspunkten nach 1995 erstellt wurde, so ist das Gebiet von Ex-Jugoslawien weitaus weniger bunt. Dies gilt vor allem für Bosnien-Herzegowina. Drei Millionen Menschen befanden sich in dieser Region in den letzten Jahren auf der Flucht. Viele kleine Siedlungsgebiete sind gesäubert worden. Nicht nur die bosnischen Muslime, es gibt genauso - wenn auch weit weniger - Betroffene unter den Kroaten in Serbien, den Serben in Kroatien, den serbischen Bosniern, den kroatischen Bosniern ...

Die Tragödie um Bosnien-Herzegowina

Mock war nie ein Politiker, der sich aus Orden und Ehrenzeichen viel gemacht hat. Nur die Ehrungen, die ihm aus Slowenien, Kroatien und Bosnien für seine engagierte Politik in den Jahren seit 1989 zuteil wurden, haben auch für ihn einen besonderes hohen und emotionalen Stellenwert. Weil er weiß, daß dies der Dank von Menschen ist, die in einer bedrohlichen Situation lange Zeit nach Hilfe riefen, aber von vielen nicht wirklich erhört und verstanden wurden. Einen besonderen Platz in seinem Arbeitszimmer nimmt die Urkunde der Universität von Sarajewo, mit der ihm Bosnien-Herzegowina für seine besonderen Verdienste um Land und Leute das Ehrendoktorat verliehen hat, ein.

Anläßlich der Verleihung des Ehrendoktorats der Universität von Sarajewo am 29. April 1993 gibt Mock in seinen Dankesworten ein sehr persönliches Statement ab, das nicht nur einen Einblick auf seine Gedankengänge gibt, sondern auch die Richtlinie seiner grundsätzlichen (außen)politischen Konzeption darlegt:

> „In Wahrheit liefert gerade die dramatische Erfahrung in unserer südöstlichen Nachbarschaft wieder einmal den klaren Beweis, daß eine Politik des Nachgebens und Zurückweichens gegenüber bedenkenlosen internationalen Rechtsbrechern niemals zum Frieden führen kann.
> Wir sollten uns immer wieder an das Wort Blaise Pascals erinnern, das da lautet: Macht ohne Recht wird zur Tyrannei, aber Recht ohne Macht läuft Gefahr, lächerlich zu werden.
> Jedwede Politik des ‚Appeasements' trägt letztlich nur dazu bei, all jene Organisationen, die zur Aufrechterhaltung des Friedens berufen sind, unglaubwürdig zu machen.
> Mit jedem Rechtsbruch, der geduldet wird, steigt nur der Preis, der gezahlt werden muß, um die internationale Ordnung wiederherzustellen.
> Wir sollten immer daran denken, welche leidvollen Erfahrungen Europa erdulden mußte, wann immer es sich außerstande sah, rechtzeitig den Anfängen zu wehren.
> Mich stimmt es jedenfalls sehr nachdenklich, daß sich die letzten Überlebenden des Warschauer Ghetto-Aufstandes dafür eingesetzt haben, Bosnien nicht in seiner Not alleine zu lassen.
> Österreich wird seine Stimme, wo immer es dies kann, zugunsten Bosnien und Herzegowinas erheben.
> Wir wollen keinesfalls zu jenen gehören, die zuerst wegschauen und dann, wenn es längst zu spät und statt dem Frieden nur die Friedhofsruhe eingekehrt ist, bedauernd feststellen, daß solche Verbrechen wirklich niemals wieder geschehen dürfen.
> Der große französische Dichter Charles Pequy hat einmal gemeint, daß jene Stückchen Kultur und Freiheit, welche sich die Menschheit unter großen Mühen erworben und erobert hat, unaufhörlich von gewaltigen Wogen der Barbarei bedroht sind.
> Das Drama, das sich wenige hundert Kilometer von unseren südöstlichen Grenzen ereignet, scheint diese These tragisch zu bestätigen. Ich

meine, daß wir im Angesicht all dieses Unglücks gar nichts anderes tun können, als unsere Kräfte zu sammeln, die Gemeinschaft möglichst vieler Gleichgesinnter zu suchen und immer neue Dämme gegen die Wellen der Gewalt und des Unrechts aufzuwerfen.

Nur so werden wir in letzter Konsequenz auch den Interessen unserer eigenen Sicherheit dienen. Nur so werden wir jenen, die heute in Bosnien und Herzegowina Not und Verfolgung leiden, ganz gleich ob es sich dabei um bosnische Muslime, bosnische Kroaten oder bosnische Serben handelt, wenigstens Horizonte der Hoffnung eröffnen können. Nur so werden wir der Einsicht des Europäers und Humanisten Wladyslaw Bartoszewski gerecht werden, daß es ohne Freiheit der Menschen und der verschiedenen menschlichen Gemeinschaften kein Fundament für einen dauerhaften Frieden geben kann.

Das serbische Vorgehen gegen Bosnien-Herzegowina zeichnete sich bereits im September 1991 zunächst mit der Ausrufung mehrerer „serbisch autonomer Regionen" (Herzegowina am 12., Bosnische Krajina am 16. und Berg Romanija am 19. September) ab. Am 10. Jänner 1992 wird dann die „Republik der Serben in Bosnien-Herzegowina" proklamiert. Sie besteht aus fünf autonomen Gebieten und einzelnen Bezirken. Der Staat im Staat ist perfekt und er soll – „dank" seiner politischen Führer – noch viele Schwierigkeiten schaffen, schürt den Krieg und verhindert den Frieden. Nur wenige Tage nachdem sich die Serben in Bosnien selbständig gemacht haben, wird von einer „unmittelbaren Kriegsgefahr" gesprochen, die Mobilisierung angeordnet und schon am 22. April kommt es zur Eskalation der Angriffe auf Sarajewo.

Österreich fordert in Vorausschau dieser Entwicklung und der sich abzeichnenden Folgen nachdrücklich die präventive Entsendung von UNO-Schutztruppen, um in Bosnien-Herzegowina ein ähnliches militärisches Vorgehen wie in Kroatien zu verhindern.

Bereits seit Oktober 1991 tritt Österreich wiederholt für die Entsendung von friedenserhaltenden UN-Truppen nach Bosnien ein. Bedauerlicherweise finden sich die Vereinten Nationen zu diesem Zeitpunkt nicht dazu bereit, vor dem tatsächlichen Ausbrechen eines bewaffneten Konfliktes, friedenserhaltende Truppen in ein Spannungsgebiet zu entsenden.

Man verweist auf die hohen Kosten einer solchen Aktion und bezieht einen sehr formalistischen, bürokratischen Standpunkt. Von New York wird geantwortet, daß noch kein internationaler Konflikt vorliege und eine solche Stationierung gemäß bestehender Praxis erst nach Beendigung allfälliger Kampfhandlungen beziehungsweise dem Eintritt eines Waffenstillstandes in Frage käme.

Ob nicht da die UNO einem überholten Verständnis anhängt? Aufgabe der UNO müßte es in der heutigen Zeit sein, nicht nur Krisen-Feuerwehr zu spielen, wenn es gilt bereits einen nationalen oder internationalen Brandherd zu bekämpfen, sondern sehr wohl schon einzugreifen, wenn es das Ausbrechen eines solchen Brandes zu verhindern gilt. Im Falle der Ereignisse auf dem Gebiet des ehemaligen jugoslawischen Staatsgebietes konnte und wollte man offenbar die sich anbahnenden Ereignisse nicht wahrhaben. Nicht nur, weil - wie in der UNO normalerweise üblich - aufgrund machtpolitischer sowie ideologischer Differenzen zwischen den einzelnen Blöcken kein konsensuales Vorgehen erzielt werden konnte, sondern weil sich die Westmächte und die EG nicht schlüssig und schon gar nicht einig waren, wie man auf die Geschehnisse reagieren beziehungsweise was eigentlich das Ziel einer Eingreifaktion sein sollte.

Auf der Strecke blieben Tausende Menschen, Opfer eines sinnlosen und in dieser Dimension jedenfalls wahrscheinlich vermeidbaren Krieges.

Nachdem die Lage in Bosnien-Herzegowina immer bedrohlichere Ausmaße annimmt, beauftragt am 6. Jänner 1992 der Außenminister den österreichischen Botschafter bei den Vereinten Nationen erneut im Sicherheitsrat auf eine möglichst rasche Entsendung von UNO-Blauhelmen nach Jugoslawien zu drängen. Am 9. Jänner 1992 entschließt sich der Sicherheitsrat endlich zur Entsendung von 50 UNO-Offizieren, deren Aufgabe es sein soll, die effektive Einhaltung eines - von vielen - Waffenstillstandsabkommens zu kontrollieren. Am 21. Februar kommt es endlich zu der von Österreich seit Monaten vorgeschlagenen Schaffung einer friedenserhaltenden Operation, der UNPROFOR, auf die Dauer von zunächst 12 Monaten. Aufgabe dieser Truppen soll es sein, die Bildung von Schutzzonen, deren Demilitarisierung, die Verwaltung dieser Gebiete durch lokale Polizei- und Verwaltungsstrukturen zu organisieren, den Rückzug der

Jugoslawischen Volksarmee zu überwachen und die freiwillige Rückkehr von Vertriebenen zu ermöglichen.

Zwar werden von der UNO eine Reihe von Konzessionen an die serbische Seite gemacht, allerdings ohne nachhaltigen Erfolg. Denn unabhängig von den Zugeständnissen geht die dramatische Entwicklung weiter. Die serbischen Aktionen auf bosnischem Gebiet bleiben nicht ohne Antwort durch die politische Führung der Bosniaken.

An der Wende vom Februar zum März 1992 findet eine Volksabstimmung statt, bei der fast zwei Drittel der Bevölkerung (exakt sind es 63,4 Prozent bei einer Wahlbeteiligung von 99 Prozent) für die Unabhängigkeit und Eigenständigkeit ihres Staates votieren. Mit dieser Volksabstimmung ist die von der Badinter-Kommission vorgeschriebene Voraussetzung, um auch die völkerrechtliche Anerkennung zu erlangen, erfüllt. Letztlich haben sich die Völker in den ehemaligen jugoslawischen Republiken aus freien Stücken dafür entschieden, ihr politisches Geschick selbst in die Hand zu nehmen und sich damit aus der Umklammerung von Belgrad zu lösen. Gemeinsam mit der EG, den USA und anderen Staaten wird am 6. April 1992 die Republik Bosnien-Herzegowina von Österreich anerkannt.

In einem Schreiben an den Außenminister Bosnien-Herzegowinas, Haris Silajdzic, wird offiziell mitgeteilt, „daß die Republik Österreich die Republik Bosnien-Herzegowina in ihren bestehenden Grenzen als unabhängiges und souveränes Mitglied der Staatengemeinschaft anerkennt. Österreich geht davon aus, daß die Republik Bosnien-Herzegowina auf den auch in internationalen Vereinbarungen festgelegten Prinzipien der Demokratie, der Rechtsstaatlichkeit und der Achtung der Menschenrechte, einschließlich der Rechte aller Volksgruppen beruht und sich zur vollen Beachtung dieser Prinzipien, insbesondere der Sicherstellung der gleichberechtigten Mitwirkung aller Bevölkerungsgruppen an der politischen Willensbildung, bekennt". Verbunden mit der Anerkennung ist die Hoffnung, daß „alle Fragen, die sich im Zusammenhang mit der Unabhängigkeit der Republik Bosnien-Herzegowina im Verhältnis zu den anderen Gebietsnachfolgern der Sozialistischen Föderativen Republik Jugoslawiens ergeben, auf dem Verhandlungsweg gelöst werden".

Diese Anerkennung erfolgt zu einem Zeitpunkt, da Bosnien-Herzegowina bereits Kampfgebiet ist. Anfang März begannen nämlich schon mit serbischen Straßensperren, der Umzingelung von Sarajewo und anderen Städten durch die Jugoslawische Volksarmee die Kampfhandlungen. Zwei Tage nach der Anerkennung, am 8. April 1992, muß das Republikspräsidium aufgrund der prekären Situation den Ausnahmezustand über Bosnien-Herzegowina verhängen. Einen Tag später lösen Österreich und Ungarn den Dringlichkeitsmechanismus der KSZE aus. Ab Mitte April verlangt Österreich im UNO-Sicherheitsrat die Schaffung sogenannter Schutzzonen, um einen besseren Schutz der Zivilbevölkerung, die Sicherung ihrer Versorgung und das Agieren der Regierung zu gewährleisten. Die Handlungsfähigkeit der Regierung ist ernsthaft in Gefahr, als Präsident Izetbegovic auf dem Flughafen von Sarajewo von der Jugoslawischen Volksarmee entführt, am nächsten Tag allerdings wieder freigelassen wird.

Trotz Kanonendonner und Waffenlärm laufen noch immer und immer wieder Versuche, auf dem Verhandlungstisch zu einer Regelung, zu einer Lösung der Gesamtsituation zu kommen. So vereinbaren im April – während die Kämpfe intensiviert werden – die drei nationalen Gruppen nicht nur einen Waffenstillstand, sondern auch die Auflösung paramilitärischer Einheiten, den Verzicht auf weitere Mobilisierungen, die Definition der Grenzen der konstitutiven Einheiten von Bosnien-Herzegowina und die Rückkehr der Flüchtlinge.

Begonnen hatten diese erfolglosen Versuche schon ein Jahr zuvor. So traf sich am 22. Juli 1991 das Jugoslawische Staatspräsidium in Ohrid mit den sechs Republikspräsidenten und der Armeeführung, um eine Lösung der Krise in Angriff zu nehmen. Zu Jahreswechsel 1991/92 liefen intensive Verhandlungen des seit 8. Oktober installierten UNO-Sonderbeauftragten Cyrus Vance mit den führenden Politikern und Offizieren über eine Konfliktbeilegung. Am 18. März 1992 einigten sich in Lissabon die drei in Bosnien-Herzegowina beheimateten Volksgruppen sogar auf die Errichtung eines souveränen Staates, der aus drei konstitutiven Elementen auf ethnischer Grundlage beruhen soll.

Dieses sogenannte „Kantonisierungsmodell“ bleibt aber nicht mehr als ein Stück Papier, auch, weil der Nachdruck durch die internationale Staatengemeinschaft für eine Konfliktlösung fehlt. Konsultationen, Konferenzen und Kommuniques sind zu wenig, schüchtern die Aggressoren nicht ein, stärken sie nur in ihrem Glauben, letztlich ihr Ziel mit militärischen Mitteln zu erreichen und damit die Weltöffentlichkeit letztlich vor vollendete Tatsachen zu stellen.

Konferenztourismus statt Lösungskompetenz

Am 5. Februar 1992 vereinbaren Serbien und Montenegro die Bildung eines gemeinsamen Staates, der die „Kontinuität Jugoslawiens" sichern soll. Beim montenegrinischen Unabhängigkeitsreferendum am Ende des Monats sprechen sich bei einer Wahlbeteiligung von 66 Prozent fast 96 Prozent für den Verbleib im jugoslawischen Staatsverband aus. Am 27. April 1992 erfolgt daher auch die Ausrufung der Bundesrepublik Jugoslawien, die sich über das Gebiet von Serbien und Montenegro erstreckt, zunächst aber keine internationale Anerkennung erfährt, dafür aber immer wieder mit verbalen Vorwürfen konfrontiert wird.

Im Zeichen der Jugoslawien-Krise entwickelt sich ein richtiger internationaler Konferenz-Tourismus. Am 15. April 1992 wird bei der Plenarsitzung des KSZE-Folgetreffens in Helsinki eine Erklärung verabschiedet, die die politische Führung in Belgrad schwerwiegender Verstöße gegen die KSZE-Verpflichtungen verantwortlich macht. Wörtlich wird im Punkt 6 der Deklaration die Verletzung der territorialen Integrität und der Menschenrechte auf dem Gebiet von Bosnien-Herzegowina durch irreguläre serbische Streitkräfte aber auch durch die Jugoslawische Volksarmee angeprangert und die Regierung in Belgrad davor gewarnt, diese Aktionen auch noch weiterhin zu unterstützen. Und die KSZE legt sich auf drei Grundsätze fest, die vorerst aufgrund des tatsächlichen Kriegsgeschehens bloß fromme Wünsche sind:

1. *Durch Gewalt herbeigeführte Gebietsgewinne und Grenzänderungen werden nicht anerkannt.*
2. *Hinsichtlich der Stellung von Minderheiten und ethnischen Gruppen sind in allen Teilen Jugoslawiens die gleichen Kriterien anzuwenden.*

3. Die Rückkehr von Flüchtlingen in ihre Heimat ist sicherzustellen.

Belgrad selbst geht indessen seinen Weg weiter und läßt sich von Appellen, Beschlüssen und Sanktionen nicht beeindrucken. Mit dem Effekt, daß am 30. Mai der UNO-Sicherheitsrat im Rahmen der Resolution 757 ein ganzes Paket von Sanktionen beschließt. Diese umfassen ein Handelsembargo, den Abbruch des Flugverkehrs, die Einfrierung aller Auslandsguthaben, den Abbruch aller finanziellen Transaktionen, die Unterbrechung der sportlichen, wissenschaftlichen und kulturellen Kontakte sowie die Reduktion des diplomatischen Personals an den Botschaften.

So bedauerlich Eingriffe in das tägliche Leben, in die Versorgung eines Landes für die betroffene Bevölkerung sind, wenn Lebensadern gekappt werden, auf Dauer verfehlen sie ihre politische Wirkung nicht. Das zeigte sich auch in Belgrad. Einen Monat nachdem die internationalen Sanktionen beschlossen wurden, werden in der Bundesrepublik Jugoslawien am 1. Juli 1992 die Löhne und Gehälter eingefroren, der Dinar um 80 Prozent abgewertet. Vierzehneinhalb Monate später müssen in Serbien sogar die Lebensmittel rationiert werden (6 kg Mehl, 500 dag Zucker, 250 dag Salz, 1 Liter Speiseöl, 500 dag Waschmittel pro Monat und Person) und noch einmal zwei Monate später muß der Dinar - zwecks Anpassung an den Schwarzmarktkurs - gegenüber dem Dollar um 11.000 Prozent abgewertet werden.

Zunächst aber demonstrierte die Belgrader Führung noch Stärke nach außen und konnte sogar auf einen gewissen Solidarisierungseffekt im Inneren bauen. Schließlich aber machten sich immer stärker die restriktiven Maßnahmen in Mangelerscheinungen, in einem weiteren Niedergang der Wirtschaft, auch eine Folge der hohen Kriegskosten und der versiegendem Kapitalzufuhr aus dem Ausland, und in einer pessimistischen Stimmung innerhalb der Bevölkerung bemerkbar. Nicht zu übersehen war auch, daß sich die traditionellen serbischen Gesellschaftsstrukturen nachteilig verändert hatten: die breite Mittelklasse war ihrer Vermögens- und Einkommensbasis in einem erheblichen Umfang verlustig geworden, viele Intellektuelle waren in das Ausland abgewandert, Studenten ins Ausland geflohen, um dem Militärdienst zu entgehen. Wenngleich die Oppositionsparteien zu diesem Zeitpunkt nur eine bescheidene Rolle spielen und zum Teil sogar in den Chor der nationalistischen Parolen der Regierungspartei einstimmen, machte sich ein gewisser Unmut in der Öffentlichkeit zunehmend breit. Der regierenden Clique auf der einen Seite, mit den gut bezahlten Polizei- und Milizangehörigen, einer kleinen Gruppe gut verdienender Profiteure stand auf der anderen Seite die große Masse einer an der Armutsgrenze lebenden Bevölkerung gegenüber. Der serbische Staatspräsident erkannte schließlich nicht nur die Auswirkungen auf den eigenen Staat, sondern auch die Notwendigkeit zu einem Einlenken. Lange Zeit schien es allerdings nicht sicher, ob sich die Regierung in Belgrad tatsächlich von einer direkten Einmischung in den Konflikt sukzessive zurückzieht, ob sie tatsächlich ihren Verbündeten in Kroatien und Bosnien-Herzegowina das Vertrauen entzieht.

Obwohl also die KSZE und die UNO die serbische Aggression gegen den neuen Staat verurteilen, findet die Staatengemeinschaft zunächst keine wirklich wirksamen Mittel, dieser Aggression Einhalt zu gebieten. Das Beispiel der „unabhängigen Republik der Serben in Bosnien-Herzegowina" macht auch bei der kroatischen Volksgruppe Schule. Sie ruft am 3. Juli 1992 eine eigene „Kroatische Gemeinschaft Herceg-Bosna" aus.

Die internationalen Organisationen sehen zu, nehmen gewissermaßen zur Kenntnis, daß ihre Vorhaltungen oft nicht einmal ignoriert werden und beschränkten sich daher zunächst auf die Gewährung humanitärer Hilfe sowie auf Überwachungsmissionen. Nur langsam nimmt man international die Neuordnung am Balkan zur Kenntnis. Nachdem am 4. Juli 1992 von der Badinter-Kommission festgehalten wurde, daß die „Auflösung der Sozialistischen Föderativen Republik Jugoslawien beendet ist" und diese „nicht mehr existiert", kommt es am 26. und 27. August bei der Londoner Konferenz zu einer organisatorischen Verbindung der Vereinten Nationen und der Europäischen Gemeinschaft bei der Friedenssuche in Jugoslawien. Es gibt eine Reihe sehr konkreter Beschlüsse, wie das Verbot von militärischen Flügen der Streitparteien, die Überwachung schwerer Waffen, die Auflösung aller Anhaltelager, die Errichtung von Sicherheitszonen, die strenge Anwendung von Sanktionen. Entscheidende Fortschritte werden erwartet, tatsächlich aber bringt die Konferenz keine ernsthafte Beschäftigung mit dem Kosovo-Problem, vor allem aber werden für die Durchsetzung der konkreten Zielvorgaben, wie die Beendigung der Belagerung bosnischer Städte, keine Durchsetzungsmechanismen beschlossen. Es kommt daher nicht einmal zu einer bruchstückhaften Realisierung der Konferenzergebnisse.

Diese Londoner Konferenz mit ihren großen verbalen Deklamationen und den minimalen praktischen Auswirkungen ist nur ein Glied in der langen Kette von Demütigungen und schwachbrüstigen Reaktionen. Und das angesichts folgender Vorfälle, die alle noch im Vorfeld der Tagung passierten:

Der Abschuß eines Hubschraubers durch Kampfflugzeuge der jugoslawischen Luftwaffe am 7. Jänner 1992 kostet fünf EG-Beobachtern das Leben. Die Antwort ist eine Protestnote an Belgrad.

Am 2. Mai 1992 wird ein EG-Beobachter durch serbische Kämpfer nahe Mostar ermordet. Es kommt zu einer kurzzeitigen Suspendierung der EG-Mission. Ein Schritt, der den Serben nur entgegenkommt.

Am 11. Mai 1992 werden von der EG die Jugoslawische Volksarmee und die Behörden als Hauptschuldige für die fortschreitende Eskalation bezeichnet, die Isolation jugoslawischer Delegationen in internationalen Gremien angedroht, Wirtschaftssanktionen geprüft. Der „erhobene Zeigefinger“ beeindruckt niemanden. Die verbale Verurteilung bleibt ohne Resonanz.

Das Europaparlament appelliert am 14. Mai an die EG-Mitgliedsstaaten, die neue Bundesrepublik Jugoslawien nur anzuerkennen, wenn Volksgruppen- und Minderheitenschutz, die Achtung der Menschenrechte gewährleistet, die Autonomie der Provinzen Kosovo und Vojvodina wiederhergestellt sind (1997 ist Belgrad längst wieder Mitglied der internationalen Staatengemeinschaft, im Kosovo und der Vojvodina träumt man noch immer von der Autonomie). Außerdem fordern die Delegierten in Straßburg einen Ölboykott gegen Serbien, der nur nie wirklich wirksam wird (Auch in Österreich gab es Untersuchungen, wieso eine Öl-Lieferung von einer Raffinerie im Ural nie am österreichischen Bestimmungsort ankam, sondern in Serbien „versickerte“).

Am 18. Mai 1992 büßt ein Delegierter des Internationalen Roten Kreuzes bei Sarajewo sein Leben ein, worauf sich diese Hilfsorganisation zurückzieht. Zum Nachteil der Opfer, nicht der Täter.

Am 6. Juni stellt die WEU die Rute ins Fenster und schließt einen militärischen Einsatz in Bosnien-Herzegowina nicht mehr aus. Am 22. August fordert der Präsident der EG-Kommission, Jacques Delors die Vorbereitung einer militärischen Aktion, um der Vertreibungspolitik ein Ende zu setzen. Die militärische Führung der Serben bleibt ungerührt.

Der Flughafen der bosnischen Hauptstadt ist ein Ziel ständiger Attacken. So kann einmal im April sogar Lord Carrington das Flughafengebiet wegen Kampfhandlungen nicht verlassen. Aber es dauert bis zum 29. Juni 1992, daß UN-Truppen den Flughafen von Sarajewo in Besitz nehmen. Endlich landet das erste Flugzeug mit Hilfsgütern. Eine Luftbrücke für humanitäre Lieferungen wird eingerichtet.

Auch der 5. Juli ist typisch: Die parlamentarische Versammlung der KSZE weist der serbischen Führung die Verantwortung für die Gewalt in Bosnien-Herzegowina zu und schlägt die Entsendung von Beobachtern in den Kosovo, die Vojvodina und andere Krisenregionen vor. Die Missionen, bis hin zu jener Mazowieckis kämpfen indessen immer wieder mit einem Problem: Sie werden behindert und geben daher oft auf. Auch ein Erfolg für jene, die diese Aktionen hintertreiben.

Der G-7-Weltwirtschaftsgipfel in München am 7. Juli 1992 unterstützt die Bemühungen Carringtons und verurteilt primär die serbische Führung, macht die jugoslawische Armee für die Gewaltanwendung und die Leiden der Zivilbevölkerung verantwortlich. So erhalten die rund 380.000 in Sarajewo eingeschlossenen Menschen eine zeitlang statt 240 nur 150 Tonnen Lebensmittel täglich und damit nur die Hälfte der für ein langfristiges Überleben notwendigen Kalorien.

Es ist die Kultur- und Erziehungskommission des Europarates, die im Sommer 1992 nach einem Besuch vor Ort das Kardinalproblem nennt: „Alle internationalen Schutzbestimmungen erweisen sich als nutzlos, sofern sie nicht durch wirksame Maßnahmen der Staatengemeinschaft unterstützt werden."

Am Beispiel des Balkankonflikts zeigt sich, wieviele Beschlüsse in internationalen Konferenzen gefaßt wurden, die bloß plakativen Charakter hatten, die nie zur Realisierung kamen, die nicht exekutierbar waren, die sich sogar gegen die eigentlich Betroffenen des Aggressionskrieges richteten.

Ein klassisches Beispiel, das diese Feststellung untermauert, ist das im

September 1991 verhängte UN-Waffenembargo gegen Jugoslawien, das in einer nachfolgenden Resolution auf alle Nachfolgestaaten Jugoslawiens ausgedehnt wird, aber zu einer geradezu widersprüchlichen Situation führt:

Auf der einen Seite schützte die UN-Charta zumindest verbal die territoriale Integrität der einzelnen Staaten und gestand ihnen das Recht auf individuelle sowie kollektive Selbstverteidigung zu. Auf der anderen Seite waren eben jene, die das Ziel der Aggression waren, an der wirksamen Ausübung dieses Rechts de facto gehindert, ohne daß ihnen im Rahmen des Systems der kollektiven Sicherheit wirksamer Beistand in ihrem Unabhängigkeits- und Selbstbehauptungskampf geleistet worden wäre. Ein Faktum, das in besonderer Weise auf Bosnien-Herzegowina aber auch Kroatien zutraf.

Angesichts der fortwährenden Angriffe durch serbische Einheiten beziehungsweise Freischärler, will sich Bosnien-Herzegowina daher auch selbst verteidigen und verlangt eine Aufhebung des Waffenembargos. Bei der UNO-Menschenrechts-Weltkonferenz wird am 24. Juni 1993 mit 88 Ja-Stimmen (darunter auch jene Österreichs), bei nur einer Gegenstimme (Rußland) und 54 Enthaltungen (darunter die USA und die EG-Staaten) der UNO-Sicherheitsrat unter anderem aufgefordert, das Waffenembargo aufzuheben. Am 29. Juni findet ein Resolutionsentwurf der blockfreien Staaten zur Aufhebung des Waffenembargos gegen Bosnien, diesmal trotz der Unterstützung durch die USA noch immer nicht die nötige Mehrheit. Erst knapp vor Weihnachten nimmt am 20. Dezember die 48. Generalversammlung der Vereinten Nationen eine entsprechende Resolution an. Umgesetzt wird sie allerdings vorerst nicht. Nachdem im amerikanischen Repräsentantenhaus die Republikaner unter Bob Dole zunehmend auf eine härtere Gangart gegen den serbischen Aggressor drängen, wird in Washington am 8. Juni 1994 sogar mit Mehrheit die einseitige Aufhebung des Waffenembargos beschlossen, eine Militärhilfe und die Bereitstellung von US-Ausbildnern für die bosnischen Streitkräfte verlangt. Es dauert allerdings bis zum 10. November 1994, daß sich die USA ganz offiziell nicht mehr an der Überwachung des Waffenembargos gegen die bosnische Regierung beteiligen.

Österreich hat wiederholt auf dieses Mißverhältnis zwischen den Angreifern und den Angegriffenen hingewiesen und seine Position durch das Abstimmungsverhalten in internationalen Gremien unmißverständlich zum Ausdruck gebracht. Mock formuliert die innere Widersprüchlichkeit:

> „Das Waffenembargo wirkt sich einseitig zugunsten der serbischen Kräfte aus, da diesen der weitaus größte Teil des Arsenals der hochgerüsteten ehemaligen Jugoslawischen Volksarmee zur Verfügung steht. Dadurch ist die unverminderte Weiterführung der Angriffe selbst ohne neue Waffenkäufe im Ausland allein aus vorhandenen Beständen und eigener Produktion auf Jahre gewährleistet. Mit dem Waffenembargo wird den neuen Demokratien das in der Charta der Vereinten Nationen verankerte individuelle und kollektive Recht der Selbstverteidigung vorenthalten. Die militärische Unausgeglichenheit im Kräfteverhältnis zwischen Angreifer und Verteidiger wird von serbischer Seite in unzulässiger Weise ausgenützt. Zwangsaussiedlungen, Menschenrechtsverletzungen in Anhalte- und Konzentrationslagern weisen teilweise Aspekte eines Völkermordes auf. Das System bekommt den Charakter der Apartheid in einer noch viel schärferen Form. Während bei der Apartheid in Südafrika grundlegende Menschenrechte verletzt wurden, kommt hier noch hinzu, daß die Menschen auch noch aus ihrer angestammten Heimat vertrieben werden.
> Österreich hat auch anfänglich geglaubt, daß mit dem Waffenembargo die Aggression abgefangen werden könne. Sehr bald stellte ich allerdings fest, daß diese Haltung den Aggressor nur noch ermunterte, seine Kampfhandlungen fortzusetzen und daß es den Opfern der Aggression verwehrt wurde, sich mir angemessenen Mitteln zur Wehr zu setzen. Daher trat ich dann – unter anderem zusammen mit den USA – für die Aufhebung des Waffenembargos ein.
> Gerade als kleinerer und in einem heiklen geopolitischen Umfeld gelegener Staat, war es für Österreich inakzeptabel, daß einem anerkannten Mitglied der Vereinten Nationen trotz dessen existentieller Bedrohung die Ausübung vitaler Rechte unmöglich gemacht wurde."

Es gab auch in Österreich Stimmen, die die Kritik am Waffenembargo nicht verstanden, Mock der Kriegshetze bezichtigten, weil sie nicht die

Realität sahen beziehungsweise sehen wollten, die dahinter stand. Die Kritik kam vor allem aus Kreisen, die zwar selbst in der politischen Auseinandersetzung gerne einen „Krieg der Worte“ führen, für die aber bereits der Gedanke an eine wirksame Verteidigung von Lebensinteressen mit militärischer Gewalt kriegshetzerische Züge hat. Nur, was dabei übersehen wurde, war das Faktum, daß Europa zwar seit 1945 von Kriegen verschont wurde und es noch nie einen so friedvollen Zeitraum erlebt hatte, daß aber nun plötzlich mitten im Herzen Europas die Illusion von einem gewaltfreien Leben zusammengebrochen war. Und gleichzeitig zeigte sich auch noch die Notwendigkeit eines Sicherheitssystems, das ohne konkrete Verteidigungsanstrengungen nicht realisierbar ist.

Noch in der Ära von Außenminister Mock, die bis zum 4. Mai 1995 währte, wurde der Beobachterstatus bei der WEU, der Westeuropäischen Union, und der Beitritt zur NATO-Partnerschaft für den Frieden formell beschlossen. Mock hat immer die zentrale Bedeutung der Neutralität für Österreich in einem Europa, in einer Welt der zwei großen unterschiedlichen politischen Systeme, und auch für die Identitätsfindung Österreichs nach dem Zweiten Weltkrieg erkannt und anerkannt. Er war aber in den letzten Jahren immer auch ein Verfechter der Idee, daß Österreich nach dem Zusammenbruch des kommunistischen Blocks in Europa, der Neuordnung Europas und dem Beitritt zur EU letztlich die WEU-Vollmitgliedschaft und ein Einbinden in die NATO anstreben muß. Aus der WEU soll schließlich das Verteidigungs- und Sicherheitsbündnis der EU werden. Die NATO wiederum ist – und das haben die Ereignisse in Ex-Jugoslawien gezeigt – derzeit sicher die effizienteste militärische Organisation, die die Achtung und Einhaltung des internationalen Rechts herbeiführen und absichern kann. Nicht von ungefähr kommt, seitdem auch österreichische Truppenverbände im Rahmen der IFOR- bzw. SFOR-Mission in Bosnien-Herzegowina eingesetzt sind, der Ruf, daß österreichische Militärs in die NATO-Führungsstruktur eingebaut werden sollten. Mit dem Beitritt der Nachbarländer Österreichs, die noch vor zehn Jahren zum kommunistischen Ostblock zählten, nämlich von Tschechien, Ungarn und Slowenien zur NATO, wird für Österreich ohnedies eine neue Phase des Nachdenkens beginnen.

Die internationale Rolle Österreichs

Österreich hat in der Zweiten Republik in geradezu vorbildhafter Weise gezeigt, was Nachbarschaftshilfe, was ein aktives Bekenntnis zur Achtung der Grund- und Freiheitsrechte, zur Demokratie heißt. Bereits ein Jahr nach Erlangung der Freiheit, dem Abzug der Besatzungsmächte, 1956, ist Österreich den Flüchtlingen aus Ungarn in beispielhafter Weise beigestanden. 1968 beim Zusammenbruch des Prager Frühlings stand Österreich wiederum in der erste Reihe jener, die spontan Hilfe für die von der sowjetischen Diktatur bedrängten Menschen gewährten. Neutralität zwischen den Blöcken zu bewahren, hieß nie, sich zurückzuziehen, wenn Menschen in äußerster Bedrängnis vor einem Regime Hilfe suchten.

Österreich hat daher auch seine Mitgliedschaft im UNO-Sicherheitsrat in den Jahren 1991 und 1992 genützt, um sich mit aller Kraft für konkrete Maßnahmen zur Beendigung der Kampfhandlungen einzusetzen und um eine gerechte, dauerhafte Friedenslösung zu erreichen.

Zwischen der österreichischen Regierung und den politischen Repräsentanten in den bedrängten Staaten im Bereich des ehemaligen Jugoslawien entwickelten sich sehr enge Beziehungen, insbesondere zwischen dem Außenminister und vielen Politikern von Slowenien bis zum Kosovo. Dies führte auch zu einer sehr positiven, freundschaftlichen Einstellung der Bevölkerung in diesen Regionen gegenüber Österreich.

Gerade das Außenministerium in Wien agierte in der schwierigen Zeit des jugoslawischen Auflösungsprozesses sehr unbürokratisch. So wurden zum Beispiel die österreichischen Vertretungsbehörden im Ausland beauftragt, den Bürgern Sloweniens, Kroatiens und Bosniens beizustehen und ihnen jede Unterstützung zu gewähren. Am 5. November 1991 ging sogar eine Rundweisung an die Botschaften und Konsulate hinaus, in der es wörtlich hieß „daß österreichische Berufsvertretungsbehörden im Ausland Bürgern dieser Republiken in dringenden humanitären Fällen die erforderliche Hilfe leisten, sofern diese darum ersuchen. Es handelt sich hiebei um eine vorübergehende, ausschließlich humanitäre Aktion zugunsten von Personen, die einer wirksamen Unterstützung ihrer Anliegen in fremden Staaten entbehren. Eine derartige Hilfestellung kann nur im Rahmen der Rechtsordnung des Empfangsstaates geleistet werden und wird jeweils nur dann möglich sein, wenn dieser keinen Einspruch dagegen erhebt. Diese Hilfeleistung entspricht einer langjährigen und humanitären Tradition Österreichs und entspricht dem besonderen menschenrechtlichen Engagement, das in einem wachsenden Ausmaß Teil der österreichischen Außenpolitik nach dem Zweiten Weltkrieg geworden ist. Aus dieser Fortführung und Weiterentwicklung der humanitären Außenpolitik Österreichs kann kein Akt der völkerrechtlichen Anerkennung abgeleitet werden."

Entsprechend dem hohen Stellenwert, den Österreich der Respektierung der Menschenrechte einräumt, hat es sich von Beginn der Krise in Jugoslawien für die Aktivierung der in Frage kommenden Schutzinstrumente eingesetzt. Egal ob UNO oder KSZE, diese Organisationen wurden einstmals geschaffen, um das Leben und Verständnis zwischen den Völkern zu ordnen, friedlich zu gestalten, als Schlichter und Vermittler aufzutreten, aber auch einzugreifen, wenn es keine andere Möglichkeit mehr gibt. Jetzt war der Zeitpunkt gekommen, mitten in Europa von der Theorie zur Praxis zu schreiten, internationale Mechanismen anzuwenden, um Blutvergießen vermeiden zu helfen, Frieden zu stiften. Schließlich ging es darum auch sicherzustellen, daß internationales Recht geachtet wird, daß man sich nicht nur für weit entfernte Krisenherde engagiert, sondern erst recht aktiv wird, wenn es um die unmittelbare Nachbarschaft geht, auch wenn dies bedeuten kann, Farbe zu bekennen, daß Kriegsverbrechen - von wem und wo immer sie begangen wurden - verurteilt und durch geeignete Maßnahmen unterbunden werden, daß die unter dem beschönigendem Ausdruck „ethnische Säuberungen" bekanntgewordenen, rein rassistisch motivierten Vertreibungen auf das entschiedenste angeprangert und verhindert werden.

Leider zeigte sich nicht nur eine gewisse Machtlosigkeit internationaler Gremien, eine Distanziertheit einzelner Staatskanzleien, sondern auch eine Schwerfälligkeit der Apparate. Und das, was geschah, stand noch unter dem Motto „Too little and too late".

Erst nach Ausbruch des blutigen Konflikts mit den gegen Slowenien gerichteten Kampfhandlungen hat man überhaupt begonnen, auf die veränderten Gegebenheiten in Jugoslawien zu reagieren

Am 6. August 1991 erhoben die Außenminister der damals 12 EG-Staaten erstmals die Forderung nach einer Friedenskonferenz, Wochen später begann die Diskussion über die Entsendung einer Friedenstruppe. Weil kein Konsens zu erzielen ist, werden die Themen auf die lange Bank geschoben. Es ist bereits „fünf nach zwölf" bis es dazu kommt, daß die UNO in das Krisengebiet Truppen entsendet, um allein durch die Präsenz im Land zu verhindern, daß die Streitteile ungehindert gegeneinander vorgehen.

Bereits im Mai 1992 schlug Österreich, übrigens in enger Koordination mit der Regierung von Bosnien-Herzegowina, die Errichtung international geschützter Sicherheitszonen für Sarajewo und andere Städte vor. Damit sollte durch die Schaffung von stabilen Sicherheitsräumen die Dynamik der serbischen Taktik der „ethnischen Säuberungen" gestoppt, der legitimen Regierung von Bosnien-Herzegowina ein adäquates Funktionieren ermöglicht und der Schutz der Zivilbevölkerung sichergestellt werden. Dieses Konzept wird in einer Demarche gegenüber 31 Staaten sowie auch im Rahmen des UN-Sicherheitsrates vertreten, Ende August auf der Londoner Konferenz befürwortet. Es dauert allerdings bis zum 16. November, ehe der Vorschlag auf Schaffung von „safe areas" auch in einer Sicherheitsratresolution seinen Niederschlag findet.

Ähnliches war auch mit einem anderen Vorschlag passiert. Im November 1992 wird im Rahmen eines österreichischen Memorandums an den Sicherheitsrat der Vorschlag zur Schaffung militärisch geschützter Zonen präzisiert und dessen eheste Verwirklichung für Sarajewo, Tuzla, Travnik, Gorazde und Bihac gefordert.

Aber erst am 6. Mai 1993 erklärt dieses UNO-Gremium die Städte Sarajewo, Tuzla, Zepa, Gorazde, Bihac und Srebrenica zu Schutzzonen.

Der Generalsekretär im Außenamt, Albert Rohan, zog den auf den Punkt gebrachten Schluß:

„Die Reaktion der internationalen Staatengemeinschaft auf das serbische Vorgehen war von Meinungsverschiedenheiten über die Natur des Konfliktes, Interessensgegensätzen und Unentschlossenheit gekennzeichnet. Am gravierendsten erwies sich dabei, daß die internationalen Vermittler praktisch vom ersten Tag an eine militärische Option ausschlossen und damit während des gesamten Verhandlungsprozesses auf das einzig wirksame Druckmittel, nämlich der glaubhaften Androhung von Zwangsmaßnahmen im Einklang mit der Charta der Ver-

einten Nationen verzichteten. Selbst in Ländern, in denen stets ein besonderes Entgegenkommen gegenüber Belgrad zu verzeichnen war, wird heute zugegeben, daß ein militärisches Eingreifen am Beginn des Konfliktes, etwa zum Zeitpunkt der Bombardierung von Vukovar und Dubrovnik, durchaus möglich gewesen wäre, und ein entsprechendes Ultimatum gegenüber den serbischen Angreifern aller Wahrscheinlichkeit nach die nötige Wirkung gezeigt hätte. Da die Staatengemeinschaft zu einem solchen Vorgehen nicht bereit war, verstärkte sich auf serbischer Seite die Überzeugung, daß niemand sie von der gewaltsamen Verfolgung ihrer Ziele abhalten werde und daher kein Grund für ein Eingehen auf Kompromisse bestünde."

Das Dilemma der UNO und anderer Vermittler

Der Verlauf des Konfliktes zeigte, daß die serbische Einschätzung über die Unschlüssigkeit und Handlungsschwäche der EG und der UNO zunächst richtig und daher die anfängliche Art der internationalen Vermittlung unter diesen Begleitumständen zum Scheitern verurteilt war. Wie die Chronologie der Ereignisse beweist.

Am 7. April 1992 wurde Bosnien-Herzegowina von 72 Staaten anerkannt, trotzdem wurden die Hauptstadt und andere Gebiete des Landes von serbischen Milizen und Einheiten der ehemaligen Jugoslawischen Volksarmee weiter massiv angegriffen. Trotz Verurteilungen durch die KSZE, die Vereinten Nationen, internationaler Konferenzen, die sich ausschließlich mit einer Konfliktbereinigung in Ex-Jugoslawien beschäftigten, intensivieren die serbischen Kräfte ihr militärisches Vorgehen und führen den blutigsten europäischen Krieg mit der größten Flüchtlingsbewegung seit dem Ende des Zweiten Weltkriegs.

Am 4. Jänner 1993 präsentieren Cyrus Vance und Lord Owen, Co-Vorsitzende der sogenannten „Friedenskonferenz für das ehemalige Jugoslawien" in Genf einen „Friedensplan", der die Aufteilung Bosnien-Herzegowinas in Kantone nach ethnischen Prinzipien vorsieht. Einen Tag später folgt noch ein sogenannter Waffenstillstandsplan. Der Vance-Owen-Friedensplan selbst besteht aus drei Teilen. Nämlich erstens den Verfassungsprinzipien, die unter anderem einen dezentralisierten Staat vorsehen, wobei außer der Außenpolitik alle Regierungsfunktionen bei den Provinzen liegen. Zweitens der Landkarte mit zehn Provinzen, von denen je drei auf die moslemische, die serbische und die kroatische Volksgruppe entfallen, wozu noch die Hauptstadt Sarajewo kommt. Drittens die Friedensbestimmungen mit den Maßnahmen für einen Waffenstillstand, die Trennung und Rückführung der kämpfenden Truppen, die Demilitarisierung von Sarajewo und die Wiederherstellung der öffentlichen Infrastruktur. Etwas später kommt noch der Vorschlag für die Gestaltung der Interimsverwaltung zu diesem Plan hinzu. Allein die Landkarte des Vance-Owen-Plans erinnert an die Willkür der Grenzziehungen, die nach dem Ersten Weltkrieg in Europa vorgenommen und durch deren Mißachtung gewachsener ethnischer Strukturen nur neue Konfliktherde gelegt wurden.

Keine vier Tage nach der Präsentation lehnt daher auch Präsident Izetbegovic den Vance-Owen-Plan ab, da er nur die ethnischen Säuberungen legalisiere und eine Rückkehr der Flüchtlinge unmöglich mache. Karadzic und Milosevic machen hingegen Scheinzugeständnisse.

Anfang Mai 1993 unterzeichnet unter heftigem Blitzlichtgewitter der internationalen Pressefotografen der Führer der bosnischen Serben, Radovan Karadzic, der immer wieder die Weltöffentlichkeit narrt, als er etwa am 9. November 1992 einen eigenen 7-Punkte-Friedensplan vorlegt, und sich ein Jahr später von Milosevic lossagt, den Vance-Owen-Friedensplan, der kurz darauf, am 5. Mai, vom Parlament der bosnischen Serben abgelehnt wird. Sie finden, daß die wirtschaftlichen Ressourcen zwischen den Volksgruppen ungleich verteilt seien, Serben in zahlreichen Kantonen minorisiert werden. Das Dokument, das bei der Genfer Konferenz seinen Ausgang nahm, ist damit gescheitert. Mock in einer Analyse:

> „Ich habe den Vance-Owen-Plan von Anbeginn mit einer gewissen Skepsis betrachtet, da seine Schwächen offensichtlich sind. Von den Autoren selbst wurde stets betont, daß der Plan die derzeitigen Gegebenheiten in Bosnien-Herzegowina selbst berücksichtige. Das heißt,

daß er zumindest in einem gewissen Ausmaß zu einer Anerkennung der serbischen Eroberungen sowie des Ergebnisses von ethnischen Säuberungen führen würde. Auffallend in diesem Zusammenhang ist, daß der Plan keine genaue Regelung hinsichtlich der Rückkehr von Flüchtlingen und Vertriebenen in ihre Heimstätten enthält. Aufgrund der Gliederung Bosnien-Herzegowinas in zehn ethnisch dominierte Provinzen besteht weiters die Gefahr, daß der Plan nur eine Vorstufe zu einer endgültigen Aufteilung dieses Mitgliedslandes der Vereinten Nationen darstellt und letztlich zu seinem Verschwinden von der Landkarte Europas führen könnte."

Nicht genug, daß Serben gegen Kroaten einerseits, und Bosniaken andererseits kämpfen, im Mai 1993 bricht dann auch noch ein „Separatkrieg" der Moslems und der bosnischen Kroaten aus. Dieser beginnt sich Anfang des Jahres abzuzeichnen.

Zunächst unterstellt der bosnische Verteidigungsminister per Dekret die Einheiten in den verschiedenen Regionen dem Kommando jener ethnischen Gruppe, die im Stationierungsgebiet jeweils die Mehrheit hat, worauf der Kommandant der moslemischen Einheiten seine Truppen auffordert, sich den Kroaten nicht zu unterstellen. Auf Vermittlung von Lord Owen und dem kroatischen Präsidenten Tudjman wird per 18. April die Einstellung der moslemisch-kroatischen Feindseligkeiten und die Einrichtung eines gemeinsamen Oberkommandos vereinbart. Dennoch brechen am 8. Mai schwere Kämpfe zwischen Soldaten beider Volksgruppen in Mostar aus. Während Präsident Izetbegovic keine andere Möglichkeit sieht, als zu fordern, daß auch Mostar UNO-Schutzzone wird, fordert die EG Kroatien unmißverständlich auf, rasche und effektive Maßnahmen zur Beendigung der Kämpfe zu setzen. Die Agramer Führung werde am Erfolg dieses Eingreifens gemessen, andernfalls würde man die Verhängung von Sanktionen erwägen. Tatsächlich unterzeichnen am 18. Mai Izetbegovic und Mate Boban, Führer der bosnischen Kroaten einen Waffenstillstand, der - ein Schicksal vieler ähnlicher Abkommen - nicht hält. Immer wieder stehen bewaffnete Auseinandersetzungen zwischen bosnischen Kroaten und Muslimen auf der Tagesordnung. Schließlich kommt es sogar am 28. August zur Ausrufung der „Kroatischen Republik Herceg-Bosna", mit dem Effekt, daß neue Kämpfe zwischen jenen beiden Volksgruppen aufflammen, die ohnedies auch noch gemeinsames Ziel der serbischen Angriffe sind.

Es ist ein langer Weg, gepflastert mit heftigen, bewaffneten Auseinandersetzungen, bis sich endlich ein echter Friedensschluß zwischen den Bosniaken (so nennen sich ab Herbst '93 die moslemischen Bosnier offiziell) und den bosnischen Kroaten anbahnt. Am 26. Februar kommt es in Washington zu Versöhnungsgesprächen, die drei Wochen später, am 18. März in die Unterzeichnung eines Vertrages bezüglich einer kroatisch-bosniakischen Föderation münden. Diese Föderation ist ein wichtiger Meilenstein auf dem Weg zum Dayton-Abkommen und eine Säule der Existenz Bosnien-Herzegowinas.

Trotz der Einigung der beiden Volksgruppen, die auch in der gemeinsamen Regierungstätigkeit ihren Ausdruck findet, kommt es immer wieder zu Scharmützeln, die sich bis in den Sommer 1996 fortsetzen, als der ganze Friedensprozeß allein dadurch gefährdet scheint, da sich in Mostar Bosniaken und Kroaten wochenlang nicht auf eine gemeinsame Stadtverwaltung einigen können.

Der Separat-Krieg zwischen den kroatischen und muslimischen Volksgruppen ist ein Kapitel. An der Hauptfront zu den serbischen Aggressoren geht das Trauerspiel um Bosnien-Herzegowina unverändert weiter.

Am 28. Februar 1993 muß man damit beginnen, Versorgungsflüge in von den serbischen Verbänden umzingelte Gebiete, und zwar im Schutz der Nacht durchzuführen, um die dringendst benötigten Hilfsgüter, wie Grundnahrungsmittel und Arzneien, abwerfen zu können. Es sind US-Transportmaschinen vom Typ „Herkules“, die mit dieser Aktion starten. Eine Aktion, die fast schon überfällig geworden ist. Bereits seit 12. Juli 1992 wird die südbosnische Stadt Gorazde, in der viele Flüchtlinge Zuflucht gefunden haben, von serbischen Truppen belagert und bombardiert. Versuche der UNPROFOR, Versorgungsgüter per LKW in die eingekesselte Stadt zu bringen, werden behindert, die Konvois beschossen. Weil man die serbischen Angreifer nicht im Zaum halten kann, muß man eine Luftbrücke einrichten. Die serbischen Militärverbände behindern die Tätigkeit internationaler Hilfsorganisationen wo es nur geht. Und Gorazde ist nur ein Fall von vielen. So wie Gorazde, geht es ein halbes Jahr später bereits anderen Städten und Regionen auch.

Am 4. Juni 1993 ermächtigt der UN-Sicherheitsrat die UNPROFOR (Das sind die von den Vereinten Nationen auf den Balkan entsandten Friedenstruppen, deren erstes Kontingent bereits im März 1992 in Kroatien eingetroffen war und die auf bosnischem Gebiet vor allem damit konfrontiert waren, daß alle verordneten Waffenstillstandsabkommen nicht eingehalten wurden), im Falle der Blockade von Hilfskonvois auch Gewalt zur Verteidigung anzuwenden. Gleichzeitig bekräftigt der Sicherheitsrat auch noch die schon mehrmals erhobene Forderung nach der Wiederherstellung der territorialen Souveränität und nach der Rückkehr aller Vertriebenen. Alles nur Verbalakte. Hilfskonvois brauchen unverändert tage- und wochenlang, um an ihre Zielpunkte zu gelangen. Menschen werden unverändert aus ihren Häusern und Gemeinden vertrieben. Hinterhältige Angriff serbischer Truppen, zu Land und aus der Luft, stehen unverändert auf der Tagesordnung.

Im Juli 1993 werden die Missionen der KSZE im Kosovo, dem Sandschak und der Vojdvodina nach längerem diplomatischen Tauziehen von der Belgrader Regierung ausgewiesen. Den internationalen Organisationen ist es nicht einmal mehr möglich, vor Ort und durch eigene Beobachter, sich von der Behandlung der bedrohten Minderheiten einen direkten Eindruck zu verschaffen.

Indessen versucht Bosnien-Herzegowina angesichts der Vergeblichkeit der internationalen Bemühungen selbst initiativ zu werden. Trotz aller bisherigen negativen Erfahrungen demonstriert man noch immer Kompromißfähigkeit: Das Staatspräsidium schlägt die Errichtung eines Bundesstaates der drei konstitutiven Völker, also der Bosniaken, der Kroaten und der Serben vor, wobei die Landesteile keine Völkerrechtssubjektivität erhalten und nicht nach ethnischen Gesichtspunkten bestimmt sind. Staatsführung, Außenpolitik, Währung, Wirtschaftssystem und Justiz sollen gemeinsam getragen werden, in allen anderen Bereichen Selbständigkeit bestehen.

Einen Monat später sieht der Owen-Stoltenberg-Plan für Bosnien-Herzegowina – nachdem sich das ethnische Zehn-Kantonen-Modell als unrealisierbar entpuppt hat – eine Union mit drei konstitutiven Republiken vor. Wieder einmal wird diskutiert. Am 20. September finden sogar Gipfelgespräche auf dem US-Flugzeugträger „HMS Invincible“ zur „Rettung“ des Friedensplanes statt. Neben den Vermittlern Lord Owen und Stoltenberg treffen auch die unmittelbaren Kontrahenten, Tudjman, Izetbegovic,

Silajdzic, Milosevic, Bulatovic, Karadzic und Boban zusammen. Ein gemeinsamer Nenner ist nicht zu erzielen.

In der Zwischenzeit, am 9. August, hat der NATO-Rat einstimmig die Pläne für Luftangriffe auf serbische Stellungen in Bosnien-Herzegowina gebilligt, allerdings einen tatsächlichen Kampfeinsatz von einem Beschluß der Vereinten Nationen abhängig gemacht. Und dort wird, wie auf allen internationalen Ebenen, bloß geredet.

So zum Beispiel bei der Menschenrechts-Unterkommission in Genf am 20. August. Wortreich wird Serbien wegen der Verletzung der Menschenrechte im Kosovo verurteilt und zur Aufhebung aller diskriminierenden Gesetze sowie zur Zulassung von KSZE-Fact-Finding-Missionen aufgefordert.

Am 3. November scheitern die unter norwegischer Vermittlung zustandegekommenen Gespräche über die Zukunft der Krajina. Wo immer versucht wird, einen Konfliktherd auf dem Verhandlungsweg bereinigen zu helfen – alle Initiativen sind zu diesem Zeitpunkt noch zum Scheitern verurteilt.

Am 17. November konstituiert sich das Kriegsverbrechertribunal für das ehemalige Jugoslawien am Internationalen Gerichtshof in Den Haag, dessen Einrichtung der UNO-Sicherheitsrat schon am 22. Februar beschlossen hatte. Von vielen Seiten wird dieser Schritt nicht wirklich ernst genommen und bloß als eine Alibiaktion beurteilt. Man muß allerdings auch Realist bleiben. In der jüngeren Geschichte wurden solche Kriegsverbrechen, wie sie zwischen 1991 und 1995 im „Vier-Jahre-Krieg" auf dem ehemals jugoslawischen Territorium zu verzeichnen sind, sieht man vom „Nürnberger Prozeß" ab, nicht verfolgt und geahndet. Immerhin wurden in Den Haag bereits einige Täter aus der „zweiten Reihe" verurteilt. Sicher keine befriedigende Situation. Man wird, und das ist die Meinung vieler internationaler Rechtsexperten, nicht sang- und klanglos zur Tagesordnung übergehen dürfen, sondern man wird letztlich nicht umhin kommen, daß eines Tages auch Täter aus der „ersten Reihe" vor diesem Gericht stehen.

Würde man der grausamen, hinterhältigen Täter in diesem Krieg habhaft werden, dann hätte das Gericht mehr als genug zu tun.

Am 5. Februar 1994 kommt es am Marktplatz von Sarajewo zu einem verheerenden Anschlag. Eine einzige Granate schlägt um die Mittagszeit im Stadtzentrum ein, als ein reges Leben im Zentrum der Stadt herrscht, Menschen sich mit den Gütern des täglichen Bedarfs eindecken, und tötet 68 Menschen. Mehr als 200 werden zum Teil schwer verletzt. Die Täter können nicht ausgeforscht werden. Dafür werden allen Ernstes Gerüchte in die Welt gesetzt, die Granate hätten die Bosniern selbst abgefeuert, um ihre Verhandlungsposition zu stärken.

Das Massaker führt zu einem Nachdenken und letztlich endlich zu einem ernsthafteren Engagement der NATO. Man beginnt zu begreifen, daß Kommuniques und Resolutionen nichts bewirken, wenn nicht auch der Wille dahintersteckt, sie umzusetzen.

Nicht nur aufgrund der US-Vermittlung, sondern auch unter dem Eindruck des schrecklichen Blutbads von Sarajewo, kommt es an einem Frontabschnitt zu einer Beruhigung, im März 1994 beenden Muslime und Kroaten ihren Konflikt und vereinbaren eine Föderation.

Nachdem ein Jahr zuvor der NATO-Rat Luftangriffe auf serbische Stellungen in Bosnien-Herzegowina grundsätzlich gebilligt hat, die serbische Seite aber von ihrer Strategie, Angriffe aus dem Hinterhalt zu führen, in keiner Weise abrückt, fliegt die NATO im August 1994 erste, symbolische Angriffe - und zwar zunächst auf serbische Panzer bei Sarajewo. Die Reaktion der serbischen Seite sind neue Attacken.

Am 28. August 1994 kommt es zu einem weiteren verheerenden Anschlag in Sarajewo. Diesmal beklagt man 33 Tote. Das Resultat ist nicht nur ein neuerliches Ultimatum der UNO, auch die NATO verschärft ihre Vorgangsweise.

Sarajewo ist nicht erst 1994 ein Drama. Die Stadt liegt zu diesem Zeitpunkt schon seit zwei Jahren unter Artilleriebeschuß. Mehr noch, wie Österreichs Außenminister vor dem Parlament schon am 14. Oktober 1992 aufmerksam macht:

> „Die Verwendung moderner Kampfbomber und enormer Artillerie- und Munitionsbestände dokumentiert die direkte und gerade für die schwersten Zerstörungen entscheidende Teilnahme Serbiens am Krieg. Parallel zum militärischen Vorstoß ist weiterhin eine umfassende Vertreibungsaktion im Gange, welche unter gravierender Verletzung grundlegender Regeln des humanitären Völkerrechts auf die Errichtung großer, zusammenhängender, nur mehr serbisch besiedelter Räume abzielt. Nachdem im Vorjahr zunächst Kroatien betroffen war,

hat diese Vertreibungspolitik seit dem Frühjahr 1992 auch Bosnien-Herzegowina erfaßt und sie manifestiert sich bereits ansatzweise in der Vojvodina, im Sandschak und im Kosovo. Die Folge davon ist eine im Nachkriegseuropa beispiellose Flüchtlingsbewegung, welche bereits über drei Millionen Menschen erfaßt hat."

Die UNO-Truppen sind zum Zusehen verurteilt, beschränken sich auf eine „neutrale Beobachter- und Zuschauerrolle". In einem Bericht an das Assessorat für humanitäre Hilfen der Region Trentino-Südtirol beschreibt Benedikter die Rolle der UNO-Truppen in Kroatien und Bosnien:

„Sie waren oftmals nicht einmal imstande, die Hilfslieferungen (Lebensmittel und Medikamente) in ihre eigenen Schutzzonen zu gewährleisten. Diese Politik der Hilflosigkeit und Impotenz fand ihre ausgeprägteste negative Variante im UN-Beauftragten Yasushi Akashi. Während auf Sarajewo der alltägliche Granatenhagel niederging, erklärte der ewig lächelnde Japaner gegenüber der internationalen Presse, daß ‚Sarajewo eine der sichersten Städte der Welt sei ...'. Das war vielleicht auch der Grund, als er am 3. Mai 1994 bosnisch-serbischen Panzern völlig ahnungslos die Durchfahrt durch die 20-Kilometer-Sperrzone um Sarajewo erlaubte, worauf das Staatspräsidium von Bosnien-Herzegowina, völlig verzweifelt, die Abberufung des UNO-Sonderbeauftragten verlangte. Die Politik des Wegschauens erreichte ihren Höhepunkt, als niederländische UNPROFOR-Soldaten der Ermordung und Verschleppung von Tausenden muslimischen Bosniaken in der UN-Schutzzone Srebrenica im Juli 1995 tatenlos zusahen, ja mit General Mladic Schnaps tranken."

Eine Demütigung hatten die UNO-Truppen Ende Mai 1995 erfahren, als serbische Einheiten 370 UNO-Soldaten in Bosnien kidnappten und als Geiseln nahmen. Sie wollen damit erreichen, daß die NATO-Luftangriffe eingestellt werden. Kurzfristig zeigt man sich auf der Seite des westlichen Verteidigungsbündnisses auch noch irritiert und nimmt unter anderem zur Kenntnis, daß die UNO-Schutzzone von Srebrenica am 11. Juli, wenige Tage später auch die Schutzzone von Zepa von serbischen Soldaten im Sturm genommen wird.

Srebrenica wird allerdings zu einem Wendepunkt. Es ist zunächst von höchst tragischen Ereignissen begleitet. Durch die Weltpresse ziehen sich

Meldungen, wonach die serbischen Truppen unter der Zivilbevölkerung, vor allem der männlichen, ein Blutbad angerichtet haben.

In der Zwischenzeit weiß man von Massengräbern. Damals war man nur auf die überlieferten Berichte von Augenzeugen angewiesen. Einer der ganz unverdächtigen Zeugen ist der frühere polnische Ministerpräsident Mazowiecki, der am 13. August 1992 zum Sonderberichterstatter der Vereinten Nationen bestellt worden war. Er hat mit Konsequenz die Verbrechen, die gegen Hunderttausende Menschen in Kroatien und Bosnien-Herzegowina begangen wurden, ohne Rücksicht auf deren soziale sowie ethnische Herkunft verfolgt und aufgezeigt.

Als die internationale Staatengemeinschaft auf die vorgelegten Berichte kaum einging, ja sogar eine gewisse Gleichgültigkeit erkennen ließ, vor allem nicht in der Lage war Konsequenzen aus der Vertreibung, Folterung, Vergewaltigung und Exekution Tausender Menschen in und um Srebrenica zu ziehen, legte Mazowiecki seinen Auftrag zurück. Zurück blieben Bände von Dokumenten, die Zeugnis von den schrecklichen Opfern dieses Krieges ablegen.

In seinen schriftlichen Aufzeichnungen beschäftigt sich Mazowiecki besonders ausführlich mit der Politik der ethnischen Säuberungen, den Gewalttaten und Terrormethoden im serbisch kontrollierten Gebiet von Bosnien-Herzegowina. Es seien keine Anzeichen zu erkennen, daß die Führung Serbiens, also der Bundesrepublik Jugoslawiens, ihren Einfluß effektiv zur Beendigung dieser Greueltaten genutzt hätte. Ethnische Säuberungen seien aber auch im Kosovo, der Vojvodina und im Sandschak unmittelbar zu befürchten. Mazowiecki empfiehlt daher die Neutralisierung der schweren Waffen auf dem Gebiet von Bosnien-Herzegowina, eine rasche Verurteilung der ethnischen Säuberungspolitik durch die Vereinten Nationen, eine Verstärkung der UNPROFOR und Ausweitung des Mandates auf das ganze Gebiet der bosnischen Republik, prompte Aktionen zugunsten der in Lagern Inhaftierten, die Schaffung einer Informationsagentur zwecks Verbreitung korrekter Nachrichten und eine bessere Koordinierung der verschiedenen UN-Organisationen.

Mazowieckis Mission bleibt eigentlich unbedankt. Gewürdigt wird die Person in Österreich durch die Verleihung des Leopold-Kunschak-Preises am 9. März 1996. Kuratoriumsvorsitzender Herbert Schambeck begründet diese Auszeichnung: „Seit August 1992 arbeitete Mazowiecki in der Eigenschaft als Spezialberichterstatter für die UN-Kommission für Menschenrechte auf dem Gebiet des früheren Jugoslawien. Diese Reisen hatten den Zweck, Augenzeugenberichte aus erster Hand, betreffend die Bedingungen, die in den Gefangenenlagern herrschten, medizinische und andere Mängel zu sammeln. Jeder Inspektion folgten erschöpfende Berichte, die das gesammelte Material beinhalteten ebenso wie Schlußfolgerungen und Vorschläge. Im Juli 1995, nach dem Fall von Srebrenica, einer der ‚sicheren Zufluchtsorte' in Bosnien, legte Mazowiecki sein Mandat zurück, da er nicht in der Lage sei, ‚weiterhin teilzunehmen an der Vortäuschung des Schutzes der Menschenrechte'. Als die Staatengemeinschaft keine Konsequenzen daraus ziehen wollte oder dazu nicht in der Lage war, als vor allem in Srebrenica wieder Tausende Bosniaken gefoltert, gequält, exekutiert wurden oder einfach ‚verschwunden' sind, konnte er sich mit diesem Verhalten nicht identifizieren. Er zog die Konsequenzen. Dieser aufrechten Haltung ist unser allergrößter Respekt zu zollen."

Auf dem Weg zum Dayton-Abkommen

Wir schreiben den 1. März 1993. US-Präsident Clinton kündigt in einem Brief an Milosevic eine aktivere Rolle der USA an. Drei Tage später kommt es zu einem Handgranatenanschlag auf die amerikanische Botschaft in Belgrad. Die Berichte über Kulturschändungen, Massenvertreibungen, Vergewaltigungen häufen sich. Amateurfunker empfangen Berichte von Massakern an Muslimen in Bosnien. Am 21. März wird eine UNPROFOR-Transportmaschine abgeschossen. Bosnien-Herzegowina erhebt beim Internationalen Gerichtshof Klagen gegen die Bundesrepublik Jugoslawien wegen Völkermord. Am 12. April beginnt die NATO endlich mit der Überwachung der Flugverbotszone über Bosnien-Herzegowina. Und man berät wieder einmal, von der UNO bis zur NATO, ob man sich zum Beispiel bei der Behinderung von, bei Angriffen auf Hilfskonvois auch wehren sollte. Am 23. Juli verfassen daraufhin 78 Mitglieder des US-Kongresses einen offenen Brief an Präsident Clinton, in dem neben einer Feuereinstellung und Deblockierung von Sarajewo auch Luftbombardements serbischer Stellungen um die bosnische Hauptstadt verlangt werden. Der serbische Belagerungsring um Sarajewo wird mit der Eroberung des Berges Igman geschlossen. Die Lage der Bevölkerung ist dramatisch. Nicht alle europäischen Politiker führen eine so klare Sprache wie Mock:

> „Wenn nicht im letzten Moment die Welt die Initiative der US-Regierung, daß zum Schutz der Sicherheitszonen nötigenfalls Flugeinsätze durchgeführt werden, aufnimmt, und sich die europäischen Mächte dieser durch mehrere Resolutionen des UN-Sicherheitsrates gedeckten Aktion anschließen, muß mit einer weiteren schrittweisen Zerstörung Bosnien-Herzegowinas gerechnet werden."

Wenngleich am 9. August der NATO-Rat einstimmig Pläne für Luftangriffe billigt, so macht er den tatsächlichen Kampfeinsatz wiederum von einem Beschluß der UNO abhängig. Am 30. August geht erneut ein offener Brief, diesmal von 100 international bekannten Persönlichkeiten (Thatcher, Aga Khan, Brzezinski, Kollek, Popper, ...) an Clinton ab. Tenor des Schreibens: Die humanitäre Hilfe sei eine Alibihandlung für das Versagen der internationalen Staatengemeinschaft. Indessen geht es in der Krisenregion und im Kriegsgebiet drunter und drüber.

In Belgrad werden Vuk Draskovic und seine Frau willkürlich verhaftet und für 30 Tage hinter Gitter geschickt. Der heimliche Präsident des Kosovo, Rugova, wird wegen eines angeblich begangenen Verkehrsdeliktes verhaftet. Auf den montenegrinischen Präsidenten wird ein Anschlag verübt, dieser bleibt aber unverletzt. In einer westbosnischen Stadt wird ein Massaker an der kroatischen Zivilbevölkerung entdeckt. Kroatische Einheiten greifen eine UNPROFOR-Truppe an, kroatisch-bosnische Einheiten zerstören ein moslemisches Dorf, Mitglieder der UNPROFOR-Truppe werden beim sexuellen Mißbrauch von Frauen ertappt, moslemische Truppen nehmen eine kroatische Stadt ein und jagen die Einwohner in die Flucht, serbische Freischärler nehmen zwei Begleiter von Erzbischof Puljic mit der Begründung gefangen, Kriegsverbrechen begangen zu haben. Die historische Brücke von Mostar stürzt ein.

Das neue Jahr ist schon längst ins Land gezogen, da kommt es zur ersten militärischen Konfrontation mit der NATO. Vier serbische Düsenjäger werden am 28. Februar 1994 bei Banja Luka von Jägern der US-Air Force abgeschossen, nachdem sie einer Landeaufforderung nicht gefolgt sind. Der Krieg zu ebener Erde geht weiter. Mehr noch, am 31. März beginnen serbische Einheiten eine massive anhaltende Kampftätigkeit in der UNO-Schutzzone von Gorazde. UNPROFOR-Beobachter werden von serbisch-bosnischen Soldaten angegriffen.

Die Regierung in Belgrad beginnt sich von den in Bosnien-Herzegowina agierenden Serben langsam zu distanzieren. Meinungsverschiedenheiten zwischen dem Jugoslawen-Führer Milosevic, dem Führer der bosnischen Serben Karadzic und dessen obersten „Feldherrn" Mladic werden sichtbar. Noch weiß man allerdings die Auswirkungen dieser Entwicklungen nicht wirklich abzuschätzen. Was ist Tatsache, was ist Theaterdonner, verbirgt sich dahinter bloß eine neue Strategie, um die internationalen Vermittler zu täuschen?

Am 23. September 1993 bricht zwischen Serben-Präsident Milosevic und dem Tschetnikführer, dem ultranationalistischen Abgeordneten Vojislav Seselj, eine offener Konflikt aus. Am 3. November läßt Milosevic in einer TV-Ansprache aufhorchen: Die Aufhebung der UNO-Sanktionen (die wirtschaftliche Lage Serbiens ist katastrophal) und die Nichteinmischung in „innere Angelegenheiten" sei Voraussetzung für die Teilnahme der Bundesrepublik Jugoslawien an einer globalen Balkankonferenz. Ein dreiviertel Jahr später, am 5. Juli 1994, entwirft die sogenannte Kontaktgruppe (ihr gehören die USA, Rußland, Frankreich, Großbritannien und Deutschland an) einen neuen Teilungsplan für Bosnien. Die Territorialverteilung basiert auf der Basis von 51 Prozent für die bosnische-kroatische Föderation. Die bosnischen Serben müßten 20 Prozent ihres eroberten Gebietes zurückgeben und lehnen den Vorschlag ab, worauf am 1. August Milosevic die bosnischen Serben auffordert, den Plan anzunehmen. Einen Tag später wird dieser Aufforderung noch Nachdruck verliehen, es folgt ein ultimativer Brief. Nachdem dieser ohne Reaktion bleibt, beschließt Belgrad den Abbruch der wirtschaftlichen und politischen Beziehungen sowie die Schließung der Grenzen. Die militärischen Verbindungen werden allerdings noch nicht gekappt. Dafür brechen die Karadzic-Serben aufgrund der Wirtschaftssanktionen sämtliche finanziellen Kontakte mit Serbien-Montenegro ab. Milosevic ist kurz darauf fast am Ziel, beschließt doch der UN-Sicherheitsrat aufgrund der neuen Belgrader Linie in der Nacht vom 23. zum 24. September die Lockerung der Wirtschaftssanktionen, worauf zehn Tage danach die serbische Regierung den Handelsboykott auch auf die Krajina-Serben ausdehnt.

Ohne Zweifel haben die zunehmende internationale Isolierung Belgrads, das nun (vor allem durch die USA ausgelöste) zielstrebigere und entschlossenere Agieren der NATO, aber auch das gemeinsame Auftreten von Kroaten und Moslems in Bosnien-Herzegowina, mit beträchtlichen militärischen Erfolgen, ihre Wirkung nicht verfehlt.

Auch Karadzic versucht wieder einmal ein Wendemanöver. Die Truppen der bosnischen Serben setzen unverändert Angriffe gegen die Moslem-Enklave Bihac fort, sogar das Krankenhaus liegt unter Beschuß, da überrascht der bosnische Serbenführer am 15. Dezember die Öffentlichkeit mit einem „Friedensangebot“ und der Bereitschaft, mit dem früheren US-Präsidenten, Jimmy Carter, zu verhandeln. Drei Tage später beginnt Carter seine Mission. Am Heiligen Abend tritt eine für sieben Tage ausgehandelte Feuerpause in Auftrag. Der letzte Tag des Jahres steht im Zeichen der Unterzeichnung eines Waffenstillstandsabkommens. Wie wirksam die Carter-Mission war, zeigt der 2. Jänner 1995: Das Hotel „Holiday Inn“ wird von einer Panzerabwehrrakete getroffen.

Ende des Monats, am 28. Jänner „feiert“ Sarajewo den 1.000sten Tag seiner Belagerung. Übrigens mit einer Bürgermeisterkonferenz. Rund 200 Repräsentanten europäischer Städte, Wien ist durch Stadtrat Hannes Swoboda vertreten, bekunden ihre Solidarität mit der leidgeprüften Stadt.

Nach einem NATO-Luftangriff auf ein Munitionsdepot in der Nähe der Hauptstadt der Republika Srpska, Pale, nehmen bosnische Serben UNO-Blauhelme als Geiseln. Und wieder tritt Milosevic in seiner neuen Rolle auf. Er vermittelt die Freilassung der Soldaten.

Nicht nur Sarajewo liegt weiter unter Beschuß, auch die serbischen Angriffe gegen Tuzla und in der Region von Bihac gehen weiter, Srebrenica und Zepa werden am 11. beziehungsweise 14. Juli überrannt.

In und um Rest-Jugoslawien sind immer wieder widersprüchliche Ereignisse zu registrieren. Trotz bestehender UNO-Sanktionen vereinbart

Rußland mit Belgrad ein Abkommen über Gaslieferungen sowie die Gründung mehrerer gemeinsamer wirtschaftlicher Unternehmen und durchbricht damit die Blockade, die aber ohnedies schon mehr als löchrig ist. Schließlich stellt auch die internationale Kontaktgruppe der Regierung der Bundesrepublik Jugoslawien in Aussicht, alle Wirtschaftssanktionen auszusetzen, sollten die ehemaligen Teilrepubliken anerkannt werden. Die Führung der serbischen Regierung, nach außenhin um Gesprächsbereitschaft bemüht, damit sie international wieder Respekt und Anerkennung erfährt, zeigt ihr wahres Gesicht gegenüber allen Kritikern im eigenen Land. Sie geht immer schärfer gegen die wenigen noch unabhängigen Medien vor, die Zensur von Radio, Fernsehen und Zeitungen wird immer drückender.

Das Blatt für die Serben beginnt sich aber an den Frontabschnitten zu wenden. Der Widerstand der Truppen der kroatisch-bosnischen Föderation wird zunehmend stärker.

Kroatien, das durch mehrere Sicherheitsratsresolutionen in seinem Anrecht, unter anderem auf das Gebiet von West-Slawonien, ausdrücklich bestätigt wurde, startet am 1. Mai 1995 eine Blitzoffensive gegen das von den Serben besetzte Gebiet. Am 1. August folgt die Krajina. In beiden Regionen gelingt es, die serbischen Besatzer zu schlagen und wieder die kroatische Fahne zu hissen. Die internationale Reaktion ist zurückhaltend. Wenngleich Kroatien, im Wissen um die Erfolglosigkeit der Verhandlungen und der Brüchigkeit der vielen Vertragsabschlüsse, auf die eigene militärische Stärke setzt und nur das ihm zustehende Staatsgebiet zurückerobert, so wird diese Aktion zwar zur Kenntnis genommen, aber nicht wirklich goutiert. Man hätte es lieber gesehen, daß die Rückgabe der kroatischen Gebiete auf dem Verhandlungstisch und nicht durch eine – noch so legitimierte – Kriegshandlung erfolgt. Ist dieser Akt doch auch wiederum von einer für diesen Krieg typischen Tragik begleitet, dem Exodus von Menschen, diesmal von Tausenden Serben.

Am 12. Oktober 1995 tritt nach Vermittlung der USA ein Waffenstillstand, der alle Kriegsgebiete umfaßt, in Kraft. Bis zu diesem Zeitpunkt hat es bereits rund 30 solcher, letztlich wirkungslose Abkommen gegeben. Diesmal scheinen allerdings die Vorzeichen günstiger als in der Vergangenheit zu stehen.

In einem Gespräch mit einem westlichen Journalisten zeigt sich bereits zu diesem Zeitpunkt der kroatische Außenminister Mate Granic überraschend optimistisch, was die bevorstehenden Friedensverhandlungen betrifft: „Wir befinden uns in einer Endphase zu einer Lösung. Jetzt diskutieren wir über die Spielregeln. Über die konkreten Details, wie die Landkarte, wird erst später diskutiert." Noch sind 4,6 Prozent des Landes, nämlich Ost-Slawonien, von den Serben besetzt. Für Agram keine Frage, daß dieser Landesteil reintegriert werden muß. Nach der militärischen Rückeroberung von Westslawonien weiß sich Kroatien auch auf dem Verhandlungstisch „in einer starken Position". Gleichzeitig ist Serbien in die Defensive geraten. Der Präsident von Rest-Jugoslawien, so Granic, habe „nicht viele Optionen". Allerdings weiß auch Zagreb um die Position, die er zu diesem Zeitpunkt noch hat: „Milosevic ist akzeptiert. Er hat keine echte Opposition im Land. Jetzt geht es nur noch darum, daß die Politik von Milosevic auch von den bosnischen Serben mitgetragen wird." Ein Problem, das sich noch lange stellen sollte.

Die Verhandlungen gehen dann überraschend schnell über die Bühne. Am 21. November 1995 wird in Dayton, im Bundesstaat Ohio, unter der „Obhut" des amerikanischen Präsidenten Bill Clinton (Ohne die in der Endphase konsequente Haltung der USA wären die Konfliktparteien wohl kaum an den Konferenztisch und zum Friedensschluß zu bewegen gewesen) von den Präsidenten Izetbegovic, Tudjman und Milosevic das Friedensabkommen über Bosnien-Herzegowina paraphiert. Der offizielle Unterzeichnungsakt folgt am 14. Dezember in Paris. Die internationale Staatengemeinschaft, die in den vergangenen fünf Jahren oft ein trauriges Schauspiel, was die Durchsetzbarkeit des Völkerrechts, die entschlossene Reaktion auf die Verletzung elementarer Menschenrechte betrifft, geliefert hat, ist durch ihre führenden Politiker vertreten. Nicht alle von ihnen dürfen mit einem reinen Gewissen in den Spiegel blicken.

Das Abkommen besteht aus einem Rahmenvertrag sowie 12 weiteren Artikeln, die anstehende Fragen wie Grenzziehungen, Wahlen, Verfassung, Schiedsgerichtsbarkeit, Nationaldenkmäler, etc. regeln. Die wichtigsten Punkte des Pakets sind:

- *Weiterbestand des Gesamtstaates von Bosnien-Herzegowina in seinen international anerkannten Grenzen.*

- *Bosnien-Herzegowina wird aus zwei Einheiten bestehen, der bosnisch-kroatischen Föderation (51 %) und der serbischen Republik Srpska (49 %).*
- *Das Staatengebilde ist als loser Bundesstaat konzipiert, die die Bereiche Außenpolitik, Außenhandel, Zollwesen, Währung, Finanzen, Staatsbürgerschaft, Einwanderung betreffen, haben. Alle anderen Kompetenzen werden den beiden Einheiten übertragen.*
- *Gesamtstaatliche Einrichtungen sind das Parlament, bestehend aus dem „Haus der Völker" mit 15 und dem Abgeordnetenhaus mit 42 Sitzen, der neunköpfigen Präsidentschaft, wobei je drei Vertreter - bei rotierendem Vorsitz - von einer Volksgruppe gestellt werden, die für Außenpolitik, Außenhandel, Finanzpolitik, Staatsbürgerschaft und Flüchtlingsfragen zuständige Regierung, dem neun Mitglieder umfassenden Verfassungsgerichtshof und der Zentralbank.*
- *Die Präsidentschaft und das Parlament sollen in freien und fairen Wahlen, die unter internationaler Aufsicht und Federführung der OSZE stattfinden, ermittelt werden.*
- *Sarajewo bleibt als ungeteilte Hauptstadt bestehen, Gorazde wird durch einen Straßenkorridor mit dem Föderationsterritorium verbunden.*
- *Durch Beschluß des Sicherheitsrates soll schließlich für ca. ein Jahr eine multinationale Friedenstruppe, die „Implementation Force", kurz IFOR genannt, eingerichtet werden, an der auch Nicht-NATO-Staaten teilnehmen können, Rußland erhält ein Konsultations-, kein Vetorecht.*
- *Alle Bürger haben das Recht auf Bewegungsfreiheit im ganzen Staat, Flüchtlinge können in ihre Heimat zurückkehren, alle ausländischen Militärs (außer IFOR) müssen innerhalb von 30 Tagen Bosnien verlassen, die bosnischen Kriegsparteien ziehen sich jeweils zumindest zwei Kilometer hinter die Waffenstillstandslinien zurück, alle Kriegsgefangenen müssen bis zum 19. Jänner 1996 entlassen werden.*

Das Abkommen, darin sind sich alle Beobachter einig, stellt einen großen Erfolg, vor allem auch für die amerikanischen Vermittlungsbemühungen dar. Österreich erklärt sofort seine Bereitschaft, an der Umsetzung sowohl im zivilen als auch militärischen Bereich mitzuwirken.

Ohne Zweifel ist das Abkommen von Dayton für alle betroffenen Parteien günstiger als die ursprünglich ventilierten Pläne. Auf bosniakischer Seite scheint man sich mehrheitlich bewußt zu sein, daß ein besserer Deal nicht erreichbar gewesen wäre. Teile der bosnischen Kroaten fühlen sich zwar in gewisser Weise als Verlierer des territorialen Deals, Kroatien selbst wird aber letztlich von einer Stabilisierung des Nachbarlandes und einer Normalisierung der Beziehungen zu Serbien profitieren. Für die Bundesrepublik Jugoslawien bedeutet schließlich der Friedensschluß die ersehnte internationale Anerkennung und die Aufhebung der Wirtschaftssanktionen.

Das Abkommen von Dayton ist für Mock Anlaß zu einer Reihe von Schlußfolgerungen, die in Zusammenhang mit dem Balkankonflikt und dem internationalen Krisenmanagement stehen:

„1. Es hat sich gezeigt, daß internationale Organisationen, selbst wenn sie – wie die Vereinten Nationen – gemäß ihrer Statuten zur Sicherung des Friedens und zur Bekämpfung der Aggression geschaffen wurden, nur eine sehr beschränkte Lösungskapazität haben. Damit das System der kollektiven Sicherheit überhaupt funktioniert, waren bisher noch immer und wieder einmal die Eigeninteressen einer Großmacht notwendig. Diese Feststellung soll keine Abwertung der UNO sein, sondern eine Aufforderung, die Mechanismen zur Konfliktbereinigung zu stärken und für eine Respektierung des Völkerrechts zu sorgen.

2. Es wurde bewiesen, daß Konzessionen an den Aggressor im Regelfall nur zu weiteren Aktionen des Aggressors führen, weil dieser sofort jede scheinbare Schwäche seiner Kontrahenten ausnützt, um sich selbst unrechtmäßig Vorteile zu verschaffen.

3. Wir müssen konstatieren, daß sich eine der vielen positiven Eigenschaften der Demokratie, nämlich durch Verhandlungs- und Kompromißbereitschaft Kriege und die damit verbundenen Opfer zu

vermeiden, sich zu einer Schwäche entwickeln kann, wenn diese Neigung zu einer Apeasementpolitik führt.

4. Es war ein grundsätzlicher Fehler der internationalen Politik, als nach wiederholten Versuchen auf politischem und diplomatischem Weg eine Lösung des Konflikts herbeizuführen, der Einsatz auch militärischer Mittel – wie dies die UNO-Charta ausdrücklich vorsieht – weiter hinausgezögert wurde. Dadurch wurden nur weitere Menschenrechtsverletzungen, ethnische Säuberungen, Massenvertreibungen möglich gemacht. Dabei wäre es gerade auch um die Glaubwürdigkeit der festgelegten Regeln zum Schutz der Menschenrechte, um die Beachtung des Völkerrechts, die Durchsetzung der vielen Beschlüsse von der UNO bis zur OSZE gegangen.

5. Das Zögern der internationalen Politik ist auch deshalb unverständlich, weil es nicht nur darum gegangen ist, UNO-Mitgliedsländer wie Kroatien und Bosnien-Herzegowina gegen die serbische Aggression zu schützen, sondern es durch das Waffenembargo auch noch praktisch unmöglich gemacht wurde, sich wenigstens selbst bestmöglich zu verteidigen. Dabei hat jedes UNO-Mitgliedsland das verbriefte Recht auf Selbstverteidigung, wenn die Mittel der kollektiven Sicherheit zum Schutz des Landes nicht greifen. (Daher hat auch Österreich als einziges westeuropäischen Land, aber zusammen mit Staaten wie den USA und Australien, für die Aufhebung des Waffenembargos gestimmt).

6. Die Verwirrung und der Opportunismus, die auf internationaler Ebene herrschen, wenn es „nur" um die Wahrung völkerrechtlicher Grundsätze geht, zeigte sich, als die kroatische Regierung von verschiedenen Politikern, auch österreichischen Sozialdemokraten, angegriffen wurde, weil nach zweijährigen, fruchtlosen Verhandlungen eigenes Territorium zurückerobert wurde. Ein Aktion, die noch dazu durch zwei UNO-Sicherheitsratsbeschlüsse voll gedeckt war, und die außerdem dazu führte, daß der Fall einer weiteren UN-Schutzzone, nämlich des bosnischen Gebietes um Bihac, verhindert wurde.

7. Über die Ereignisse der letzten Jahre darf aber nun nicht der Mantel des Schweigens gebreitet werden. Es stellt sich unter anderem auch die Frage, wer zum Beispiel die Verantwortung dafür übernimmt, daß trotz Sicherheitsratsresolutionen, end- und erfolgloser Verhandlungen, beinahe eineinhalb Jahre verstrichen sind, ehe die NATO die einzig wirksame Maßnahme setzte, nämlich der Beachtung der Menschenrechte mit militärischen Mitteln Nachdruck zu verleihen.

8. Das amerikanische Engagement war ohne Zweifel der entscheidende Faktor, um das Überleben der bosnischen Bevölkerung sicherzustellen. Es wäre aber eine Illusion zu glauben, die amerikanischen Truppen könnten nach einem Jahr wieder in die USA zurückkehren, ohne daß dadurch das Risiko neuer, massiver Auseinandersetzungen am Balkan heraufbeschworen wird. Ein Rückzug der USA wäre nur bei gleichzeitiger Verstärkung der europäischen Präsenz denkbar. Derzeit wohl nur ein eher theoretischer Denkansatz, weil dazu eine gemeinsame Außen- und Sicherheitspolitik der Europäischen Union notwendig wäre, die es bis dato nicht gibt.

9. Eine konsequente Verwirklichung des Minderheitenschutzes in allen Nachfolgestaaten Jugoslawiens, insbesondere auch im Kosovo und in der Vojvodina, muß nicht nur ein wesentliches Anliegen einer Politik sein, die sich am Schutz der Menschenrechte orientiert, sondern ist auch eine wesentliche Voraussetzung, damit sich diese Problematik nicht als ein neuer Sprengstoff für den noch auf sehr unsicherem Boden stehenden Waffenstillstand erweist.

10. Die Wiederherstellung eines geordneten Zusammenlebens der verschiedenen Nationen, die Gestaltung geregelter Beziehungen zwischen den Staaten, der Wiederaufbau der gesellschaftlichen Strukturen, die Lösung der vielen offenen sozialen, kulturellen und wirtschaftlichen Fragen wird ohne eine längerfristige internationale Unterstützung nicht möglich sein."

Vom alten zum neuen Jugoslawien

Die internationale Unterstützung läuft zunächst einmal, nach der Unterzeichnung des Friedensabkommens, recht zügig an, das vereinbarte Procedere, bis hin zur Festlegung des Wahltermins für Bosnien-Herzegowina, wird konsequent durchgezogen, auch wenn ständig Konflikte zwischen den einzelnen Lagern aufbrechen und mühsam geglättet werden müssen.

Am 17. April 1996 legt die EU die Richtlinien für die volle Anerkennung der Bundesrepublik Jugoslawien fest. So wird festgeschrieben, daß das Land nicht d e r, sondern nur einer von mehreren Nachfolgestaaten des alten Jugoslawien ist. Dies ist zum Beispiel für Österreich von Relevanz, und zwar in Hinblick auf den Staatsvertrag. Die Bundesrepublik Jugoslawien ist somit nicht Rechtsnachfolger jenes Jugoslawien, das seinerzeit dem Staatsvertrag beigetreten ist.

Am Tag der Festlegung der EU beschließt auch die österreichische Bundesregierung in der Ministerratssitzung, daß die diplomatischen Beziehungen zwischen Wien und Belgrad wieder in vollem Umfang aufgenommen werden. Abgebrochen waren die diplomatischen Kontakte auch während der Zeit des Jugoslawienkonflikts nie, sie waren nur - wie es im Fachjargon heißt - eingefroren, das heißt der Botschaftsbetrieb war reduziert, in Belgrad kein Botschafter, sondern nur ein Geschäftsträger akkredidiert. Die Normalisierung der Beziehungen wird von beiden Seiten begrüßt.

Für die Bundesrepublik Jugoslawien bedeutet die EU-Vorgabe insbesondere auch eine Chance zur wirtschaftlichen Belebung. Wie notwendig diese - vor allem im Vergleich zu Slowenien, aber auch zu Kroatien - ist, zeigt im Sommer 1996 eine Studie internationaler Wirtschaftsexperten. So heißt es

- zu Slowenien, daß die Einnahmen aus dem Tourismus für eine ausgeglichene Leistungsbilanz sorgen, eine weitere Wachstumsbeschleunigung erwartet wird, und daß die Kreditwürdigkeit von drei Ratingagenturen mit „A“ bewertet wurde, was der höchste Anfangswert ist, den je ein Reformstaat erhalten hat.

- zu Kroatien, daß sich das ursprünglich prognostizierte, dynamische Wirtschaftswachstum noch nicht eingestellt hat, die Unternehmen zum Teil unter einer schlechten Liquidität leiden, die Arbeitslosenrate hoch ist, die Inflationsrate aber von fast 100 auf zwei Prozent gedrückt werden konnte.
- zu Jugoslawien, daß Wirtschaftsreformen dringend notwendig wären, da die Wirtschaft noch immer von Preiskontrollen, Handelsbeschränkungen, hohen Zöllen, einem ausufernden Schwarzmarkt gekennzeichnet ist und für ausländische Unternehmen zu wenig Investitionsanreize bestehen.

Zu Jahresbeginn 1997 zeigt sich ein unterschiedliches Bild was die Wahrnehmung der Chancen, aber auch was die realen Möglichkeiten der Weiterentwicklung betrifft.

Slowenien hat die demokratische Reifeprüfung bereits bestanden. Die Chancen des wirtschaftlichen Aufschwungs wurden genutzt, der Umbau von einer sozialistischen zu einer sozialen Marktwirtschaft ist gelungen, das Land bringt alle Voraussetzungen mit, in der nächsten Runde von Staaten, die für einen EU-Beitritt in Frage kommen, Berücksichtigung zu finden. Diese sogenannte Osterweiterung der EU ist ein wichtiges Thema, und es ist auch zu erwarten, daß Mitte 1998 das Verhandlungsmandat erteilt wird. Offen ist aber der Zeitpunkt der Realisierung. Denn die Kenner der Situation sind sich darüber im klaren, daß der Beitritt noch einige Jahre auf sich warten lassen wird, einfach weil die Anpassung an die wirtschaftlichen EU-Standards ein schwieriger Prozeß ist. Derzeit gibt es nicht wenige in der EU, die zwar Verständnis für das Begehren der ehemaligen Ostblockstaaten, so rasch wie möglich den Weg nach Brüssel antreten zu dürfen, zeigen, von deren Qualifikation aber noch nicht recht überzeugt sind und generell der Vertiefung der EU vor einer Erweiterung den Vorzug geben.

Kroatien hat noch nicht das slowenische Niveau erreicht. Es besinnt sich aber der alten Stärken zu erinnern und beginnt vor allem wieder in jenen Bereich zu investieren, der die tragende Wirtschaftssäule vor dem Ausbruch der jugoslawischen Krise war, nämlich den Tourismus. Es ist aber nicht nur mühsam, verlorenes Terrain wieder aufzuholen, sondern in der Zwischenzeit haben sich auch die Urlaubsgewohnheiten und Urlaubsansprüche der Europäer nicht unwesentlich gewandelt. Dazu kommt, daß Kroatien - im Gegensatz zu Slowenien - mit beträchtlichen Kriegsschäden konfrontiert ist und daher nicht nur die Nachwirkungen der sozialistischen Wirtschafts(un)ordnung überwinden muß. Außerdem muß Kroatien ab der Jahresmitte 1997 auch noch die Re-Integration von Ost-Slawonien bewältigen, dessen Rückgabe den serbischen Besatzern am Konferenztisch abgerungen wurde und dessen Übergabeprozeß planmäßig läuft.

In der kroatischen Politik wird zunehmend über die Ära nach Tudjman nachgedacht und diskutiert. Notwendig ist sicher ein weiterer Demokratisierungsprozeß. Von vielen politischen Beobachtern wird eine Umgestaltung der Parteienlandschaft erwartet. Viel wird davon abhängen, ob es der HDZ, die sich als nationale Volkspartei präsentiert, gelingt, in der Gesellschaft Wurzeln zu schlagen und damit auch in Zukunft ein zentraler politischer Faktor zu bleiben. Die große Frage, die vorerst unbeantwortet bleibt, ist, welche neuen politischen Persönlichkeiten mit Charisma und Führungsfähigkeit sich in Kroatien herauskristallisieren werden. Faktum ist derzeit jedenfalls, daß jeder, der öffentlich genannt wird, auch gleich ins Kreuzfeuer der Kritik gerät.

Das sogenannte Rest-Jugoslawien hat ein besonders schwieriges Los gezogen. Die Hoffnungen, die von manchen Seiten in die Person Milosevic nach seinem Wandlungsprozeß im Jahre 1994 gesetzt wurden, haben sich nicht erfüllt, und die Chancen, die man dem Land nach dem Dayton-Abkommen gab, wurden nicht genützt. Im Gegenteil. Milosevic verfiel in sein altes Machtdenken, was letztlich darin kulminierte, daß er die Kommunalwahlerfolge der Opposition zu ignorieren versuchte. Diese nahm allerdings den Fehdehandschuh auf, erzwang durch eine beispielhafte wochenlange friedliche Demonstrationswelle die Rücknahme der Annullierung der Wahlergebnisse und damit den legitimen Einzug in Bürgermeisterämter und Gemeinderathäuser. Noch aber bestimmen Milosevic & Co. das gesamtstaatliche Geschehen. Der „Abnützungskrieg“ zwischen Regierung und Opposition ist noch keinesfalls ausgestanden. Viel wird davon abhängen, ob es der Opposition auch noch gelingt, die Montenegriner, die lange Zeit treue Weggefährten Belgrads waren, nun aber zunehmend kritischer die Politik von

Milosevic beurteilen, und die Gewerkschaften für ihre Anliegen zu gewinnen. Die Protestbewegung in Jugoslawien wurde und wird in einem hohen Ausmaß von den gebildeten Schichten, den Studenten, den Akademikern getragen. Entscheidend wird es daher sein, auch die Arbeiterschaft, die zwar spürt, daß die Arbeit immer weniger wird, die aber noch immer das Geld vom Staat erhält, vom notwendigen Wechsel in der Politik und an der Staatsspitze zu überzeugen. Noch steht nicht außer Zweifel, daß tatsächlich nach den nächsten Parlamentswahlen Milosevic und seine Frau, die das Heft der Partei in der Hand hat, das Feld räumen müssen. Eine Voraussetzung wären wirklich ehrliche Wahlen, die derzeit trotz des Drucks der Opposition und der Aufmerksamkeit der Weltöffentlichkeit noch nicht gewährleistet sind. Kommt es allerdings zur Niederlage des selbstherrlichen Diktators, dann meinen nicht wenige, daß es kein Abgang, sondern eine Flucht werden könnte. Hat sich doch in der Zwischenzeit gegen die Ära Milosevic im serbischen Volk selbst viel Unmut angestaut.

Auf jene Politiker und Parteien, die in Zukunft in Belgrad regieren werden, kommen schwere Aufgaben zu. Der wirtschaftliche Wiederaufbau, die Herstellung funktionierender sozialer Strukturen, die Rückgewinnung internationaler Reputation, der Abbau des Mißtrauens zu den anderen Nachbarrepubliken, sind nur einige Stichworte.

Dazu kommt ein neues Problem, daß nämlich auch in Montenegro über ein Abnabeln von Belgrad nachgedacht wird. Ein besonderes Augenmerk wird aber auf die Minderheitenpolitik und zwar auf eine großzügige Auslegung dieser Minderheitenpolitik zu legen sein. Besonders vorrangig ist die Klärung der Situation im Kosovo. Am Beginn der Krise in Ex-Jugoslawien, die zum Aggressionskrieg führte, stand die Beseitigung der Minderheitenrechte im Kosovo, die Unterdrückung der albanisch-stämmigen Bevölkerung. Ein Ende der Krise wird nur zu finden sein, wenn es gelingt, diesen Krisenherd dauerhaft zu befrieden. Vorerst sieht es nach einem noch lange im Schwebezustand verharrenden Problem aus, denn von den Serben ist nicht unbedingt Großzügigkeit zu erwarten und im Kosovo drängen viele – trotz der bislang vorbildhaft besonnenen Politik Rugovas – nach totaler Autonomie von Belgrad.

Aber nicht nur die albanische, auch die ungarische Minderheit verlangt nach einer Verfassungsreform, nach Anerkennung und Selbstverwaltung, wobei allerdings noch genaue Analysen über die neuen Bevölkerungsstrukturen angestellt werden müssen, weil sich in den einzelnen Regionen durch die Flüchtlingsbewegungen manche Verschiebungen zwischen den einzelnen Volksgruppen ergeben haben.

Die Bewältigung der Minderheitenfrage an sich wird ein Schlüsselproblem im neuen Jugoslawien. Nicht nur in jenem Teil, der Belgrad als Hauptstadt hat. Agram wird sich um die Gestaltung des Zusammenlebens der kroatischen und serbischen Bevölkerungsteile bemühen und seinen Einfluß auf die kroatische Gemeinschaft in Bosnien-Herzegowina immer wieder geltend machen müssen. In Mazedonien, das es durch eine günstige politische Konstellation, durch ein mangelndes Interesse der Serben und durch eine geschickte Politik geschafft hat, ohne Krieg den Weg in die Unabhängigkeit antreten zu können, erwartet man sich, daß Griechenland den Kompromißkurs beibehält, allerdings auch noch einige Widerstände aufgibt, insgesamt aber eine hilfreiche Nachbarschaftspolitik betreibt. Schwierigkeiten könnte es hier noch mit der albanischen Volksgruppe geben, die von Skopje als zweite Nation anerkannt werden möchte.

Bosnien-Herzegowina, als der Hauptbetroffene der Jahre 1991 bis 1995, bedarf zunächst einmal noch lange internationaler Hilfe, wobei vor allem Europa gefordert ist. Da darf man sich keinen Illusionen hingeben. Die SFOR-Truppen (früher IFOR-Truppen) werden noch eine geraume Zeit im Lande verbringen müssen, allein um zu verhindern, daß die Volksgruppen wieder aufeinander losgehen. Mocks Prognose:

> „Damit der neue Staat nicht wieder zerfällt, wird auf die Dauer von fünf bis zehn Jahren ein militärischer Schirm der NATO notwendig sein. Und auch die Amerikaner werden, um nicht die Leistungen, die sie mit ihrem Einsatz erbracht und die letztlich zur Beendigung des Krieges geführt haben, zu gefährden, hier bleiben müssen. Die Spannungen sind noch immer enorm, auch, weile beide Teilrepubliken zu starke, der Gesamtstaat zu wenige Kompetenzen hat."

Die Schwierigkeiten, die Gewalttätigkeiten, mit denen Bürger zu kämpfen haben, wenn sie etwa an ihren Wohnort zurückkehren, der in der Zwischenzeit ethnisch „umgedreht" wurde, sprechen Bände. Nicht nur die kroatisch-moslemische Gemeinschaft muß das Zusammenleben und Zusammenwachsen erst lernen, sich wechselseitig dialogfähig im Umgang und tolerant im Alltag zeigen, sondern vor allem die Republika Srpska wird vom hohen Roß herabsteigen, ihre Blicke von Pale weg- und Sarajewo zuwenden müssen. Eine Entwicklung, die wiederum nicht unwesentlich von Belgrad mit zu beeinflussen sein wird. Zu hoffen wäre, daß Sarajewo wieder ein wenig vom Flair der einstmals multikulturellen Stadt zurückgewinnt. In allen Landesteilen Ex-Jugoslawiens werden die Menschen wieder lernen müssen, sich einander in die Augen zu schauen, die Hand reichen zu können und zu vergessen, was vor nicht allzu langer Zeit alles an Grausamkeiten geschehen, vielen von ihnen sogar persönlich widerfahren ist.

Die Nachfolgestaaten des alten Jugoslawien werden trotz der Erinnerungen an die tragischen und grausamen Ereignisse der letzten Jahre um eine neue Zusammenarbeit nicht umhinkommen. Trotz ethnischer Säuberungen und Umsiedlungen (nur Slowenien nimmt eine Ausnahmesituation ein, weil hier kaum Minderheiten angesiedelt waren und sind), gibt es in allen anderen Republiken starke Minderheiten, die auf ihre nationalen Rechte pochen. Dazu kommt, daß natürlich noch aus der Zeit des alten Jugoslawien wirtschaftliche Verbindungen bestehen, die nicht ganz abgebrochen sind und deren Restrukturierung auch einen Beitrag zur wirtschaftlichen Stabilisierung dieser Region leisten kann. Mock zeigt allerdings noch eine andere Perspektive auf:

> „Die Balkanvölker verfügen über einen großen Reichtum an Volks-Kultur. Das zeigt sich unter anderem im Brauchtum, in vielen sakralen und profanen Baudenkmälern, aber auch in der Geschichte und Tradition dieser Region. Im Bereich des Christentums haben wir den Einfluß aus Rom sowie Konstantinopel, der sich mit islamischen Elementen auseinandersetzen muß. Im weltlichen Bereich gibt es Bindungen in den venezianischen, ungarischen und deutschsprachigen Raum. Die serbische Schriftsprache wurde in Wien entwickelt. An einem österreichisch-ungarischen Gymnasium, nicht weit von Belgrad entfernt, wurde erstmals die serbische Schriftsprache unterrichtet. Und natürlich hat es in dieser Region nicht nur Zeiten der nationalen Konfrontation, sondern auch Kooperation gegeben. Das heißt, der Balkan kann

auch vieles von dieser kulturellen Vielfalt weitervermitteln. Diesen kulturellen Schatz gegenüber Europa zu öffnen, ist eine Bereicherung, damit eine große Chance und Hoffnung für die Zukunft. Allerdings muß sich die nationale Kultur dem Nationalismus entziehen."

Viele Gründe für Österreichs Engagement

Wann immer heute in Österreich die Diskussion über einen Beitritt zur WEU, zur NATO oder über den Stellenwert der Neutralität, die, beginnend von den 50er Jahren in der Zeit des Kalten Krieges, der Trennung in Ost und West, einen entscheidenden Faktor für die Sicherheit und Positionierung unseres Landes darstellte, aufflammt, ist der Zeitpunkt gekommen, sich den Jugoslawienkonflikt in Erinnerung zu rufen. An diesem Konflikt zeigt sich nämlich die Absenz einer funktionierenden europäischen Sicherheitsstruktur. Und damit die Notwendigkeit, eine solche im Rahmen der EU zu schaffen.

Das Abkommen von Brioni, das zur Beruhigung der Situation um Slowenien führte und mit dem der serbischen Seite mit massiven Sanktionen gedroht wurde, zeigte noch Wirkung. Dann folgte ein langer Zeitraum der Reaktionslosigkeit. Der Konflikt am Balkan geriet außer Fugen: Von dem Zeitpunkt an, da Kroatien angegriffen und von den internationalen Organisationen nur mehr gedroht wurde, aber nichts passierte, außer daß die UNO formale Beschlüsse faßte und Pressekommuniques aussandte, eskalierte der Konflikt, uferte der Krieg aus, griff er auf Bosnien über, stürzte ein Land und seine Menschen ins Elend. 1994, als die NATO Zähne zeigte, indem sie serbische Stellungen, die nicht zurückgezogen wurden, zu bombardieren begann, reagierten die serbischen Truppen an allen Frontabschnitten zunächst noch mit verstärkten Angriffen, machten nicht einmal halt vor UNO-Soldaten und Schutzzonen. Belgrad begann sich aber schließlich unter dem Druck der öffentlichen Meinung in der Welt, im eigenen Land, angesichts spürbarer wirtschaftlicher Mangelerscheinungen, die sich in einem wachsenden Unmut der Bevölkerung niederschlugen, nun schrittweise zumindest offiziell vom Kriegsgeschehen zu distanzieren und schob die Verantwortung auf die Freischärler, die bosnischen Serben, etc. Schließlich blieb die internationale Power nicht ohne Wirkung.

Immer wieder wurde in dieser Zeit die Frage gestellt, und warum engagiert sich Österreich so stark, bezieht es Position? Die Antwort ist eigentlich sehr einfach. Und hat nichts mit einer Habsburger-Nostalgie oder gar einem Großmachtstreben zu tun. Alois Mock formuliert die Position:

> „Wie könnte es uns gleichgültig sein, wenn Völker, mit denen wir durch Jahrhunderte als Nachbarn – über einen gewissen Zeitraum sogar unter einem gemeinsamen Dach – zusammengelebt haben, jetzt Opfer eines blutigen Krieges wurden, der Zigtausende Menschenleben gefordert und Hunderttausende in die Flucht getrieben hat. Wie könnten wir wegschauen, wenn sich, nur wenige Fahrstunden von unseren Grenzen entfernt, Aggression durchsetzt, offener Landraub ereignet, eine systematische Vertreibung auf der Tagesordnung steht, die den zynischen Namen der ethnischen Säuberung trägt?
> Wir durchleben heute sicher eine Phase der internationalen Beziehungen, die sich durch unglaubliche Kontraste auszeichnet, nämlich Diskrepanzen zwischen dem, was in Konferenzsälen gesagt wird, und dem, was dann in Wirklichkeit passiert.
>
> Dazu gleich die konkreten Beispiele.
> Während in Wien die große Menschenrechtskonferenz der Vereinten Nationen tagte, wurden auf dem Balkan tagtäglich die grundlegendsten Regeln der Menschen hundert- und tausendfach auf das Grausamste verletzt.
> Während in Genf über das Schicksal von Kriegsopfern beraten wurde, blieben die Not und das Elend von Hunderttausenden Opfern dieses Krieges unbewältigt.
> Während in Washington ein Vertrag unterzeichnet wurde, der zumindest eine konkrete Hoffnung auf wesentliche Fortschritte im Nahost-Friedensprozeß eröffnete, schaute Europa tatenlos zu, wie auf dem Balkan ein neues Palästinenserproblem anstand.

Dem deklarierten und engagierten Österreich wurde in dieser Zeit mancherorts vorgehalten, daß nachbarschaftliche Bindungen einäugig gemacht hätten. Es wurde sogar der Vorwurf erhoben, daß Österreich die Zerstörung Jugoslawiens planmäßig mitbetrieben habe, weil es vom Traum beseelt gewesen sei, „habsburgische Verhältnisse" wieder herzustellen.

Ganz abgesehen davon, daß ein solcher Vorwurf auf einer völlig absurden Einschätzung der außenpolitischen Zielsetzungen und Möglichkeiten Österreichs beruht und auch sachlich spielend leicht widerlegbar ist, so hat eine leidvolle, auch jüngere Vergangenheit die Österreicherinnen und Österreicher gelehrt, nicht mit Denkmustern der Vergangenheit an die Gestaltung von Gegenwart und Zukunft heranzugehen.

Österreich ist nicht serbenfeindlich. Österreich mußte nur zur Milosevic-Regierung und der von ihr verfochtenen Politik eine kritische Position beziehen. Und zwar nicht aufgrund eines Justamentstandpunktes oder irgendwelcher Profilierungsneurosen, sondern aufgrund objektiver Tatbestände.

Wie sehr sich Österreich bemüht hat, immer wieder die Anliegen Belgrads zu unterstützen, zeigte sich unter anderem, als ich in den 80er Jahren zusammen mit dem norwegischen Außenminister Stoltenberg und dem Schweizer Delamuraz um die Schaffung eines Investitionsfonds in der Höhe von 150 Millionen US-Dollar bemüht war, damit die Modernisierung der jugoslawischen Wirtschaft gefördert wird. Wir sind damals in Europa auf eine beträchtliche Reservation gestoßen.

Noch bis 1991 hat es zwischen Österreich und Jugoslawien einen kontinuierlichen Besuchsaustausch, und zwar auf den Gebieten von Wissenschaft, Wirtschaft, Kultur und Sport gegeben.

In weiterer Folge hat sich allerdings die Beurteilung der Lage in Jugoslawien aufgrund der gesamten Entwicklung, die Platz gegriffen hat, verändert. Wenn man sich wie Österreich dem Völkerrecht, den Grund- und Freiheitsrechten verpflichtet fühlt, dann muß man diesen Standpunkt konsequent durchhalten, dann kann man eklatanten Verletzungen des Völkerrechts und der Menschenrechte nicht zusehen, auch wenn sich mitunter Freunde von einer so konsequenten Haltung, die keine Abstriche duldet, betroffen fühlen.

Wie sahen denn die objektiven Wahrnehmungen aus? Zuerst wurden wir Zeugen der massiven Menschenrechtsverletzungen im Kosovo, die Österreich veranlaßten, den KSZE-Mechanismus der menschlichen Dimension in Gang zu setzen. Die erste Stufe wurde noch von einer Reihe von KSZE-Mitgliedern unterstützt. Als sich Serbien davon unbeeindruckt zeigte, setzte Österreich die zweite Stufe in Gang – und blieb als einziges Land übrig.
1990 ist der Schutz der im Kosovo und der Vojvodina lebenden Volksgruppen durch die Entmachtung der konstitutionellen Organe dieser autonomen Republiken schließlich vollends in Frage gestellt worden. Ich möchte nur daran erinnern, daß die UNO-Menschenrechtskonferenz den Schutz von Minderheiten als ein wichtiges Anliegen im Rahmen der Sicherung der allgemeinen Menschenrechte bewertet hat.
Ab 1989 sahen wir auch, wie sich in Slowenien und Kroatien Mehrparteiendemokratien entwickelten, während die jugoslawischen Bundesorgane zuerst unter der Kontrolle der Exponenten des kommunistischen Einparteien-Systems verblieben und dann in die Hände einer unheilvollen Allianz von ehemaligen Kommunisten und extremen Nationalisten gerieten.
Wir mußten beobachten, wie die Bemühungen einzelner Republiken um eine Reform der gemeinsamen jugoslawischen Strukturen abgelehnt und die – zuerst von Kroatien und dann von Bosnien und der Herzegowina vorgelegten – Vorschläge zur Schaffung einer Konföderation zurückgewiesen wurden. Immer deutlicher setzte man auf die Karte der Gewalt.
Auch der von mir im Mai 1990 in die Diskussion eingebrachte Vorschlag, einen europäischen Weisenrat zu schaffen, um die Völker Jugoslawiens bei einer friedlichen und demokratischen Bewältigung ihrer Probleme zu unterstützen, fand angesichts des Einspruchs der Belgrader Regierung keine Berücksichtigung mehr, bevor es zu den ersten bewaffneten Auseinandersetzungen in Slowenien kam.
Nichts beschreibt die – fast schon naive – Fehleinschätzung des Geschehens im ehemaligen Jugoslawien, die zunächst weite Kreise Westeuropas beherrschte, besser als ein – denkwürdiges – Titelblatt der Londoner Zeitung „Economist“ vom Juli 1991: Vor einem blumenge-

schmückten slowenischen Bauernhaus steht auf einer grünen Wiese unter einem blauen Himmel ein Panzer – und darüber prangt die ironisch gemeinte Schlagzeile „Krieg in Europa".

Dieser „Krieg in Europa", den anfänglich manche nicht ernst nehmen wollten, hat sich schließlich zum blutigsten Waffengang ausgeweitet, den Europa seit dem Ende des Zweiten Weltkriegs erlebte. Getroffene Vereinbarungen zu einer Beilegung des Konflikts schienen kaum noch das Papier wert zu sein, auf dem sie geschrieben standen.

Erstmals seit 1945 lief ein souveränes Mitglied der Staatengemeinschaft, nämlich Bosnien-Herzegowina, Gefahr, gewaltsam von der Landkarte gelöscht zu werden. Und mit jedem Tag, der ungenützt verstrich, erhöhte sich der Preis, der für eine Wiederherstellung des Friedens letzten Endes zu zahlen sein wird."

Es gab viele, die den Kopf in den Sand steckten, es gab aber auch viele, die warnend ihre Stimme erhoben. In Westeuropa haben namhafte und klarsichtige Persönlichkeiten immer wieder mit großem Nachdruck auf die wahre Dimension des Geschehens hingewiesen: Der deutsche Bundeskanzler Helmut Kohl, der Präsident der EG-Kommission, Jacques Delors, die ehemalige britische Premierministerin Margret Thatcher, der deutsche Vizekanzler a.D. Hans-Dietrich Genscher und die frühere Präsidentin des Europäischen Parlaments, Simone Veil.

Zu Wort meldeten sich bedeutende Intellektuelle, wie etwa der französischen Publizist Alain Finkielkraut, der all jenen, die behaupteten, daß der Zerfall Jugoslawiens im krassen Widerspruch zur Philosophie des europäischen Einigungsprozesses und der europäischen Integration stünde, eine klare Antwort erteilte. Nämlich, daß Kroatien und Slowenien das einstige „Imperium" nicht deshalb verlassen hätten, um sich vor der Außenwelt zu verschließen, sondern weil dies für sie der einzig mögliche Weg gewesen sei, um sich für Europa und dessen gemeinsame Werte zu öffnen.

Johannes Paul II., der Papst, der aus dem Osten kam und der sicher über ein besonderes Sensorium für die Vorgänge in Ex-Jugoslawien verfügt, hat wiederholt dazu aufgerufen, dem Angreifer in Bosnien-Herzegowina „die Waffe zu entwinden". In seiner Neujahrsansprache 1995 verglich der Heilige Vater die bosnische Tragödie sogar mit einer Art von

Schiffbruch für Europa und warnte davor, die Ergebnisse gewaltsam erzielter Vorteile zu akzeptieren, ja selbst ihnen neutral gegenüberzustehen, weil dies nur „ein fatales Beispiel für andere Weltgegenden wäre".

Österreich ist es im Angesicht dieses tragischen Konflikts stets primär um eines gegangen, nämlich den Einsatz für gemeinsame Prinzipien, die in der Charta der Vereinten Nationen, in der KSZE-Schlußakte und in der Pariser KSZE-Charta verankert sind. Mock ist sich dabei durchaus im klaren, daß eine solche Position von manchen leichtfertig als ein „Herumreiten auf Paragraphen" bezeichnet wird - und auch wurde:

> „Es kann schon sein, daß deshalb auch wir von manchen für naiv gehalten wurden, aber Österreich hat diese von der Weltgemeinschaft beziehungsweise den KSZE-Staaten feierlich beschworenen Dokumente schon immer - unabhängig von der jeweiligen regierungspolitischen Konstellation - ernst genommen, auch wenn deren volle Verwirklichung realistischerweise eine gewisse Zeit in Anspruch nimmt. Die Position Österreichs im Jugoslawienkonflikt war solcherart nicht durch irgendwelche fiktive historische Loyalitäten determiniert, sondern durch das Bekenntnis zu Demokratie, Rechtsstaat, Menschenrechten und sozialer Marktwirtschaft, zur UNO-Charta und zu den KSZE-Bestimmungen.
> Keine Frage, man muß die Kirche im Dorf lassen. Man darf die Relationen in der Weltpolitik nicht außer Augen verlieren. Durch meine Tätigkeit in der Europäischen und der Internationalen Demokratischen Union, der EDU und der IDU, dem Dachverband der christlich-demokratischen, konservativen und Zentrumsparteien weiß ich nur zu gut, wie schwer es oft sein kann, aufgrund der verschiedensten Ressentiments zwischen größeren Staaten in strittigen Fragen einen gemeinsamen Nenner zu finden. Kleine Staaten tun sich mitunter erst recht schwer, sich Gehör zu verschaffen. Ihre Wortmeldungen werden gerne unter dem Tagesordnungspunkt „Allfälliges" behandelt und abgelegt. Nur, kleine Staaten haben eben aufgrund eigener Erfahrungen ein ganz anderes Sensorium im Umgang mit schwierigen Problemen."

Unter diesem Gesichtspunkt muß man auch die Grundzüge eines Langzeitplans für Bosnien-Herzegowina sehen, der am 30. Mai 1993 von Österreich präsentiert wurde. Der Vorschlag war davon bestimmt, daß es – allein aufgrund der eigenen jüngeren Geschichte – weiß, daß es ein „Lagerdenken“ zu überwinden gilt und daß es zunächst einmal notwendig ist, Mechanismen zu entwickeln und in Kraft zu setzen, die eine gewisse Dialogbereitschaft sicherstellen. Denn, wird einmal substantiell geredet, dann besteht eine Chance, daß in dieser Periode auch die Waffen schweigen. Österreichs Plan sah vier Stufen vor:

1. Errichtung eines „Souveränitätsrates“ für Bosnien-Herzegowina, der einige Zeit als oberstes Staatsorgan fungieren soll, dem sowohl eminente europäische Persönlichkeiten als auch Vertreter aller politischen Kräfte, insbesondere der Volksgruppen, angehören.
2. Führung der Regierungsgeschäfte durch den Souveränitätsrat, inklusive alle Maßnahmen zum Wiederaufbau der Wirtschaft des Landes.
3. Gewährleistung der inneren Ordnung, insbesondere durch Maßnahmen zum Schutz der Volksgruppen- beziehungsweise Minderheitenrechte.
4. Vorbereitung einer neuen Verfassung und Abhaltung freier Wahlen.

In einem Kommentar zu diesem „Regierungsmodell“ hielt Außenminister Mock fest:

> „Entscheidend in Staaten, in denen mehrere Nationalitäten leben, ist, daß auch die Minderheit das uneingeschränkte Recht auf Entfaltung und gleichberechtigte Teilhabe am öffentlichen Leben haben muß. Im neuen Europa darf es nirgendwo Völker erster und zweiter Klasse geben. Zuviel Leid hat der Glauben an sogenannte „Herrenvölker“ über unseren Erdteil bereits gebracht.
>
> So wie Österreich haben leider nicht alle relevanten politischen Persönlichkeiten und Institutionen gedacht und gehandelt. Am Anfang war in vielen Reaktionen sogar das Bedauern spürbar, daß es das Jugoslawien alter Prägung nicht mehr gibt und man es jetzt gleich mit mehreren, individualistischen Staaten zu tun bekommt. Manchmal hörte man sogar das zynische Wort, daß „der jugoslawische Kriegsherd einfach ausbrennen muß“. Und als sich endlich das Räderwerk der Di-

plomatie zu drehen begann, wurden zunächst nur halbe Maßnahmen, und die auch noch zu spät, gesetzt. Die eigentliche Wende im Jugoslawienkonflikt brachte erst das entschiedene Auftreten der NATO, das wiederum ohne die massive Unterstützung und Rückendeckung der USA nicht möglich gewesen wäre. Den letzten Ausschlag, daß man die Ereignisse auf dem Balkan, der drohte ein ‚Palästina in Europa' zu werden, doch nicht hinzunehmen gewillt war, gaben sicher auch die Berichte in den Medien über Folterungen unschuldiger Bürger, die Vergewaltigung von Frauen, die Vertreibung Tausender Menschen aus ihren Häusern und Dörfern, das Auftauchen von Massengräbern, die Bilder von Kindern, die das Opfer von Bombenanschlägen geworden waren."

Fragen zum Konfliktverlauf

Genaugenommen hat der Konflikt am Balkan zehn Jahre gedauert, wenn man als Ausgangspunkt die Veröffentlichung des Memorandums der Serbischen Akademie der Wissenschaften im September 1986 nimmt. Es sind dann vor allem die blutigen Ereignisse seit Juni 1991, beginnend mit dem Angriff der Jugoslawischen Volksarmee auf Slowenien, die immer wieder Fragen aufwerfen.

Jugoslawien war eines der ersten kommunistischen Länder, das sich aus der totalen Umklammerung von Moskau löste und es war das letzte europäische Land, das sich von diesen Fesseln gelöst hat. Mehr noch, ging der Umsturz fast überall ohne Blutvergießen vonstatten, ist die Erde im einstigen Jugoslawien blut- und tränengetränkt. Warum eigentlich?

„Die Probleme haben sich aus der unterschiedlich ethnischen Zusammensetzung ergeben. Jugoslawien war eben nicht das Land, wo die Jugoslawen, sondern die Serben, Slowenen, Kroaten, Bosnier, Mazedonier, Kosovo-Albaner zusammenlebten. Als der Zusammenhalt durch die kommunistische Ein-Parteien-Diktatur wegfiel, sind die Probleme nationalistischer Art wieder aufgetaucht, weil demokratische Reformen zu wenig und zu zögernd durchgeführt wurden, kam es zur Explosion. Ausgelöst wurde der Konflikt durch einen massiven serbischen Nationalismus, der von Milosevic erstmals mit der einseitigen Abänderung der serbischen Verfassung, der Absetzung der politischen Führung und Aufhebung der Autonomie im Kosovo, einer Provinz Serbiens, in der gar 92 % Albaner leben, auch politisch umgesetzt wurde. Obwohl schon sehr frühzeitig auf diesen Krisenherd aufmerksam gemacht, vor Folgewirkungen gewarnt wurde, hat man diese Alarmsignale weitgehend nicht beachtet, falsch interpretiert und verniedlicht."

Als dann der Konflikt offen vom Kosovo auf das ganze Land übergriff, in militärische Auseinandersetzungen mündete, hat sich Österreich nicht nur humanitär, sondern auch in den dafür zuständigen internationalen Gremien politisch sehr stark engagiert. Was Österreich auch hin und wieder von gewissen Seiten und Personen zum Vorwurf gemacht wurde. Was war der eigentliche Grund für dieses Engagement?

„Erstens handelt es sich bei Jugoslawien um einen Nachbarstaat. Zweitens hat die Entwicklung in Jugoslawien die Sicherheit und Stabilität Österreichs unmittelbar berührt. Drittens handelte es sich um einen eklatanten Menschenrechtsfall, ein Gebiet, auf dem sich die österreichische Außenpolitik schon immer sehr engagiert hat. Viertens war es ein europäisches Problem, dessen Ausdehnung nicht absehbar war und das auf die spannungsgeladene Situation zwischen Griechenland und der Türkei, zwischen Bulgarien und Mazedonien sowie auf Albanien überzugreifen drohte."

Mit dem Kosovo begann die heiße Phase des Jugoslawienkonflikts, seit dem das Dayton-Abkommen in Kraft ist, hört man kaum noch etwas über die Situation im Kosovo. In selten gewordenen Berichten erfährt man freilich, daß es dort unverändert Probleme im Zusammenhang mit der Behandlung der Anliegen der albanischen Mehrheitsbevölkerung durch die serbische Regierung in Belgrad gibt. Ein schwelender und potentieller Konfliktherd?

„Es ist eine Tragik, daß das Problem der Kosovo-Albaner bis heute, auch durch das Dayton-Abkommen, nicht gelöst ist und sich so schnell auch keine Lösung abzeichnen wird. Wie es im Kosovo weitergehen soll, weiß eigentlich niemand. Schon 1991/92 schien die Lage im Kosovo höchst explosiv, nachdem eine massive Unterdrückungspolitik betrieben, die Intelligenz aus dem Land vertrieben, die Lehrpläne an den Schulen radikal umgestaltet und den Lehrkräften verboten wurde, albanisch zu unterrichten. Da es im Kosovo nicht einmal eigene Militärstreitkräfte gab (Im Gegensatz dazu verfügte zum Beispiel Slowenien über eigene Milizkräfte, die sich gegen die serbische Armee zur Wehr setzen konnten, was wiederum den Eindruck stärkte, daß der Angriff auf Slowenien der zündende Funke war), wurde der Einmarsch serbischer Verbände im Kosovo auch in der Weltöffentlichkeit nicht als Okkupation empfunden. Nachdem die Belgrader Führung bereits 1990 Regierung und Parlament des Kosovo ausgeschaltet und durch serbische Republikorgane ersetzt hat, konnten die Parlaments- und Präsidentenwahlen nur im Untergrund abgehalten werden. Aus diesen Wahlen am 24. Mai 1992 ging Ibrahim Rugova als eindeutiger Sieger hervor. Der Präsident des Kosovo kann zwar nur inoffiziell agieren, wirkte aber immer sehr besänftigend auf die gesamte Situation ein, auch weil ihm aufgrund der Ereignisse in Kroatien, vor allem in Bosnien-Herzegowina, bewußt war, wohin ein offen ausbrechender Konflikt führen und welche furchtbaren Folgen er mit sich bringen kann. Es ist das Verdienst der kosovo-albanischen Führung, daß sich die Bevölkerung auf einen passiven, gewaltfreien Widerstand gegen die serbische Herrschaft beschränkt hat und sich durch den parallelen Aufbau eines beachtlich entwickelten Schul-, Gesundheits und Sozialsystems trotz aller Bedrängnis auf Zukunftsperspektiven konzentriert hat. 1991 auf der ersten Friedenskonferenz für das ehemaligen Jugoslawien wurden Bedingungen für die Anerkennung der Nachfolgestaaten der jugoslawischen Föderation aufgestellt. Diese wurden schon damals von Slowenien, Kroatien, Bosnien-Herzegowina und Mazedonien akzeptiert, nur nicht von Serbien. Zu diesen Bedingungen zählt auch der Schutz der Kosovo-Albaner, den man unverändert einfordern muß. Das darf die internationale Staatengemeinschaft nicht vergessen. Eine gewaltfreie, dauerhafte

Lösung – die Kosovo-Albaner streben eine Art von internationalem Protektoratstatus an – bleibt der Schlüssel beziehungsweise Schlußstein für eine angestrebte globale Befriedigung des Krisenherds am Balkan."

Seitdem das Dayton-Abkommen in Kraft ist, herrscht relative Ruhe am Balkan. Slowenien hat sich am stärksten konsolidiert und ist – würden auch gewisse innenpolitische Kräfte in Italien einlenken und ihre nationalistischen Gedankengänge endgültig schubladieren – ein echter Kandidat für die nächste Garnitur von EU-Beitrittskandidaten. In den anderen Staaten, vor allem in Bosnien-Herzegowina, gibt es ständig Sorge, daß das Friedensgerüst sehr schnell wieder brüchig werden könnte, in der Bundesrepublik Jugoslawien steht nicht nur die Lösung der großen Minderheitsfragen noch immer an, vor allem muß zunächst ein Weg gefunden werden, daß es zur Ablöse des Milosevic-Regimes, zu freien, geheimen, demokratischen Wahlen auf Bundesebene kommt. Wie sieht das Wunschdenken, was die nächste Zukunft betrifft, aus?

„Es gibt mehrere Alternativen. Die wahrscheinlichste dürfte sein, daß, solange UNO-Truppen dort bleiben, sich die NATO engagiert, es doch zu einer substantiellen Festigung des Waffenstillstandes kommt, vielleicht sogar zu einer tatsächlichen dauerhaften Friedenssituation. Dazwischen wird es aber immer wieder Krisenfälle, Rückschläge, Scharmützel geben. Wenn diese Lage aber mehrere Jahre durchgehalten wird, dann kann man schon damit rechnen, daß es zu einer echten Befriedigung kommt.

Sicher hängt sehr viel von der weiteren Entwicklung im sogenannten Rest-Jugoslawien, der neuen Bundesrepublik Jugoslawien ab. Die Aufbauarbeit wird noch eine lange Zeit brauchen. Die Frage wird sein, wann es zu einer Stabilisierung, zu wirtschaftlichen und gesellschaftlichen Reformen im Sinne einer sozialen Marktwirtschaft und einer parlamentarischen Demokratie kommen wird. Unterstützung und Stärkung aus dem Ausland brauchen dabei die wirtschaftlichen Strukturen ebenso wie die demokratischen politischen Kräfte. Belgrad muß auch darauf achten und daher die notwendigen Schritte setzen, damit die Minderheitenprobleme in der Vojvodina und im Kosovo nicht explodieren."

Die österreichische Balkanpolitik der letzten Jahre trägt die Handschrift von Alois Mock. Was waren die Beweggründe für diese aktive Position?

„Vielleicht habe ich etwas und schärfer als andere Politiker das Wort erhoben, weil man als unmittelbarer Nachbar die Dinge zum Teil etwas klarer sieht. Darüber hinaus haben einzelne Politiker in dieser Region sehr enge Kontakte und Beziehungen herausgebildet, die natürlich auch einen hohen emotionalen Charakter hatten, die mir aber die Chance gaben, die Sorgen und Nöte der betroffenen Menschen besonders unmittelbar kennenzulernen. Maßgeblich für mich war, daß die Situation in Ex-Jugoslawien einen Gefahrenherd für Österreich unmittelbar darstellte. Es erfolgte darüber hinaus eine eindeutige, nicht hinzunehmende Mißachtung der Menschenrechte, der Bestimmungen des Europarates und der Vereinten Nationen. Was sind denn diese Dokumente überhaupt noch wert, wenn diese so negiert werden, wie dies im Zuge der Balkankrise in den letzten fünf Jahren geschehen ist? Und weil so viele geschwiegen haben, die Realität nicht wirklich zur Kenntnis nehmen wollten, habe ich mir gedacht, daß es meine Aufgabe und Verpflichtung ist, stärker als andere das Wort zu erheben, um wachzurütteln, eine Phalanx des Verniedlichens, Ignorierens und Negierens zu durchbrechen."

In Zusammenhang mit der völkerrechtlichen Anerkennung Sloweniens und Kroatiens wurde österreichischerseits auf eine rasche Vorgangsweise gedrängt, um eine Internationalisierung des Konflikts und damit Aktivierung der Vereinten Nationen zu erreichen. Diese Strategie ging durch die Verzögerung der Anerkennung nicht auf, wobei es auch in Österreich nicht unbedingt eine einheitliche Auffassung in den Regierungsparteien gab. Nicht zum erstenmal wurden Auffassungsunterschiede zwischen dem ÖVP-Außenminister und SPÖ-Regierungsmitgliedern sichtbar.

„Daß der Bundeskanzler nicht immer mit der Linie des Vizekanzlers und Außenministers einverstanden war, verhaltene Kritik auch in der Öffentlichkeit übte, war keine Eifersucht wegen der medialen Aufmerksamkeit, die der ÖVP und derem Spitzenrepräsentanten zukam, sondern war eine Grundhaltung. Offensichtlich war der SPÖ-Vorsitzender eher der Meinung, man müsse sich aus dem Konflikt heraushalten, das ginge uns nichts an, man könne sich nur die Finger verbrennen. Sicher kommt auch hinzu, daß für die Sozialisten noch immer lange Zeit ein gewisses Naheverhältnis zum marxistischen Regime in Belgrad bestand. Diese Haltung war in den letzten Jahren nicht zum ersten Mal zu registrieren. Wir haben sie auch zum Beispiel im Fall von Polen miterlebt. Als die katholische unabhängige Gewerkschaftsbewegung ‚Solidarität' entstand, haben die österreichischen Sozialisten sogar am Engagement ihrer christgewerkschaftlichen Kollegen für Walesa & Co. Kritik geübt und der kommunistischen Staatsgewerkschaft noch lange die Stange gehalten. Und als die Symbolfigur des polnischen Freiheitskampfes, Lech Walesa, dem eine entscheidende Rolle beim gesamten Auflösungsprozeß des kommunistischen Systems in Osteuropa zukommt, seinen Platz als Staatspräsident einem Ex-Kommunisten und Neo-Sozialisten räumen mußte, kam offener Applaus von SPÖ-Seite. Die Kommunisten sind für viele Sozialisten verirrte Brüder gewesen, die man bekehren und für die man Verständnis haben muß, weil es eine gemeinsame ideologische Quelle gibt. Das hat auch auf österreichischer Seite bei der SPÖ mitgespielt und dazu geführt, daß der Bundeskanzler und seine außenpolitischen Berater immer wieder auf der Bremse gestanden sind, wodurch in der Öffentlichkeit der Eindruck einer gewissen Uneinigkeit in der Regierung entstand.

Es hat in dieser Frage immer wieder Auseinandersetzungen mit dem Bundeskanzler gegeben, der auf seinen Führungsanspruch pochte. Nur ich habe meine Politik immer nach dem Selbstverständnis ausgerichtet, daß ich primär dem Parlament verantwortlich bin. Aber ich habe immer die Minister und den Bundeskanzler von meinen Entscheidungen rechtzeitig informiert und diese nicht über Medien ausrichten lassen. Es hat in der Frage der Anerkennung der jugoslawischen Nachfolgestaaten einige Auseinandersetzungen gegeben, weil der Bundeskanzler die Anerkennung nicht aussprechen wollte, obwohl schon einstimmige Beschlüsse der Landtage in diese Richtung vorlagen. Letztlich – und das zeichnet unsere politische Kultur aus – hat man aber doch zu einem Konsens gefunden.

Nur, das kann man nie genug betonen, wenn es um die eklatante Verletzung der Grund- und Freiheitsrechte gibt, darf es keine Vorsicht, keine Rücksicht, keine Neutralität, kein Aufschieben, kein Verdrängen, sondern nur entschlossenes Handeln geben. Man kann nicht bei jeder Gelegenheit, vor allem wenn man sich in einem geschützten Bereich bewegt, groß von Menschenrechten, von der Demokratie reden und dann, wenn es brenzlig wird, wenn es darum geht etwas zu riskieren, um die Demokratie in einem Nachbarland zu schützen, vorsichtig und ängstlich werden. Das ist keine glaubwürdige Politik."

Vor allem in den 80er Jahren hat in der österreichischen Öffentlichkeit eine Image-Demontage des Bundesheeres, ein Zweifel an der Notwendigkeit einer funktionierenden Landesverteidigung Platz gegriffen. Dieses Denken hat auch vor ÖVP-Reihen nicht halt gemacht, wie etwa die Auseinandersetzung um die Stationierung der Draken-Abfangjäger in der Steiermark bewies. Seit dem Jugoslawien-Konflikt gibt es in bezug auf die Landesverteidigung doch eine etwas andere, positivere Wertigkeit.

„Die Jugoslawien-Krise hat insgesamt zu einem gewissen Umdenken in Landesverteidigungsfragen geführt. Erkannte man doch plötzlich, daß es keine Insel der Seligen auf alle Ewigkeit gibt und daß sehr schnell in unmittelbarer Nachbarschaft ein Konflikt aufbrechen kann. In dieser Situation hilft es nicht, wenn man die weiße Fahne hißt und nach Hilfe von dritter Seite ruft. Da hilft nur eines, nämlich eine intakte und funktionierende Verteidigung aus eigener Kraft. Daran sollte man auch in Friedenszeiten denken, wenn besonders oft und gern über die Sinnhaftigkeit eines Bundesheeres diskutiert wird. In einer ernsten Situation fallen sehr schnell die Spielereien weg, zeigt sich, was wirklich Substanz hat. Als die serbischen Panzer in Ober-Radkersburg, zehn Meter von der österreichischen Grenze entfernt, auffuhren, sind sogleich aus der Steiermark besorgte Anrufe gekommen, doch bitte sofort die Draken nach Graz, mehr Truppen an die Grenzen zu verlegen."

Einer der entscheidenden Faktoren, warum es so lange gedauert hat, bis der Aggression Einhalt geboten, das Kriegführen beendet werden konnte, war die Uneinigkeit innerhalb der EU, im westlichen Lager schlechthin. Wie stellt sich heute dieses Meinungsspektrum für einen Politiker dar, der mitten drin im Vermittlungsgeschehen stand?

„Im Westen gab es zu Beginn auch falsche Hoffnungen, nämlich in der Richtung, daß man dachte, wenn erst einmal Slowenien Ruhe und Ordnung im eigenen Haus schafft und sich die serbische Armee zurückziehen muß, dann werde von selbst in allen übrigen Landesteilen Ruhe und Ordnung einkehren, dann werden auch gewisse Scharfmacher auf serbischer Seite beigeben. Eine Fehlmeinung, die nur die agierende serbische Politik-Spitze veranlaßte, einen Gang zuzulegen. Es war ein gravierender Fehler, daß die internationalen Vermittler zu Beginn - und das lange Zeit - eine militärische Option ausschlossen, wodurch sie das einzige Druckmittel, nämlich der glaubhaften Androhung von Zwangsmaßnahmen im Einklang mit der UN-Charta, aus der Hand gaben. Selbst in Ländern wie Großbritannien und Frankreich, in denen stets ein besonderes Entgegenkommen gegenüber Belgrad zu verzeichnen war, wird heute zugegeben, daß ein militärisches Eingreifen zu Beginn, etwa zum Zeitpunkt der Bombardierung von Dubrovnik und Vukovar durchaus möglich gewesen wäre und wahrscheinlich die nötige Wirkung bei den serbischen Angreifern gezeigt hätte.
Schon rasch nach Beginn der Jugoslawien-Krise kristallisierte sich eine Reihe von Politikern heraus, die eine sehr ähnliche Meinung vertraten, wodurch ein gemeinsames Vorgehen ermöglicht wurde. Solidarität fand ich vor allem beim deutschen Bundeskanzler Helmut Kohl, dem langjährigen Außenminister Genscher, dessen Nachfolger Kinkel, dem holländischen Außenminister van den Broek, dem französischen Außenminister Dumas, dem ungarischen Außenminister Jeszensky.
Die Briten waren zum Teil engagiert. Lord Carrington war sogar der erste Vorsitzende einer Kommission zur Lösung des Konfliktes, der für die bedrohte Seite Partei ergriff. Es zeigte sich allerdings auch, daß Großbritannien mitunter einem Inseldenken anhängt. So mancher dachte sich, das ist ein Krisenfall im südöstlichen Eck von Europa, den sollen sich die Kontinentaleuropäer selbst lösen. Mit der Dauer des Konflikts nahm freilich diese beschriebene Tendenz ab.

Die Amerikaner waren zunächst der Meinung, das sei ein europäischer Konflikt, den sollen sich die Europäer, die ja auch sonst sehr großspurig auftreten und sogar kritisieren, wenn die USA glauben, Weltpolizei spielen zu müssen, selbst lösen. Die amerikanische Regierung hat sicher ein zeitlang zu sehr gewartet, wie vor allem die Regierung in London zu möglichen Maßnahmen gegen das serbische Vorgehen steht. Weil London zögerte oder mit Paris nicht gerade konform ging, hielten sich auch die USA zurück, kam es zu keinen Entscheidungen.
Europa ist wirtschaftlich und kulturell eine Weltmacht, politisch und militärisch wird es noch eine Weile dauern. Es ist daher auch bezeichnend, daß erst durch das Engagement der Amerikaner die Balkan-Krise in den Griff gebracht wurde. Das Fehlen einer europäischen Außen- und Sicherheitspolitik machte sich eben bemerkbar. Dafür gab es noch eine Reihe von Informationsmängeln auf europäischer Ebene. So waren viele erstaunt, zu erfahren, daß die Slowenen etwa ein eigenes Volk sind, in Laibach und Belgrad eine unterschiedliche Sprache gesprochen wird. Nachdem bereits die Europäer vieles über den Balkan, seine Völker, seine Kultur nicht gewußt haben, kann man dies schon gar nicht von den weiter weg lebenden Amerikanern verlangen, die den Balkan-Konflikt anfänglich als nicht so gravierend eingeschätzt hatten.
Die Italiener haben ihre Meinung sehr oft gewechselt. Zu bestimmten Zeitpunkten haben sie sich sehr der Slowenen angenommen, dann erinnerte man sich, daß es italienische Gebietsansprüche gegen Slowenien gegeben hat und hin und wieder war man sogar der Meinung, daß Jugoslawien besser erhalten bleiben soll. Die innere Unruhe, die damals, als der Krieg in Jugoslawien begann, die italienische Innenpolitik beherrschte, hat sich auch auf die Balkan-Politik niedergeschlagen.
Bei den Deutschen und Österreichern hat es sehr viele Sympathien für das Unabhängigkeitsstreben der Slowenen, Kroaten und Bosniaken gegeben. Man verstand eigentlich nicht, warum Serbien alten Vorstellungen nachhängt. Die stärksten Sympathien für Kroatien und Bosnien, den größten Unmut gegen die Menschenrechtsverletzungen an der dort lebenden Bevölkerung hat es unter der französischen Intelligenz gegeben."

Bedingt durch die Tatsache, daß auf dem Gebiet des ehemaligen Jugoslawien nicht nur verschiedene Nationen leben, sondern auch drei Religionen wirken, wurde oft den Auseinandersetzungen unterstellt, ein verdeckter Religionskrieg zu sein.

„Es war überhaupt kein Konfessionskrieg. Daß in Slowenien und Kroatien Katholiken, in Serbien orthodoxe Christen, in Bosnien Muslime für ihre Sache kämpften, hat eigentlich nie wirklich eine wichtige Dimension erreicht. Diese wurde nur aufgrund des Umstandes angedichtet, weil einerseits die Hauptleidtragenden Angehörige der islamischen Religion waren, andererseits sich die bosnischen Serbenführer ostentativ mit serbisch-orthodoxen Geistlichen umgaben und ihren Kampf als eine Art christlichen Kreuzzug darstellten. In meinen intensiven Kontakten zur Türkei, zum Iran, die vor allem benützt wurden, um zu informieren, um informiert zu werden und um bei humanitären Aktionen zusammenzuarbeiten, konnte ich eines erfahren: Die beiden genannten Staaten haben sich sicher mehr engagiert als in der Öffentlichkeit bekannt ist, das Engagement hatte allerdings nie den Charakter eines Religionskrieges. Es war vor allem ein humanitärer Einsatz und dazu gehörte auch das Angebot der Türkei, Peace-Performing-Truppen zu stellen. Eines möchte ich aber noch betonen: Gerechtigkeitssinn wie politische Weisheit sollten es nahelegen, daß den Bosniaken, denen großes Leid und Unrecht geschehen ist, Wiedergutmachung widerfährt. Langfristig könnte auf diese Weise auch am wirksamsten dem Entstehen eines islamischen Fundamentalismus in Europa vorgebeugt werden, das durch die Entfremdung eines dezimierten und verzweifelten Volkes geradezu herausgefordert würde."

Die Kritik an der Handlungsfähigkeit der internationalen Organisationen, vor allem der UNO, zieht sich wie ein roter Faden durch die jüngste Geschichte und ist damit Wasser auf die Mühlen jener, die den Vereinten Nationen ohnedies bereits vorwerfen, ineffizient zu sein, Konferenztourismus zu betreiben, anstatt Lösungskompetenz zu beweisen.

„Es hat sich ohne Zweifel gezeigt, daß die Vereinten Nationen derzeit leider nicht in der Lage sind, mit einem so großen Konflikt fertig zu werden. Die UNO war einfach die letzten Jahre zu sehr hochgelobt worden. Wo liegt das eigentliche Problem? Letztlich waren die im Sicherheitsrat vertretenen Länder nicht in der Lage, ein Konzept zur Konfliktbereinigung vorzulegen. Die UNO ist aber nur so stark, als sie letztlich von den ständigen im Sicherheitsrat vertretenen Ländern gemacht wird. Das heißt, der Vorwurf der Ineffizienz richtet sich nicht an die UNO an sich, sondern an die ihr zur Verfügung stehenden Instrumentarien, an die Inkonsequenz der ständigen Sicherheitsratsmitglieder, an die Überschätzung der Durchschlagskraft der Institution. Österreich war seit 1956 immer sehr aktiv in den Vereinten Nationen tätig, weil wir aus der eigenen jüngeren Geschichte nur zu gut wissen, daß es Situationen im Leben eines Staates, eines Volkes geben kann, wo es auf die Hilfe von außen angewiesen sein kann. Wenn es um Menschenrechtsfragen, um Peace-keeping-Aktionen ging, standen wir in der ersten Reihe jener, die anpackten. So haben wir uns bereits 1962 am Kongo-Einsatz der UNO beteiligt. In jener Zeit, da Österreich Mitglied des Sicherheitsrates war, wurde von mir unser Engagement in diesen Fragen, auch in Zusammenhang mit dem Balkan-Konflikt, sehr geschürt. Apropos Ineffizienz der UNO: Wäre ich mit jedem Problem in den Ministerrat gegangen, hätten viele Vorstöße viel länger gebraucht."

Ohne Zweifel, dort wo Österreich die Möglichkeit gegeben wurde, Akzente zu setzen, wurden diese auch gesetzt. Die Menschenrechtskonferenz in Wien hat zum Beispiel sichtbar gemacht, in welchem Ausmaß in Ex-Jugoslawien Menschenrechtsverletzungen begangen werden, ja Völkermord stattfindet. Der großartigen theoretischen Abhandlung auf der einen, steht auf der anderen Seite gegenüber, daß es an der Umsetzung in Praxis mangelte.

„Das gehört zur Entwicklung der internationalen Beziehungen ganz allgemein. Der Aufbau eines Rechtssystems der Weltkultur, die auch auf Aggression reagiert, ist ein langfristiger Prozeß, wo es immer wieder Fortschritte, aber auch Rückschläge zu registrieren gilt. Vor 200 Jahren hätte sich überhaupt noch niemand dafür interessiert, weil wegen Gebietsstreitigkeit in einem Dorf von Bosnien 100 Leute umgebracht wor-

den wären. Heute ergäbe ein solcher Akt, allein aufgrund der Omnipräsenz der Medien, ein gewaltiges Echo. Und trotzdem hat es lange Zeit auf die Gewalt keine wirksamen Gegenmaßnahmen gegeben.
Vor dem Lauf der Geschichte muß man fairerweise aber auch festhalten, daß zur Zeit des Völkerbundes noch überhaupt nichts passiert wäre. Bei der UNO ist es mittlerweile zur Entsendung der UNPROFOR gekommen. Die UNO ist sicher mit vielen Fragen nicht fertig geworden, hat aber gleichzeitig Tausenden Menschen das Leben gerettet. Es gibt einen Fortschritt, er ist nur kleiner als wird, uns dies wünschen. Wo die Ursachen liegen? Der Sicherheitsrat hat zwar immer wieder mit Konsequenzen gedroht, genau dann aber, wenn es darauf angekommen wäre, nichts unternommen, um sich durchzusetzen. Die Bremser waren im Grunde alle westlichen Länder im Sicherheitsrat. Am Anfang waren sie zu wenig interessiert, dann zögerten sie mit dem Einsatz der ihnen zur Verfügung stehenden Mittel, und erst als die Katastrophe eingetreten war, wurden viele wachgerüttelt."

Im Arbeitszimmer von Alois Mock fallen zwei „Dekorationsstücke" besonders auf, sie haben Symbolwert für seine Politik und sein politisches Selbstverständnis: Die EU-Fahne und die Ehrendoktor-Urkunde der bosnischen Universität in Sarajewo. Mock hat seine Politik nicht vom Schreibtisch des Außenministers gestaltet, er war auch selbst immer vor Ort. Welche Ereignisse haben eigentlich ihn besonders berührt?

„Zunächst hat mich das Versagen des Westens, Slowenien und Kroatien rasch anzuerkennen, nachdem sich das Volk in einer demokratischen Wahl für die Unabhängigkeit entschieden und daher von der Jugoslawischen Volksarmee angegriffen wurde, betroffen gemacht. Beeindruckend waren für mich der erste Besuch in Zagreb und die spontane, herzergreifende Reaktion der Bevölkerung, mit dem sie auf die Unterstützung Österreichs reagierten. Schrecklich waren die Augenzeugenberichte von Massenhinrichtungen, Massenvergewaltigungen und das Auffinden von Massengräbern. Für mich bleibt es unverständlich, daß man solange auf der internationalen politischen Ebene gebraucht hat, um darauf zu reagieren."

Zurückkommend auf das eingangs zitierte Sprichwort der österreichischen Schriftstellerin Ingeborg Bachmann, stellt sich natürlich die Frage: Welche Lehren sollen wir Österreicher jetzt aus diesen furchtbaren Ereignissen der letzten Jahre in unserer unmittelbaren Umgebung ziehen?

> „Die gesamte politische Entwicklung, die in Zusammenhang mit dem Zerfall Jugoslawiens stand, hat gezeigt, daß mit Resolutionen und Deklarationen zur Unverletzbarkeit von Grenzen, etc. allein nichts zu holen und nichts zu schützen ist. Österreich muß sich daher auch die Frage stellen, suchen wir die Sicherheit allein mit unseren eigenen, bescheidenen Mitteln, oder suchen wir die Sicherheit für uns im europäischen Verband. Jedem Realisten sollte eigentlich klar sein, auf welchem Weg wir stärker sind. Als erstes sollten wir daher alle Möglichkeiten der NATO-Partnerschaft für den Frieden, wo wir jetzt schon Mitglied sind, und den Beobachterstatus bei der WEU ausnützen. Wenn wir diesen Weg konsequent weitergehen, dann wird die Mitgliedschaft bei der WEU kommen, und dann wird sich sehr rasch herausstellen, ob wir auch NATO-Mitglied werden, wobei bereits im Zuge der Osterweiterung der NATO die Sicherheitspolitik Österreichs neu definiert werden muß.
> Jugoslawien ist ein Lehrbeispiel dafür, was internationale Organisationen wie die UNO oder die OSZE können und was nicht. Man darf nicht in die Illusion verfallen, daß das internationale Recht in der Lage ist, Konflikte zu lösen. Offenbar bedarf es noch immer auch des „internationalen Polizisten", in diesem Falle der NATO mit US-Beistand, um Aggressionen einzudämmen, Frieden herzustellen. Es hat sich leider gezeigt, daß Menschenrechte nur gegen jene durchgesetzt werden können, die auch besiegt worden sind. Solange jemand nicht besiegt ist, bestehen keine wirklichen Zugriffsmöglichkeiten und erscheint der Übeltäter weiter im Smoking auf Empfängen am internationalen Parkett und wird dort auch noch hofiert.
> Für Österreich ist die Lehre daraus zu ziehen, daß hoffentlich unsere wirklich sehr bescheidenen Aufwendungen für die Landesverteidigung nie ernsthaft getestet werden. Ich bin daher sehr froh, daß wir Mitglied der EU sind, weil dies trotz aller derzeitigen Schwächen, dem Fehlen einer gemeinsamen Außen- und Sicherheitspolitik, langfristig für uns aber doch mehr Sicherheit in unserem Europa bedeutet."

Albanien und der Balkan-Virus

Die Ereignisse, die Albanien zu Jahresbeginn 1997 zu erschüttern begannen, machten sehr rasch bewußt, daß die Balkan-Region ein latentes Krisengebiet ist. Und sie warnen uns vor der Illusion, zu glauben, daß der „Fall Jugoslawien" ein abgeschlossenes Kapitel ist und nicht an einem anderen Teil neu aufbrechen könnte Haben wir es mit einem „Balkan-Virus", mit Unruhestiftern oder einem grundsätzlichen Problem zu tun? Dazu Mock :

> „Auch die Vorgänge in Albanien legen Zeugnis für die noch immer vorhandene geringe Belastungsfähigkeit jener Staaten in Osteuropa und am Balkan ab, die die Zwangsjacke kommunistischer Einparteien-Regime abgeworfen haben und sich nun auf dem schwierigen Weg zu einer Mehrparteiendemokratie und zur sozialen Marktwirtschaft befinden. Der historische Hintergrund macht diesen Weg noch schwieriger. Im Gegensatz dazu steht etwa die tschechische Republik, die den Übergang von der KP-Herrschaft zu einer funktionierenden Demokratie sehr gut geschafft hat, wobei der geschichtliche Hintergrund sicher eine große Rolle spielte. Tschechien war schon in der Zeit der österreichisch-ungarischen Monarchie ein im Vergleich zu anderen Ländern stark entwickeltes Industrieland. 1938 war das Pro-Kopf-Einkommen in Tschechien doppelt so hoch wie in Österreich. 1989, nach dem Ende des Kommunismus, lag dafür Österreich um ein Mehrfaches vor seinem nördlichen Nachbarn, was gleichfalls ein Beleg für die katastrophalen Folgen der kommunistischen Ideologie ist. Tschechien konnte allerdings durch eine sehr konsequente parlamentarisch-demokratische und marktwirtschaftlich orientierte Politik diese Diskrepanz in den letzten sieben Jahren wieder verringern."

Was ist nun das Besondere am anderen geschichtlichen Hintergrund?
Albanien nahm zunächst eine ähnliche Entwicklung wie die angrenzenden Balkanländer. Es stand allerdings bis zu Beginn des 20. Jahrhunderts unter osmanischem Einfluß. 1878 war eine eigene Nationalbewegung

entstanden. Die Türkenherrschaft im Land wurde schließlich durch ein stark feudal geprägtes System abgelöst. 1939 wird das Land von Italien besetzt. Nach dem Ende des Zweiten Weltkriegs konstituiert sich am 5. Jänner 1946 eine kommunistische Volksfrontregierung unter Enver Hoxha. Unter dessen Herrschaft entwickelte sich die radikalste Form eines kommunistisch geführten Landes. 1956 beginnt sich Tirana von Moskau abzusetzen, um 1961 die Beziehungen vollends abzubrechen, weil die albanischen Genossen der Meinung sind, daß in der UdSSR die Lehre des Marxismus-Leninismus nicht konsequent umgesetzt wird. Albanien wird zum europäischen Vorposten der Volksrepublk China. Schließlich distanziert es sich aber auch vom chinesischen KP-Kurs.

Albanien ist das letzte europäische Land, das vom Zusammenbruch des Kommunismus erfaßt wird. Es tritt auch als letztes Land in Europa der KSZE bei. Bei den Parlamentswahlen im Frühjahr 1991 erringt die Nachfolgepartei der Kommunisten aufgrund ihrer Verankerung unter der ländlichen Bevölkerung die Mehrheit. In den Städten gewinnt allerdings die Opposition, deren Parteiführer, Sali Berisha, neuer Präsident (nach Ramiz Alia) wird. Er ist, wie überraschend viele Politiker Albaniens, von Beruf Arzt. Der Grund dafür liegt darin, daß das Arztstudium in der KP-Zeit das einzige Studium war, bei dem man nicht gleichzeitig aktives Parteimitglied sein mußte, da sich die Nomenklatura nicht nur von geeichten Parteigenossen, sondern vor allem von guten Medizinern behandeln lassen wollte. Berisha gehört zu jenen Politikern Albaniens, die die Demokratie zu etablieren beginnen. Mit allen Mängeln. Er steht jetzt im Mittelpunkt der Kritik, nachdem das Land im Chaos zu versinken droht. Ein Chaos, das unter anderem ausbricht, nachdem Hunderttausende Bürger ihr mühsam erspartes Geld bei dubiosen Geldanlagefirmen verloren haben. Mock warnt davor, die Ereignisse in Albanien zu simplifizieren und zu glauben, daß man nur einen Schuldigen finden muß, um sofort wieder zur Tagesordnung übergehen zu können:

> „Diese Ereignisse sind ein weiterer Beweis dafür, daß auch das Bekenntnis zu einer Mehrparteiendemokratie und zu einem marktwirtschaftlichen System noch keine Garantie für eine gesicherte Entwick-

lung eines Landes ist. Nach vielen Jahren kommunistischer Indoktrination glauben die Menschen, daß allein mit dem Macht- und Systemwechsel auch der Übergang zu einer besseren Zeit verbunden ist. Man übersieht dabei nur allzu leicht das belastende Erbe in den ehemaligen KP-Staaten. Dazu kommt über Jahrzehnte die Absenz jeglicher demokratischen Praxis, ja sogar des Wissens über grundlegende demokratische Spielregeln. Die wirtschaftlichen und sozialen Strukturen waren total zerrüttet. In Albanien müssen wir auch noch einen Zerfall der staatlichen Verwaltung, der Exekutive feststellen. Ohne daß man wieder Sicherheit im Land schafft, wird es nicht möglich sein, einen Wiederaufbau zu betreiben. Europa darf hier mit der Hilfe nicht zögern. Albanien ist einmal mehr ein Alarmsignal, die Situation am Balkan nicht zu bagatellisieren. Außer in Slowenien und vielleicht noch Kroatien findet sich in keinem Staat des ehemaligen Jugoslawien eine im westlichen Sinn gefestigte demokratische Kultur. In Zentral-Ost-Europa gibt es noch mehrere Krisenherde. Trotz der Erfolge der Opposition steht der Übergang zu einem demokratischen System noch in Rumänien, Bulgarien und der Bundesrepublik Jugoslawien an, wobei es in Rumänien und Bulgarien auch noch besondere wirtschaftliche und soziale Belastungen zu überwinden gilt."

Lokalaugenschein

Eine zeitlang waren die kriegerischen Geschehnisse in Ex-Jugoslawien fast so etwas wie „Reality TV". Fast täglich war man in den TV-Nachrichtensendungen live dabei, wie Wohnhäuser zusammengebombt, Tausende Menschen aus ihren Dörfern vertrieben wurden, MP-Schützen aus dem Hinterhalt Jagd auf wehrlose Passanten machten, Ärzte und Schwestern im Granatenfeuer schwer verwundete Soldaten und Zivilisten notdürftig zu versorgen suchten, invalide Kinder mit hilflosen, treuherzigen Augen in die Kamera blickten.

Ergriffen waren zunächst nur viele (nicht alle) Zuseher. Viele von ihnen versuchten wenigstens mit Hilfspaketen Not zu lindern. Nicht einmal hörte man aber auch abfällige Bemerkungen über die „Tschuschn" am Balkan, die sich ruhig „selbst den Schädel einschlagen sollen". Gedankengänge, auf die man nicht nur unter einfachen Bürgern, sondern auch in der hohen Politik stieß. Sogar in gut informierten Regierungsetagen und in den internationalen Organisationen herrschte lange Zeit Gleichgültigkeit.

Als schließlich ein- und durchgegriffen wurde, war es schon „fünf vor zwölf", jedenfalls für das Überleben des bosnischen Staates, der bosnischen Bevölkerung, für die Glaubwürdigkeit sogenannter friedenserhaltender Institutionen.

Seit dem Waffenstillstand im Herbst 1995 und erst recht seit dem Abkommen von Dayton ist es relativ ruhig geworden. Hin und wieder dringen noch Meldungen durch, daß es zu Auseinandersetzung in einem Dorf gekommen ist, weil bosnische Muslime in ihre Häuser zurückkehren wollten, was die Nachbarn oder gar Neuansiedler, nämlich bosnische Serben, mit Waffengewalt zu verhindern trachten. Die Ereignisse am Balkan sind aber längst aus den Schlagzeilen gedrängt worden, berichtet wird nur noch über Wahlgänge, der Alltag ist schon zu wenig „Reality TV", kein Quotenbringer für News-Shows mehr. Auch Zeitungsberichte sind rar geworden. Titel, wie „Im Kosovo herrscht noch eine Art Friedhofsruhe" rütteln die Öffentlichkeit nicht mehr wach. Selbst Feststellungen, wie „im jugoslawischen Raum harren noch eine Reihe von Problemen der Lösung, so die Zurückführung des von aufständischen Serben besetzten Ost-Slawonien in die Republik Kroatien, die Lage der 360.000 Menschen zählenden ungarischen Minderheit in der Vojvodina, jene der 100.000 Moslems im Sandschak und die Lage der Albaner im Kosovo, wo die Repression der Staatsmacht Ausmaße angenommen hat, die eine Explosion des Volkszorns geradezu herausfordern", werden nur noch registriert. So, als ob der Alltag nach dem Abkommen von Dayton dort, wo noch vor einigen Monaten gekämpft, gemordet, vergewaltigt, gebrandschatzt wurde, nicht schlimm genug wäre.

Weil für „Reality TV" der Alltag zu wenig hergibt, sollte man es vielleicht mit „Reality Sightseeing" versuchen.

Es beginnt keine 100 Kilometer südlich von Zagreb, noch auf kroatischem Staatsgebiet. Karlovac ist eine Stadt mit zwei Gesichtern. Auf der einen repräsentiert sie das erstarkende Wirtschaftsleben in Kroatien. Bautätigkeit, wohin man blickt, Geschäftigkeit in den Straßen. Auf der anderen Seite – die Fratze des Krieges. Unzählige Häuser mit zahllosen Einschlägen, viele von ihnen unbewohnt, weil Mauerteile einfach weggeschossen wurden.

In Rakovic, an der Staatsstraße von Zagreb nach Split, die verkehrsmäßig bereits wieder so überlastet ist, daß vom Bau einer Autobahn gesprochen wird, werden wir von zwei gepanzerten und bewaffneten Jeeps der österreichischen IFOR-Truppe erwartet. Nach einer dreistündigen Fahrt durch Slowenien und Kroatien holt einen die Wirklichkeit ein.

Der Vizeleutnant, der von nun an den Konvoi führt, spricht die Situation ohne Umschweife an: „Meine Herren, sie betreten nun Kriegsgebiet. Es herrscht zwar seit einem Jahr ein Waffenstillstand, aber bedenken sie, daß in diesem Land noch zwischen drei und sechs Millionen Minen liegen. Erst 40.000 wurden entfernt. Und an mancher Stelle wurden nicht nur Minen entfernt, sondern nach einer Woche neue gelegt. Verlassen sie daher mit keinem Schritt, wenn wir halten, die Straße.“ Zum Beweis zeigt er eine NATO-Karte, die die Minenfelder aufzeigt. Fast alle Straßenzüge sind übersät von roten Punkten.

Fast täglich gehen Minen hoch. Und trotzdem fahren Bauern mit ihren Traktoren in die Felder, spielen Kinder zwischen den Trümmern. Überall lauert die Gefahr, und dennoch setzt man sich über sie hinweg. Man will offenbar nicht mehr wahrhaben, daß der Krieg noch allgegenwärtig ist.

Bei Izacic wird die Grenze zwischen Kroatien und Bosnien-Herzegowina überschritten. Es ist eine neue Grenze. Neben dem Schlagbaum stehen Container, in denen die Grenzer ihre Büros, die Banken ihre Wechselstuben aufgeschlagen haben. Es herrscht ein relativer reger Grenzverkehr. In der Hauptzahl sind es Autos mit den Kennzeichen HR (Kroatien) und BIH (Bosnien-Herzegowina). Darunter mischen sich aber auch Autos aus anderen westeuropäischen Ländern. Aus D und A kommen offenbar viele Gastarbeiter, um die daheimgebliebenen Familien zu besuchen und mit Gebrauchsgütern des täglichen Bedarfs zu versorgen. Dazu kommen noch die Mitarbeiter der verschiedensten internationalen Organisationen und die ersten Unternehmer, die Wirtschaftskontakte aufnehmen und abschließen wollen. Die Anreise mit dem Auto, zum Beispiel nach Sarajewo, dauert von der österreichischen Grenze gut 12 Stunden. Man kann allerdings auch schon Sarajewo mit „Croatia Airlines“ anfliegen, wobei nur nicht immer sicher ist, ob die Maschine auch wirklich fliegt. Und wenn sie fliegt, dann ist nicht sicher, ob sie landen darf. Sperrt die NATO oder der Wettergott den Flughafen, dann heißt die Zieldestination Split, und das bedeutet zusätzlich zur Flugzeit eine Autoreise von gut sieben Stunden von Sarajewo bis Split oder umgekehrt.

Die Straßen sind auch auf bosnischem Gebiet bereits intakt und überraschend gut instand gesetzt. Das Verkehrsaufkommen läßt, je weiter man von der Grenze ins Landesinnere stößt und je näher die Abenddämmerung rückt, merklich nach. Stark beherrscht wird das Verkehrsbild von den Militärfahrzeugen, von Jeeps bis zu Panzern der diversen IFOR-Verbände. Dazwischen immer wieder Pferdefuhrwerke, die uns fast in die Zwischenkriegszeit, als Autos noch Luxus waren, zurückversetzen.

Der Weg nach Sarajewo führt durch ein landschaftlich schönes Gebiet mit Mittelgebirgscharakter. Man muß nur einen Polyglott-Führer aus den späten 80er Jahren zur Hand nehmen, um beim Lesen in eine Fremdenverkehrsidylle versetzt zu werden: „Jugoslawien gehört zu den wichtigsten Reiseländern Europas. Das hat es in erster Linie seiner Lage am Mittelmeer zu verdanken, denn die jugoslawische Adriaküste zieht wegen ihrer klimatischen Vorzüge und landschaftlichen Schönheiten immer mehr Erholungssuchende an. Aber auch das Innere dieses bunten und interessanten Landes hat dem Touristen viel zu bieten. Reizvolle Alpentäler unter steilen Felswänden, weite, fruchtbare Ebenen an mächtigen Strömen, orientalische Städte mit ihren Minaretten und Basaren und nicht zuletzt zahlreiche Kunstwerke, die wie kaum irgendwo in Europa von einer Überlagerung der verschiedensten Kulturkreise zeugen. Jugoslawien hat viel getan, um den Tourismus zu fördern. Es wurden Hotels gebaut und Campingplätze eingerichtet, neue Straßen aus den Felsen gesprengt und die vorhandenen dem Fremdenverkehr angepaßt."

Kaum fünf Jahre nach der Veröffentlichung dieser Beschreibung in einem Reiseführer, kam es zum Krieg zwischen den Kulturkreisen, wurde von der Spitze der Felswände herab ins Tal geschossen, führte man Feuergefechte in den malerischen Gassen alter Städte, standen die Kunstdenkmäler unter dem Beschuß von Granaten, trieb man auf den Campingplätzen die Gefangenen zusammen, logierten in den Hotels die Kriegsberichterstatter.

Heute sind auf den einstmals für den internationalen Fremdenverkehr ausgebauten Straßen Panzer und Militärfahrzeuge der IFOR-Truppen, Jeeps sonstiger internationaler Organisationen und Beobachter unterwegs. Die derzeitige Hauptroute von Europa in das Herz von Bosnien-Herzegowina, nach Sarajewo, einstmals als romantische Route durch die „wilden Schluchten der balkanischen Gebirgswelt“ gepriesen, trägt heute, zwecks einfacherer Orientierung für die diversen Truppen aus Europa und den USA, Namen wie „Bluebird“, „Gull“, „Diamond“. Und sie führt durch und vorbei an Städten, die nicht nur Geschichte, sondern mittlerweile auch Kriegsgeschichte geschrieben haben, wie Bihac, Bosnaski Petrovac, Zablace, Jajce, Travnik, Kiseljak.

Im Ortskern von Bihac hat sich schon wieder Leben breit gemacht. So manches Geschäft ist geöffnet. Es gibt Gemüse und Obst, Hausrat und Kleidung zu kaufen. Rundherum aber bietet die Stadt ein Bild der Verwüstung, wie man es von Bildern deutscher Städte vom Ende des Zweiten Weltkriegs gewohnt ist. Nichts als Ruinen, die alle das Stigma des Kriegs tragen. 90 Prozent der Bausubstanz von Bihac ist zerstört.

Kilometerlang zieht sich die Straße durch ein dünnbesiedeltes Gebiet. Oder besser gesagt, es war zu Beginn der 90er Jahre dünn besiedelt, jetzt ist es menschenleer. Denn selbst hier, am Land, in der freien Natur, hat der Krieg gewütet. Und wie.

Hier ein Haus, von dem nur noch die Grundmauern stehen und ein rußgeschwärzter Schornstein mahnend in den Himmel ragt. Dort ein Haus, das keine Fenster mehr hat, das Dach liegt zerstört am Boden, daneben ein Ziegelhaufen, aus dem Metallteile ragen. In einiger Entfernung ein Haus mit weggebrochenem Balkon und einem von einem Panzergeschütz zerschossenen Eckzimmer. Gleich daneben eine abgebrannte Scheune. Am Straßenrand, fast alle hundert Meter, ein zerfetztes, ausgebranntes Autowrack. Selten, sehr selten, steht sogar noch ein intaktes Haus mitten in der Landschaft. Es ist aber menschenleer. „Ethnische Vertreibung der Bewohner“, heißt es erklärend.

Und diese Szenerie zieht sich über 30 Kilometer ohne Unterbrechung, sie ist aber letztlich im ganzen Land allgegenwärtig.

Hinter jedem dieser Häuser, dieser Scheunen, dieser Autowracks, die der Krieg als materielle Opfer zurückgelassen hat, stehen Schicksale. Wer aber weiß schon, was mit den Menschen geschehen ist, die hier gewohnt haben, die im Auto gesessen sind? Leben sie noch, wohin wurden sie verjagt, wohin verschlagen?

Bosnien, das ist nicht wie Europa nach dem Zweiten Weltkrieg. Nein, so muß Europa nach dem 30jährigen Krieg ausgesehen haben. Entvölkerte Landstriche, vertriebene Menschen, Wohnungen, die nicht das strategische Ziel von militärischen Kampfhandlungen waren, sondern die einfach geplündert, zerschossen, niedergewalzt wurden. Eine Gegend, die Zeugnis für Brandschatzungen und für einen Krieg ablegt, in dem Menschen gegen Menschen gekämpft haben.

Das Leben geht weiter. Kommt man in die Nähe größerer Ansiedlungen, so verändert sich das Bild etwas. Immer öfter sieht man Häuser, die instandgesetzt wurden, in den schon wieder Leben herrscht, am Abend Licht in den Zimmern angeht. Immer öfter sieht man auch Rohbauten, die erst im letzten Jahr errichtet wurde. Die wiederbelebte, wiedererstehende Wohnlandschaft legt Zeugnis ab für die Menschen, die sich nicht unterkriegen lassen wollen. Vom Dachfirst weht eine Fahne, leider noch nicht die neue bosnische, sondern die alte kroatische. Damit alle wissen, wem der Grund gehört.

Nach wenigen Kilometern passiert man eine von der IFOR streng bewachte Straßensperre. Man verläßt das von Sarajewo regierte bosnische Staatsgebiet und fährt nun durch die von den Serben proklamierte Republika Srpska weiter. Während im rein bosnischen Gebiet die IFOR-Truppen auf eine relative Sympathie stoßen (Viele jener Bürger, die sie als „Besatzungsmacht" empfinden, tun dies auch deshalb, weil sie mit den UNPROFOR-Truppen während der Kriegszeit denkbar schlechte Erfahrungen gemacht haben), bekommt man auf dem Srpksa-Territorium eine weitaus weniger freundliche Haltung der Bevölkerung zu spüren. Und noch etwas fällt auf, die Kriegszerstörungen im serbischen Gebiet sind weit geringer als im Rest von Bosnien.

Noch ehe man Jajce erreicht, betritt man wieder die offizielle Republik Bosnien-Herzegowina. Jajce ist eine Stadt, die in den letzten Jahren mehrmals ihren „Besitzer" gewechselt hat. Hier hat sich übrigens 1943 die kommunistische Einheitspartei unter Josip Broz Tito konstituiert. Ihre Lage an einem mit Wasserfällen gespickten Fluß, umgeben von steil ansteigenden kräftig bewachsenen Bergen, ruft in Erinnerung, daß in Jugoslawien, begünstigt durch die Landschaft, im Zweiten Weltkrieg ein Partisanenkampf geführt wurde.

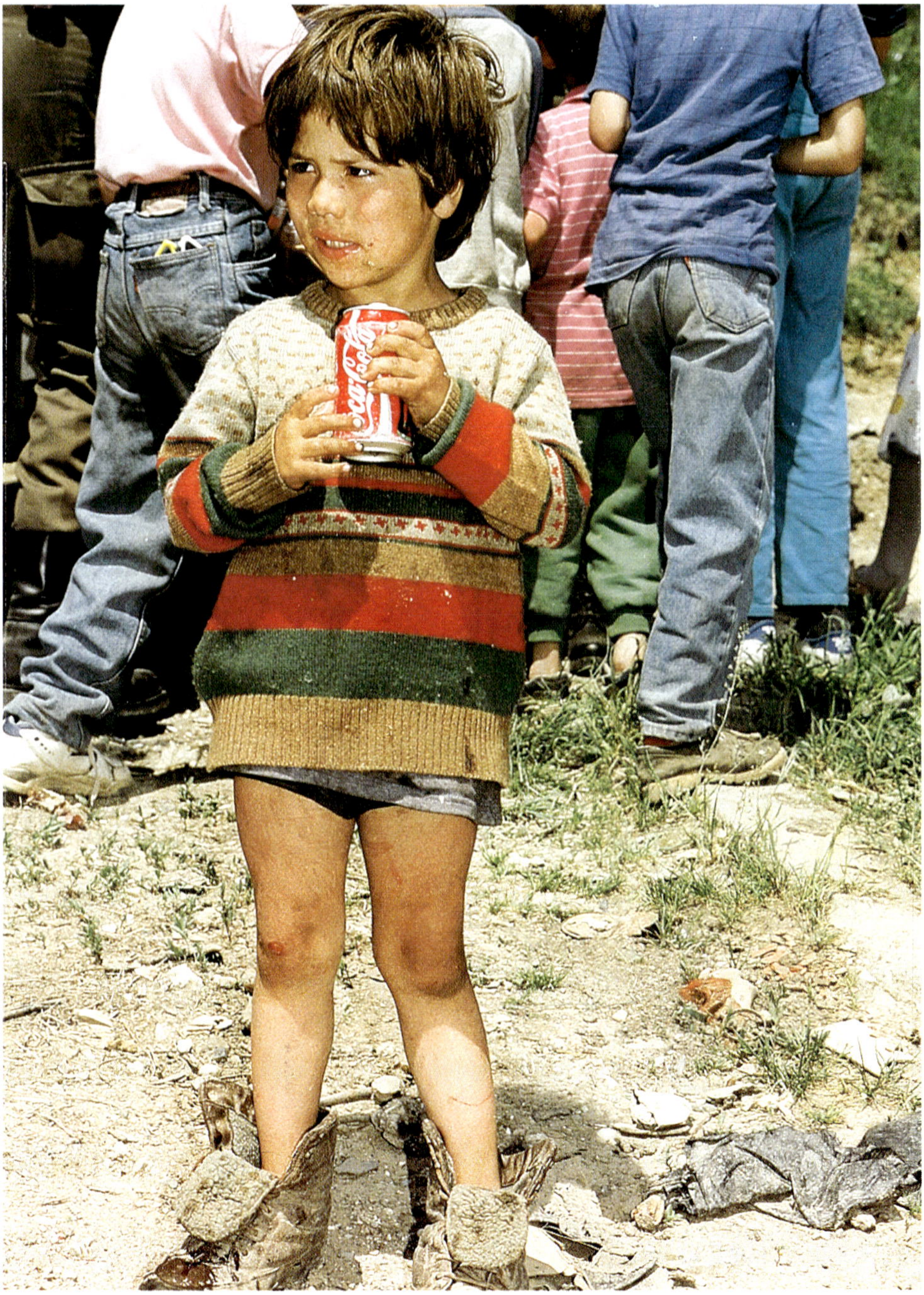

1

Die Kriegsstatistik verzeichnet auch die Kinder, die Opfer der sinnlosen Auseinandersetzung geworden sind: Mehr als 3.000 wurden getötet, mehr als 50.000 wurden verletzt, 10.000 werden vermißt. In den Herzen aller Kinder aber sitzt noch immer die Angst, daß wieder Menschen, die zuvor Freunde, Nachbarn waren, aufeinander schießen könnten, daß Väter nicht heimkehren, Mütter vergewaltigt werden. Den Kindern Hoffnung in die Zukunft, Vertrauen in die Mitmenschen zu geben, auch das wird Aufgabe der internationalen Hilfe sein müssen.

2

Sarajewo hatte einst den Nimbus einer multikulturellen Stadt. Das zerbombte Holiday-Inn-Hotel und das Rundfunkgebäude ragen heute wie mahnende Finger aus dem Trümmerfeld empor. Und dabei war die Hauptstadt von Bosnien-Herzegowina eine UNO-Schutzzone. Was die serbischen Angreifer nicht hinderte, die Stadt mit einem Granathagel zuzudecken, Passanten ins Visier von Heckenschützen nehmen zu lassen. Und die internationalen Organisationen sahen lange Zeit zu, hofften vergeblich auf die Wirkung von Verbalnoten.

3 

Das Mitte des 13. Jahrhunderts errichtete Sarajewo verfügt über bedeutende Kulturdenkmäler und geschichtsträchtige Orte. Links im Bild entlang des Flusses der Franz-Josef-Kai. Hier fiel 1914 der österreichische Thronfolger einem Mordanschlag zum Opfer. Im Vordergrund die 1994 zerbombte Nationalbibliothek, die mit österreichischer Hilfe aufgebaut werden soll. In den Straßen von Sarajewo herrscht wieder reges Leben. Nicht nur wegen der zahlreichen internationalen Beobachter. Vergitterte Auslagen legen Zeugnis für die Unsicherheit ab.

4 

5

Die IFOR (jetzt SFOR) hilft beim Wiederaufbau in Bosnien. Die Minarette sind Symbol des islamischen Glaubens. Daß der Iran und die Türkei den Konflikt benutzt hätten, dem Islam ein starkes Standbein in Europa zu geben, gehört zu jenen Gerüchten, die in die Welt gesetzt wurden und werden, um die Bevölkerung am Balkan zu diffamieren. Die islamische Welt ist Bosnien in der Zeit des Krieges vor allem wirtschaftlich und moralisch zur Seite gestanden. Die politische Führung des Landes sieht die Zukunft des Landes bei der EU.

6

Die Einfahrt zum „Camp Beluga" in Visoko. Hier, rund 40 Kilometer nordwestlich von Sarajewo, im Gebäude einer ehemaligen Textilfabrik ist das Hauptkontingent der Österreicher stationiert. Außenminister Wolfgang Schüssel und Verteidigungsminister Werner Fasslabend hissen die österreichische Fahne. Von der NATO-Führung gibt es nicht nur Lob für das Bundesheer, sondern man wünscht sich auch, daß österreichische Offiziere nicht nur Befehlsempfänger sind, sondern direkt in die NATO-Befehlsstruktur eingebaut werden dürfen.

7

8

Die Volks- und Hauptschule „Kulin Ban" in Visoko. Auch sie war Ziel von schweren Angriffen. In der Zwischenzeit wurde die Schule, unter Patronanz des Bundesheeres, mit finanzieller Hilfe vieler österreichischer Unternehmen wieder aufgebaut. Ein Beispiel für praktische, unbürokratische und bilaterale Hilfe, das zugleich eine Investition in die Jugend des Landes ist. Täglich werden in zwei Schichten acht Schulstufen mit insgesamt 1.200 Schülern unterrichtet. Noch lange wird bei den Lehrkräften und den Schülern die Erinnerung an den Krieg wachbleiben.

9

10

Der bosnische Staatspräsident Alija Izetbegovic bei der Überreichung der Ehrenbürgerurkunde an Alois Mock. Der langjährige österreichische Außenminister genießt unter der Bevölkerung von Slowenien bis Bosnien-Herzegowina ein hohes Ansehen (und sein Wort hat auch bei der serbischen Opposition Gewicht). Er gilt als einer der wenigen europäischen Politiker, die von Anfang an erkannt haben, daß der Balkan einmal mehr ein Pulverfaß ist und der sich vor allem für wirksame Maßnahmen der internationalen Organisationen stark gemacht hat.

11

12

Schätzungen zufolge liegen auf dem Gebiet von Bosnien-Herzegowina zwischen drei und sechs Millionen Minen vergraben. Erst ein Bruchteil von ihnen konnte entfernt werden. An manchen Stellen wurden daraufhin sogar neue Minen von „unbekannten Tätern" wieder ausgelegt. Die Gefahr lauert überall. Neben dem Straßenrand ebenso wie in den Häuserruinen. Und überall trifft man auf Zeugen des Krieges: Transporthüllen von Granaten und die Schaustellung von Sprengmitteln islamischer Kämpfer.

13

Sinnlose Zerstörungen kennzeichnen das Land. Nicht nur strategische Punkte – wie Starkstromleitungen und Fabriken –, sondern vor allem Wohnhäuser waren das Ziel der Angriffe. Die Rückkehr der einstigen Bewohner ist aus vielen Gründen problematisch. Noch immer liegen Minen in den zerschossenen Wohnungen. Oft aber hat auch die Gemeinde, die Stadt ihre ethnische Zugehörigkeit gewechselt. Zigtausende Menschen haben nicht nur kein Dach über dem Kopf mehr; ihnen wurde auch noch die Heimat genommen.

15

Die wichtigsten Straßenverbindungen sind wieder befahrbar, die Eisenbahnlinien sind noch weitgehend zerstört, werden aber abschnittweise wieder betriebsfähig gemacht. In den Straßen der Städte gehören patrouillierende Panzer zum Alltagsbild. Die Präsenz der NATO ist einfach notwendig, auch um die Streitteile auseinanderzuhalten. Und sie wird wahrscheinlich noch zwischen fünf und zehn Jahre notwendig sein, ehe der Frieden gefestigt ist, ehe alle Volksgruppen wieder an einem Strang ziehen.

16

17

An vielen Stellen, beginnend vom kroatischen Karlovac bis zum bosnischen Mostar, sind Zeichen des Wiederaufbaus erkennbar. Oft werden neue Häuser errichtet, noch ehe die alten, zerstörten entmint und niedergerissen werden. Der Wille zum Wiederaufbau, zum Neubeginn, die Erinnerung an den Krieg stehen oft unmittelbar nebeneinander. Die Behelfsbrücken, die dafür sorgen, daß die Hauptverkehrswege wieder durchgehend befahrbar sind, wurden zum Großteil von den deutschen IFOR/SFOR-Truppen errichtet.

18

19

Es gibt unzählige Szenen, mit denen man auf Schritt und Tritt im ehemaligen Kriegsgebiet konfrontiert wird. Die Armut des Landes dokumentieren auch die vielen Pferdefuhrwerke, die die Güter des täglichen Bedarfs von zentralen Verteilungsstellen zu den Märkten und Verkaufsläden am Land transportieren. Straßen und Wege sind gesäumt von Relikten des Krieges. Es vergeht kein Kilometer, ohne daß man auf ausgebrannte PKW, Autobusse aber auch Panzer trifft, die den Straßenrand säumen.

20

21

Viele Gräber auf diesen Friedhöfen sind erst in den Jahren 1991 bis 1995 belegt worden. In vielen Familien, quer durch alle Volksgruppen, zieht sich eine Spur der Trauer. Gerade auf dem Balkan rufen diese Bilder ein Zitat von Christian Morgenstern in Erinnerung: „Einen Krieg beginnen, heißt nichts weiter, als einen Knoten zerhauen, statt ihn aufzulösen."

22

23

Manche Gebietsabschnitte erinnern in Ex-Jugoslawien an Europa, wie es nach dem 30jährigen Krieg ausgesehen haben muß: Sinnlose Zerstörungen, Brandschatzungen, Vertreibung der Menschen von Haus und Hof. Die IFOR/SFOR-Truppen, die beim Wiederaufbau der notwendigen Infrastruktur helfen, finden bei der Bevölkerung im Grunde eine positive Aufnahme, wenngleich sie bei so manchem Einheimischen auch die Erinnerung an die oft untätigen und hilflosen UNPROFOR-Truppen wachrufen.

24

25

Der Flughafen von Sarajewo, lange Zeit Ziel ständiger Angriffe serbischer Truppen und kriegsbedingt schwer zerstört, wurde durch die IFOR wieder betriebsfähig gemacht. Nicht nur, um militärischen Flugzeugen Start und Landung zu ermöglichen. In der Zwischenzeit beginnt auch bereits ein regelmäßiger Linienverkehr, mit dem tagtäglich vor allem aus Westeuropa Wirtschaftsmanager, Unternehmer, Finanzfachleute eingeflogen werden, um Investitionen zu prüfen, Finanzierungen aufzustellen und Geschäftsabschlüsse zu tätigen.

26

27

Dort, wo heute eine einfache Hängebrücke für Fußgänger die Neretva überspannt (in einiger Entfernung gibt es auch noch eine reguläre Straßenbehelfsbrücke, um die Stadtteile zu verbinden), befand sich eines der großen europäischen Kulturdenkmäler auf ex-jugoslawischem Boden. Die Brücke von Mostar wurde bei einem kroatischen Angriff zerstört, zu einem Zeitpunkt, als sich bosnische Muslime und bosnische Kroaten, parallel zum Krieg mit den bosnischen Serben, eine bewaffnete Auseinandersetzung lieferten.

28

Bei aller Zerstörung, die das Land kennzeichnet, gibt es auch Überraschungen. Nicht wenige Fabriken sind durchaus intakt, in Funktion. Die Kraftwerke wurden wieder instand gesetzt. Die Strom- und Wasserversorgung klappt in vielen Teilen, auch wenn es ständig zu Störungen kommt, Strom und Wasser stunden- manchmal sogar tagelang ausfallen.

Ein Großteil der Bahnlinien ist zerstört. Strommaste sind geknickt, Brücken gesprengt, im Gleiskörper liegen Minen versteckt. Doch hin und wieder bezeugen Signallichter Zeugnis, daß einzelne Streckenabschnitte bereits repariert und daher wieder befahrbar sind. Hinter der Wiedererrichtung der Eisenbahnlinien steckt mehr als ein Verkehrskonzept. Bei den Autobussen gibt es bosnische, kroatische und serbische Linien, im Zug gibt es nur eine Klasse für alle.

Sarajewo ist eines von mehreren signifikanten Mahnmalen des Krieges. Das beginnt schon beim Passieren des Vorortebahnhofs. Er ist ein Trümmerhaufen aus ineinandergeschobenen, ausgebrannten, zerbombten und mittlerweile auch verrosteten Waggons, Lokomotiven und Triebfahrzeugen. Man darf gar nicht daran denken, welches Volksvermögen hier sprichwörtlich begraben liegt.

In jedem Krieg gehört der Flughafen zu den strategisch wichtigen Kampfzielen. Von den Hangars, vom Abfertigungsgebäude sind nur noch Trümmerhaufen übriggeblieben. Der Weg zum Ankunfts- und Abflugsgate ist ein Weg, der über Drahtverhaue, vorbei an herabgestürzten Betonpfeilern führt. Besonders schlimm ist aber der Anblick der Wohnhausanlage in unmittelbarer Nähe des Flughafens. Hier hat sich in der Zerstörung menschlicher Behausungen die ganze Wut der Kriegführenden ausgelassen.

Ein Bild, das sich bis ins Stadtinnere fortsetzt. Vom ehemaligen Rundfunkgebäude, vom Hotelhochhaus, stehen nur noch die Fragmente der Stützmauern. Die Straße, wo 1914 der österreichische Thronfolger ermordet wurde, findet keine besondere Aufmerksamkeit, wohl aber das Gebäude der ehemaligen Nationalbibliothek, von dem nur noch die architektonisch bemerkenswerten Außenmauern stehen. Auf Initiative des bosnischen Staatspräsidenten Izetbegovic wurde die nach dem Attentäter von 1914 benannter Gavrilo-Principe-Brücke wieder in Lateinerbrücke, die anschließende Straßenfläche sogar in Österreich-Platz umbenannt. Der Wiederaufbau der Nationalbibliothek soll von Österreich betrieben und finanziert werden. Österreich ist angesehen, die Beziehungen werden offiziell als „bedeutungsvoll und gut“ bezeichnet. Sarajewo schätzt Wiens Politik der letzten Jahre hoch ein, weil es eines der wenigen Länder war, das „die richtige Sensitivität zu den Vorgängen am Balkan an den Tag gelegt hat“.

Nicht weit von diesem Gebäude entfernt liegt jener Marktplatz, der Ziel eines der heimtückischsten Angriffe während des Krieges war. Heute herrscht hier schon wieder reges Marktleben, die Geschäfte bieten Waren aller Art an, sogar teure Boutiquen haben die Rolläden wieder hochgezogen. Das Land ist arm. Niemand weiß, wie hoch die Arbeitslosenrate wirklich ist. Man befürchtet, daß im Winter viele Menschen verhungern und erfrieren werden. Trotzdem gibt es unter der heimischen Bevölkerung so manchen, der schon wieder sein Geschäft macht. Und es gibt vor allem unzählige internationale Beobachter, Behördenvertreter, Wirtschaftsleute, die nicht nur in den (durchwegs schlechten) Hotels logieren, sondern die auch die wenigen in einigermaßen gutem Zustand befindlichen Wohnungen requiriert haben. Und sie alle sorgen dafür, daß der „Rubel rollt“. Der Dinar ist die Landeswährung, Zahlungsmittel aber die Deutsche Mark.

Hier in Sarajewo blüht nicht nur schon wieder das Nachkriegsgeschäft, man wird auch an das Kriegsgeschehen erinnert. Gleich hinter den Häuserreihen der Innenstadt steigen die Berghänge hoch. Über all von dort oben wurde direkt in die Stadt geschossen. Mit Panzerwaffen, Kanonen und einfachen Gewehren. Unten in der Stadt waren die Menschen dem Schicksal einfach ausgeliefert.

Seit einem Jahr herrscht Waffenstillstand. Davon, daß der Krieg zu Ende ist, will man noch nicht so recht reden. Herunten in der Stadt, die einstmals für ihren geradezu mustergültigen multikulturellen Charakter berühmt war, leben vor allem die Moslems, oben in den Bergen einige Serben. Die von oben trauen sich kaum hinunter in die Stadt, die von unten meiden den Weg hinauf.

Diese Trennung zwischen den Volksgruppen ist allgegenwärtig. Festgeschrieben im Dayton-Abkommen. 49 % des Staatsgebietes gehört den bosnischen Serben, 51 % den „übrigen“ Bosniern.

Einer der engsten Vertrauten von Staatspräsident Izetbegovic, der UNO-Botschafter Muhamed Sacirbey (in der Heimat schreibt er sich Sacirbegovic), drückt die eigentliche Sorge aus, die viele bewegt, daß nämlich die Entwicklung des Landes nicht zu einer Situation führen dürfe, wie sie in Israel mit dem West-Jordanland und dem Gaza-Streifen existiert. Die Gefahr eines „Palästina in Europa“ ist existent und noch nicht gebannt.

Sacirbey - und hier ist er Sprachrohr der politischen Führung - wendet sich entschieden gegen jede Teilung des Landes, wie dies immer wieder anvisiert wurde, und ist für ein Vorantreiben der Versöhnung der Volksgruppen. Derzeit vor allem noch immer ein frommer Wunsch.

Unbeschadet der Realitäten ist die Rückkehr der bosnischen Flüchtlinge ein zentrales Anliegen. Auch, damit sie sich am Wiederaufbau des Landes beteiligen können. Schwierigkeiten würden allerdings dadurch entstehen, daß viele dieser Flüchtlinge nicht an ihre einstigen Heimstätten zurückkehren können, weil es immer wieder Fälle gibt, wo sich die Nachbarn, mit denen sie einst friedlich zusammenlebten, im Krieg Verbrechen zukommen ließen. Trotz aller Probleme und Spannungen, müsse man sich mit Entschiedenheit gegen jede Idee einer Teilung des Landes wenden. Vielmehr muß die Versöhnung der Volksgruppen im Land ständig weiter vorangetrieben werden.

Ob dies gelingt und innerhalb welchen Zeitraumes es schaffbar ist, das wird aber erst die Zukunft zeigen, wobei eines aus der Situation des Landes, bei jedem Lokalaugenschein, klar wird: Die IFOR-Truppen werden noch lange in Bosnien-Herzegowina stationiert bleiben müssen. Sollten sich die Amerikaner zurückziehen, muß sich Europa stärker engagieren. Denn eines ist allen, die vor Ort tätig sind, klar: „Zieht die IFOR ab, dann ist es heute nur noch eine Frage, ob in drei Stunden, drei Tagen oder spätestens drei Wochen die Kämpfe zwischen den Volksgruppen wieder aufflackern.“

Außenminister Ejup Ganic bringt die Problematik auf den Punkt: „Wir sind ein Spezialpatient in einem Krankenhaus, an dem sich viele Ärzte versuchen.“ Bosnien-Herzegowina sei heute ein Paradebeispiel für die Geduld auf politischer Ebene und eine Herausforderung für die internationale Gemeinschaft. Die Europäische Union und die USA können hier unter Beweis stellen, ob sie Friedenbringer und -helfer seien. Eine gewisse Skepsis herrscht, wie auch Sacirbey durchklingen läßt, wenn er meint, daß es Europa und der Welt an einer langfristigen Perspektive und Strategie bezüglich Bosnien fehle. Man würde noch immer das Land zu sehr als einen Unruheherd betrachten, wo es primär darum gehe, „mögliche Unruhen niederzuhalten".

In den politischen Gesprächen fällt auf, daß sich Bosnien-Herzegowina bewußt stark westlich orientiert zeigt. Der Wunsch nach einem zumindest engen Verhältnis zu EU und NATO wird offen und immer wieder artikuliert. Gleichzeitig versucht man die Rolle des Iran zu relativieren. Bosnien, so erklären die offiziellen Repräsentanten, sei dem Iran für seine Hilfe in den letzten Jahren dankbar, man unterhalte diplomatische Beziehungen, militärische oder geheimdienstliche Beziehungen zwischen Sarajewo und Teheran gebe es aber nicht.

Die Sorgen mancher westlicher Kreise, Bosnien könnte ein Brückenkopf des Iran in Europa werden, versucht man zu zerstreuen, dagegen wird eine andere politische Achse bewußt hervorgehoben. In Sarajewo, das zu Beginn dieses Jahrhunderts in einem starken Spannungsverhältnis zu Österreich stand, werden heute die Beziehungen zu Wien als „bedeutungsvoll und sehr gut" bezeichnet. Man schätzt die Bemühungen der österreichischen Regierung um die Aufnahme von Bosnien-Herzegowina in die UNO, die hohe Sensibilität, die man mit den Vorgängen im Zuge der serbischen Aggression gezeigt hat und die zum Wachrütteln der Weltöffentlichkeit führte.

40 Kilometer nordöstlich von Sarajewo liegt das Hauptquartier der österreichischen IFOR-Truppe. Sie wird nicht nur vom NATO-Oberkommando (das nicht nur österreichische Soldaten im Rahmen des IFOR-Einsatz befehligen, sondern sich auch die Teilnahme österreichischer Offiziere in der Befehlsstruktur wünschen würde) besonders geschätzt, weil sich die mehr als 200 Soldaten als hervorragend qualifiziert für ihre Tätigkeit erwiesen haben, sondern das österreichische Bundesheer hat es auch verstanden, mit der Bevölkerung vor Ort eine Verbindung aufzunehmen, die zwischenzeitlich auch zu einem starken sozialen Einsatz geführt hat. Was nicht bei allen Nationen, die im Rahmen der IFOR eingesetzt sind, der Fall ist, zum Teil auch, weil es am emotionalen Engagement oder an der Definition des Einsatzes selbst mangelt.

Hier mitten in Bosnien-Herzegowina, bei den Soldaten des Österreichischen Bundesheeres, wird man auch von der politischen Diskussion, die in der Heimat geführt wird, eingeholt. Krieg und Frieden sind oft verdammt nah nebeneinander angesiedelt. Und das auch noch in unserer nächsten Umgebung. Wer hätte vor zehn Jahren gedacht, daß das Tourismusland Jugoslawien plötzlich zu einem Kampfplatz werden sollte? Und jetzt – nach dem Friedensabkommen von Dayton – ist die Ruhe im Land alles andere denn gesichert, wie die Spannung beweist, die noch immer an vielen Orten spür- und sichtbar ist. Am Beispiel der internationalen Friedenstruppe zeigt sich, wie notwendig auch in unserer Zeit ein einsatzbereites Heer ist. Es ist nicht vorstellbar und auch nicht zu bewerkstelligen, daß jene Agenden, die hier Soldaten aus den USA und Europa erfüllen, von irgendwelchen anderen Hilfsorganisationen wahrgenommen werden. Als die Jugoslawische Volksarmee den Krieg gegen Slowenien eröffnete, wurde auch in Österreich sofort nach dem Einsatz des Bundesheeres zur Grenzsicherung zu ebener Erde und in der Luft gerufen. Wer sonst hätte in dieser Situation glaubwürdig auftreten können? Der ganze Konflikt in Jugoslawien hat dramatisch vor Augen geführt, daß selbst ein so konsolidierter Kontinent vor politischen Brandherden in seinem Inneren nicht sicher ist. Und das klägliche Versagen des internationalen Konfliktverhütungsmechanismus ist auch eine Folge des Fehlens einer gemeinsamen Außen- und Sicherheitspolitik der EU. Den Aggressor haben letztlich weder wirtschaftliche Boykottmaßnahmen noch ernste Worte großer Staatsmänner in die Knie gezwungen, sondern die NATO, das atlantische Verteidigungsbündnis. Erst der militärische Einsatz konnte die Kriegsparteien an den Verhandlungstisch und damit zum Friedensschluß bringen. Landesverteidigung heißt nicht Krieg spielen, sondern heißt auch Friedenssicherung. Landesverteidigung spielt sich im Hinterland ab, spielt sich bei Krisen- und Katastropheneinsätzen, spielt sich auch im Kopf ab.

Doch zurück nach Bosnien. Die Grundschule in Visoko, „Kulin Ban“, war im Krieg schwer verwüstet und zerstört worden. Als das österreichische Bundesheer in Visoko einrückte, wurde es mit einer Vielzahl von akuten Problemen befaßt. Man hat sich sehr rasch entschlossen, zu helfen. Und man sich entschieden, nicht nach dem Gießkannenprinzip vorzugehen, sondern ein konkretes Projekt in Angriff zu nehmen und durchzuziehen.

Die Wahl fiel auf die Volks- und Hauptschule, die während der Kriegshandlungen schwer verwüstet wurde. Innerhalb eines halben Jahres gelang es dem Bundesheer, diese Schule mit Hilfe öffentlicher Stellen und privater Unternehmer aus Österreich wieder instandzusetzen.

Wenn man freilich den Lehrkräften zuhört, dann bekommt man die gesamte Tragik der letzten Jahre hautnah zu spüren. Es war ein Krieg, der keinen Frontverlauf kannte, weil die Schützen überall saßen, tagaus, tagein geschossen wurde, Granaten in die Häuser krachten, wann immer jemand „Lust“ verspürte, auf den Abzug zu drücken. Kaum standen fünf Kinder am Marktplatz beisammen, machte sich schon ein Heckenschütze bemerkbar. Und trotz des Krieges wurden die Kinder unterrichtet. Tagelang mußten sie sich im Keller aufhalten. Der Krieg hat viele Opfer unter den Kindern gefordert: Über 3.000 sind gefallen, über 50.000 verletzt, mehr als 10.000 werden vermißt. Der Schock von gestern steckt aber allen Kindern noch in den Gliedern. Der Direktor der Schule spricht es an: „In diesem Haus werden 1.200 Kinder unterrichtet. Es herrscht aber kaum Lärm auf den Gängen, nur selten hört man ein Lachen. Bei der Arbeit in der Schule merken wir, daß wir es noch immer mit verletzten Kindern zu tun haben.“

Der Bürgerkrieg, die tägliche Angst ums Leben, ums Überleben, hat sich in das Herz der Kinder geschrieben. Krieg vergißt man nicht.

Dokumentation

Der Auflösungsprozeß Jugoslawiens, dargestellt an Agenturmeldungen und wichtigen Dokumenten.

Viele der Meldungen machen nachdenklich, weil sie uns noch einmal die Dramatik des Kriegsgeschehens vermitteln, einen Eindruck von den Brutalitäten geben, die dieser Krieg mit sich gebracht hat - und die fast schon wieder in Vergessenheit geraten sind.

Der Kriegsbeginn

Der Konflikt im Ex-Jugoslawien, das Heranwachsen der bewaffneten Auseinandersetzung, die halbherzigen Bemühungen der internationalen Organisationen um eine Beendigung der Konfrontation, die grausamen Anschläge auf die zivile Bevölkerung, die brüske Zurückweisung von Tatsachenmeldungen durch die Aggressoren, die Hilferufe der Betroffenen, der Opfer dieser Aggression, dokumentiert sich in den Meldungen der internationalen Nachrichtenagenturen.

Die Unabhängigkeitserklärungen von Slowenien und Kroatien werden mit Sorge erwartet. Eine Sorge, die durchaus berechtigt ist. Denn kaum lösen sich Laibach und Agram aus der Umklammerung durch Belgrad, schlägt die serbisch dominierte Jugoslawische Volksarmee zu.

Jugoslawien vor dem Zerfall?
Utl.: Die Unabhängigkeitserklärungen Kroatiens und Sloweniens können unabsehbare Folgen haben

Belgrad (AP) - Der Vielvölkerstaat Jugoslawien steht vor einer der schwierigsten Wochen seiner Geschichte. Die beiden wohlhabendsten der sechs Republiken, Kroatien und Slowenien, wollen noch in dieser Woche ihre Souveränität erklären und damit aus dem bisherigen Bundesstaat austreten, der nach dem Zweiten Weltkrieg von Josip Broz Tito geformt worden war. Jugoslawien droht das erste Land der vom Einigungsprozeß geprägten europäischen Nachkriegsgeschichte zu werden, das in mehrere Teile zerfällt. Die Folgen sind unabsehbar: Ein Strudel nationaler Gewalttätigkeiten, blutige Konflikte zwischen Serben und Kroaten könnten die Folgen sein.

US-Außenminister James Baker brachte bei seinem Kurzbesuch am Samstag die Sorgen vieler westlicher Staaten auf den Punkt: „Wir machen uns, offen gesagt, Sorgen darüber, daß sich die Geschichte wiederholen könnte", sagte er seinen Gastgebern. Er spielte damit unüberhörbar auf die explosive Situation im Pulverfaß auf dem Balkan an, die 1914 mit dem Attentat von Sarajevo den Anlaß für den Ersten Weltkrieg lieferte.

Den Nachfolgern Titos, dem es gelungen war, den Vielvölkerstaat bis zu seinem Tod vor elf Jahren zusammenzuhalten, ist es nicht gelungen, die zunehmenden nationalen

Spannungen zu entschärfen. Der Niedergang des Sozialismus auch in dem Land, das jahrzehntelang „blockfrei" von den Spannungen zwischen Ost und West profitierte, hat in vielen Republiken ein Erstarken nationalistischer Bestrebungen ermöglicht.

Bei den ersten freien Wahlen in den sechs Republiken kamen überall Politiker mit nationalistischen Zielen an die Macht, die mit denen ihrer nun ebenfalls national gesinnten Nachbarn nicht vereinbar sind. Da zugleich auf Bundesebene keine Wahl stattfand, verlor die Zentralregierung in Belgrad immer mehr an demokratischer Legitimation.

In dem Maße, in dem immer wildere Putschgerüchte kursierten und die öffentliche Ordnung immer mehr Schaden nahm, wurden in der Öffentlichkeit immer unverhohlener Waffen vorgezeigt: Von nationalistischen Führern im Fernsehen, bei Straßensperren neu aufgestellter Milizen, die erklären, sie müßten die Angehörigen ihrer Minderheit schützen. Seit Mai sind allein in Serbien bei Zusammenstößen zwischen Serben und Kroaten 22 Menschen getötet worden. Mittlerweile gibt es täglich Meldungen über Schießereien.

Ein Austritt Sloweniens würde für die anderen Republiken bedeuten, daß sie keine direkten Grenzen mehr mit Österreich und Italien haben würden. Verläßt auch Kroatien den Bund, könnte Bosnien und Herzegowina mit seinen starken serbischen und kroatischen Bevölkerungsanteilen in eine schwere Zerreißprobe gestürzt werden. Von dort, so lautet die jugoslawische Dominotheorie, könnten sich Unruhen auf die mehrheitlich von Albanern bewohnte serbische Provinz Kosovo ausbreiten und dann die südlichste Republik Mazedonien erfassen, zu der auch die Nachbarstaaten Albanien, Bulgarien und Griechenland historische Bindungen haben.

Bosniens Präsident Alija Izetbegovic sagt mit deutlichem Unbehagen: „Wir versuchen, nicht in diese Kettenreaktion hineinzugeraten. Aber realistisch denkende Leute schließen das nicht aus." Der bosnische Minister für internationale Beziehungen, Haris Silajdzic, fügt hinzu: „Wir haben mehr Geschichte, als wir bewältigen können."

APA035 1991-06-24/08:18

Jugoslawische Panzer am Laibacher Flughafen

Utl.: Straßensperren durchbrochen - Soldat bei Zusammenstoß verletzt

Laibach (APA/AP/Reuter/AFP) - Panzer- und Infanterieeinheiten der jugoslawischen Streitkräfte sind Donnerstag früh auf die slowenische Hauptstadt Laibach (Ljubljana) und deren Flughafen vorgerückt. Ein Hauptmann der slowenischen Verteidigungskräfte sagte, vom Stützpunkt Vrhinka seien 35 bis 40 Panzer und andere gepanzerte Fahrzeuge auf dem Weg zu dem Flughafen. Neun schwere Kampfpanzer vom sowjetischen Typ T-72 hätten aus Tanklastwagen errichtete Straßensperren entweder durchbrochen oder umfahren. Vrhinka liegt 20 Kilometer westlich von Laibach. Nach einer Meldung der jugoslawischen Nachrichtenagentur Tanjug wurde bei Novo Mesto ein Soldat bei Zusammenstößen mit slowenischen Verteidigungskräften verletzt.

Mehrere Reihen von Bussen waren an den Zufahrten zur Hauptstadt Sloweniens aufgestellt, Polizei und Territorialverteidigung Sloweniens, das am Dienstag seine Unabhängigkeit erklärt hatte, gingen an strategisch wichtigen Punkten in Stellung. Gebäude von Behörden, das Hauptpostamt, der Bahnhof und viele Tankstellen wurden von Soldaten der Territorialverteidigung, die meist mit Kalaschnikows bewaffnet waren, besonders bewacht. Bereits am Dienstag kam es zu einzelnen Zusammenstößen zwischen Panzereinheiten der Bundesarmee und der slowenischen Verteidigung. Dabei wurde Laibach mehrfach von Kampfflugzeugen der Armee überflogen.

Der diensthabende Offizier auf dem Laibacher Flughafen, Marjan Miklavcic, sagte am Donnerstag früh in dem Sender

Radio Ljubljana, zehn Panzer seien am Flughafen aufgefahren. Miklavcic sagte, auf dem einzigen Rollfeld seien Hindernisse aufgestellt worden, so daß kein Flugzeug landen könne. Im Rundfunk hieß es, auf der Landebahn seien Flugzeuge der slowenischen Fluggesellschaft Adria Airways geparkt worden.

Der slowenische Innenminister Igor Bavcar sagte in dem Sender: „Wir haben die uns zur Verfügung stehenden Einheiten mobilisiert. Wir erwarten, daß Militärflugzeuge in Vrhinka landen werden. Wir wollen das mit gewaltfreien Mitteln verhindern."

In Laibach hatten am Mittwoch 20.000 Menschen die Unabhängigkeitserklärung ihrer Republik gefeiert. Auf einem Platz in der Altstadt wurde die neue Flagge mit den Farben weiß, blau und rot gehißt. Vor der Zeremonie kreisten laut Augenzeugenberichten jugoslawische Kampfflugzeuge über der Stadt.

APA037 1991-06-27/08:01

Schießerei zwischen Volksarmisten und Miliz an Kärntner Grenze
Utl: Slowenisches Zollamtsgebäude in Bleiburg-Grablach erhielt Volltreffer bei Granatenbeschuß

Klagenfurt (APA) - Am kärntnerisch-slowenischen Grenzübergang Bleiburg-Grablach ist es Freitag früh zu einem heftigen Feuergefecht zwischen Angehörigen der jugoslawischen Volksarmee und slowenischen Milizsoldaten gekommen. Dabei wurde von seiten der Volksarmisten auch Artillerie eingesetzt, wobei das slowenische Zollamtsgebäude einen Volltreffer erhielt. Dabei gab es nach ersten Augenzeugenberichten mindestens zwei Verletzte.

Die Angehörigen der Volksarmee hatten das Zollamtsgebäude bereits am Vorabend umstellt und waren mit mindestens zwei Artilleriegeschützen in Stellung gegangen. Gegen 18.00 Uhr hatten sie mehrere Schüsse abgegeben, darunter auch einen mit einem Geschütz. Im Laufe der Nacht hatten die Volksarmisten vermutlich Verstärkung bekommen, sodaß sie gegen 05.00 Uhr früh ihren Angriff auf das Gebäude starten konnten.

Seit 06.00 Uhr herrscht in Bleiburg-Grablach wieder gespannte Ruhe. Es wurde allerdings in jeder Minute mit einem weiteren Angriff der Volksarmisten gerechnet. Von österreichischer Seite aus war zu beobachten, daß aus dem schwer beschädigten Zollamtsgebäude mindestens zwei Menschen in Krankenwagen abtransportiert wurden.

APA042 1991-06-28/08:03

Fasslabend: Bundesheer kann rasch und flexibel reagieren
Utl.: Alle Vorbereitungen für Assistenz- oder Sicherungseinsatz getroffen

Wien (APA) – Das österreichische Bundesheer hat nach Angaben von Verteidigungsminister Werner Fasslabend angesichts der Verschärfung der Lage in Slowenien alle erforderlichen Vorbereitungsmaßnahmen getroffen, um möglichen Anforderungen rasch, flexibel und wirksam entsprechen zu können. Es gelte jedoch „dosiert vorzugehen, um nicht falsche Signale zu setzen, die von irgendeiner Seite als Vorwand oder Rechtfertigung von ‚Handlungen' dienen könnten."

„Wir müssen daher die Situation jenseits der Grenze laufend analysieren und Maßnahmen ausschließlich aufgrund einer nüchternen und kühlen Bewertung setzen", betonte der Minister am Freitag. Ein Assistenzeinsatz oder Sicherungseinsatz könne jederzeit eingeleitet werden. Die gesetzlichen und organisatorischen Vorbereitungen dazu seien jedenfalls getroffen.

In Konsequenz und Ergänzung der am Vortag getroffenen Entscheidung, für die grenznahen Garnisonen des Bundesheeres in der Steiermark und in Kärnten Bereitschaft anzuordnen, hat Fasslabend nach einer Aussendung seines Ministeriums am Freitag weitere Maßnahmen zur Sicherstellung allenfalls notwendiger Assistenzleistungen getroffen.

Die angeordnete Bereitschaft in den Militärkommandobereichen Steiermark und Kärnten bleibt aufrecht; die verstärkte Beobachtung des Grenzraumes wird fortgesetzt.

APA136 1991-06-28/11:31

Übereinkünfte bei Verhandlungen auf Brioni erzielt
Utl.: allgemeiner Waffenstillstand

Brioni/Agram (APA) - In Slowenien und Kroatien soll ein allgemeiner Waffenstillstand eingehalten werden - dies ist einer der wichtigsten Punkte, die die Außenminister der EG-Mitglieder Niederlande, Luxemburg und Portugal, Hans van den Broek, Jacques Poos und Jose Pinheiro, am Sonntag bei den Marathonverhandlungen auf der Adria-Insel Brioni mit ihren jugoslawischen Gesprächspartnern erzielt haben. Wie die APA erfuhr, sei man auch übereingekommen, dem Staatspräsidium Jugoslawiens die Möglichkeit zu geben, als oberster Befehlshaber für die jugoslawische Bundesarmee zu wirken. Sämtliche Parteien in Jugoslawien sollen verpflichtet werden, zumindest bis 1. August die Verhandlungen über die Zukunft Jugoslawiens weiterzuführen.

APA003 1991-07-08/00:35

Österreich setzt alle Hebel in Bewegung

Vielen westeuropäischen Staaten kann man einen Vorwurf nicht ersparen, nämlich, daß sie lange Zeit geschwiegen haben, daß sie die Ereignisse in Jugoslawien nicht wahrhaben und verdrängen wollten, daß von ihnen Alibihandlungen gesetzt wurden, daß sie nicht rechtzeitig den Ernst der Lage erkannten und viel zu spät handelten.

Österreich darf sich in den Spiegel der Geschichte schauen. Es hat zu einem Zeitpunkt, da der Kosovo für viele noch ein Fremdwort war, auf die schwierige Lage der albanisch-stämmigen Bevölkerung aufmerksam gemacht. Es hat in regionalen Organisationen Verbündete gesucht, um vorzeitig davor zu warnen, daß ein Krisenherd in Jugoslawien entsteht. Es hat in der UNO den Sicherheitsrat mobilisiert und damit einen Prozeß in Gang gesetzt, der eine geraume Weile benötigte, ehe er zu greifen begann und der viele Fehler im Getriebe der sogenannten friedenserhaltenden internationalen Organisationen bloßlegte.

Gemeinsamer Appell

der Arbeitsgemeinschaft Donauländer

Die Mitglieder der Arge Donauländer verfolgen mit großer Sorge die Entwicklung in einigen Donauländern.

Im Artikel 1 der Gemeinsamen Erklärung wird auf das Ziel dieser Arbeitsgemeinschaft hingewiesen, nämlich zur Förderung der Zusammenarbeit ihrer Mitglieder zwecks allseitiger Entwicklung des Donauraumes im Interesse ihrer Einwohner und einer friedlichen Zusammenarbeit in Europa beizutragen.

Im Sinne dieser Zielsetzung wenden sich die bei der Konferenz der Regierungschefs anwesenden Vertreter der Arge Donauländer an alle Beteiligten der betroffenen Donauländer mit dem dringenden

Appell

sich zur Lösung der schwierigen Nationalitäten- und Minderheitenprobleme ausschließlich friedlicher und demokratischer Mittel zu bedienen, um auch für die Zukunft ein friedliches Zusammenleben aller Donauländer, Donauvölker und Minderheiten zu sichern und dadurch einen wertvollen Beitrag zum Aufbau eines neuen Europa zu leisten.

Belgrad, 17. Mai 1991

Resolution

der a.o. Vollversammlung der Arbeitsgemeinschaft Alpen-Adria

Mit größter Sorge verfolgen die Mitglieder der Arbeitsgemeinschaft Alpen-Adria die den Frieden in Europa bedrohende Eskalation der Gewalt in Jugoslawien.

Sie sind über die offene Mißachtung des Prinzips der friedlichen Konfliktlösung und über den Einsatz militärischer Gewalt bestürzt.

Sie erachten es als ihre Pflicht, im Rahmen ihrer Möglichkeiten darauf hinzuwirken, daß das Selbstbestimmungsrecht der Völker in Jugoslawien anerkannt und die Entscheidungen freigewählter demokratischer Organe respektiert werden.

Sie unterstützen vor allem auch die gewaltfreien und demokratischen Bestrebungen der Mitgliedsländer Slowenien und Kroatien zur Verwirklichung ihres Selbstbestimmungsrechtes.

Sie sind der Überzeugung, daß diese Republiken Anspruch auf Unabhängigkeit, Freiheit und Solidarität der Arbeitsgemeinschaft Alpen-Adria haben.

Die Arge Alpen-Adria sieht in den dramatischen Vorgängen in Jugoslawien auch einen Prüfstein für die Bewährung der Prinzipien Föderalismus und Subsidiarität in einem Europa der Regionen.

1. Die Sozialistische Föderative Republik Jugoslawien wird dringend aufgefodert, die brutalen militärischen Aktionen gegen Slowenien zu beenden und zur Lösung der anstehenden Probleme ausschließlich friedliche und demokratische Mittel anzuwenden. Sie wird ferner aufgefordert, auf jede weitere Gewaltanwendung zur Unterdrückung des Selbstbestimmungsrechtes der jugoslawischen Völker zu verzichten und jede Gewaltanwendung durch Befehlende und Ausführende unter Strafsanktion zu stellen. Sie wird schließlich aufgefordert, allen jugoslawischen Republiken alle Rechte und demokratischen Freiheiten einzuräumen.

2. Alle Staaten, insbesondere auch die Staaten der KSZE werden aufgefordert, das Selbsbestimmungsrecht, die Souveränität der Republiken Slowenien und Kroatien anzuerkennen, um damit die Basis für einen demokratisch legitimierten Staatenbund zu schaffen.

3. Die Arge Alpen-Adria bittet insbesondere die Europäischen Gemeinschaften, den Republiken Slowenien und Kroatien Finanzmittel zu gewähren und damit die Entwickkung einer freien Marktwirtschaft zu unterstützen.

4. Die Arge Alpen-Adria ersucht die nationalen Regierungen aller Mitgliedsländer, ihre Forderungen zu verwirklichen, damit den jugoslawischen Republiken Solidarität konkret bekundet wird und ihnen auch positive Perspektiven für ihre weitere Entwicklung aufgezeigt werden.

5. Die KSZE und die EG werden aufgefordert, sofort internationale Beobachter zu entsenden, welche imstande sein müssen, die Einhaltung des Waffenstillstandes und die Beachtung der zwischen der Belgrader Regierung und den Republiken Slowenien und Kroatien getroffenen Vereinbarungen zu garantieren.

Klagenfurt, 3. Juli 1991

Beschluß

der österreichischen Landeshauptmännerkonferenz

Fünf Monate endloser Vermittlungsbemühungen durch die EG, 14 Waffenstillstands-Abkommen und die Tätigkeit eines UNO-Sonderbeauftragten haben das menschliche Elend hunderttausender Menschen nicht beenden können. Innerhalb von Kroatien gibt es derzeit schon 500.000 Flüchtlinge, und allein im belagerten Dubrovnik befinden sich über 60.000 Menschen unter unvorstellbaren Bedingungen. Weltweit existiert Entsetzen über Greuel und den Haß einer Kriegsführung, die auch unbewaffnete Zivilisten, Kinder, Mütter sowie kranke und alte Menschen nicht verschont.

In den letzten Monaten wurde in zahlreichen Bundesländern vom Landtag beziehungsweise der Landesregierung die Anerkennung Sloweniens und Kroatiens dringend gefordert.

Ein weiteres Warten auf die Anerkennung Kroatiens und Sloweniens durch die USA und die EG verlängert nur die Leiden eines Volkes, das nichts will als das elementare Recht der Unabhängigkeit und

Selbstbestimmung. Jeder weitere Tag dieses unmenschlichen Kriegs bedeutet auch, daß sich eine Welle von Flüchtlingen über die Nachbarländer ergießen wird. Kenner der Situation rechnen mit einem Exodus von einer halben Million Menschen, die vor allem nach Österreich und Ungarn flüchten werden.

In dieser Situation stellt die Anerkennung Kroatiens und Sloweniens einen Ansatzpunkt zur friedlichen Beilegung dieses Konfliktes dar. Diese Anerkennung ist auch die Voraussetzung für eine glaubwürdige internationale Initiative der Vereinten Nationen zur Beendigung des Krieges.

Die Landeshaupleutekonferenz ersucht daher die österreichische Bundesregierung, unverzüglich Slowenien und Kroatien als unabhängige Staaten anzuerkennen.

Eisenstadt, 29. November 1991

„Resolution 713 (1991)

verabschiedet auf der 3009. Sitzung des Sicherheitsrats am 25. September 1991

Der Sicherheitsrat,

im Bewußtsein der Tatsache, daß Jugoslawien in einem Schreiben des Ständigen Vertreters Jugoslawiens an den Präsidenten des Sicherheitsrats (S/23069) die Einberufung einer Sitzung des Sicherheitsrates begrüßt hat,

***nach Anhörung** der Erklärung des Außenministers Jugoslawiens,*

zutiefst besorgt über die Kampfhandlungen in Jugoslawien, die schwere Verluste an Menschenleben und Sachschäden verursachen, und über die Auswirkungen dieser Kampfhandlungen auf die Länder der Region, insbesondere in den Grenzgebieten der Nachbarländer,

***besorgt** darüber, daß das Fortbestehen dieser Situation eine Bedrohung des Weltfriedens und der intemationalen Sicherheit darstellt,*

***unter Hinweis** darauf, daß ihm nach der Charta der Vereinten Nationen die Hauptverantwortung für die Wahrung des Weltfriedens und der internationalen Sicherheit obliegt,*

***sowie unter Hinweis** auf die Bestimmungen des Kapitels VIII der Charta der Vereinten Nationen,*

*die Bemühungen der Europäischen Gemeinschaft und ihrer Mitgliedstaaten **würdigend,** mit Unterstützung der Teilnehmerstaaten der Konferenz über Sicherheit und Zusammenarbeit in Europa Frieden und Dialog in Jugoslawien wiederherzustellen, unter anderem durch den Vollzug einer Feuereinstellung, einschließlich der Entsendung von Beobachtern, die Einberufung einer Konferenz über Jugoslawien, einschließlich der durch sie geschaffenen Mechanismen, und die Suspendierung aller Lieferungen von Waffen und militärischer Ausrüstung an Jugoslawien,*

***unter Hinweis** auf die in der Charta der Vereinten Nationen verankerten diesbezüglichen Grundsätze und in diesem Zusammenhang im Hinblick auf die Erklärung der Teilnehmerstaaten der Konferenz über Sicherheit und Zusammenarbeit in Europa vom 3. September 1991, der zufolge durch Gewalt herbeigeführte Gebietsgewinne oder -veränderungen innerhalb Jugoslawiens nicht akzeptabel sind,*

***sowie in Anbetracht** der am 17. September 1991 in Igalo geschlossenen Übereinkunft über eine Feuereinstellung wie auch der am 22. September 1991 unterzeichneten Übereinkunft,*

***zutiefst beunruhigt** über die Verletzungen der Feuereinstellung und die Fortsetzung der Kampfhandlungen,*

***Kenntnis nehmend** von dem vom 19. September 1991 datierten Schreiben des Ständigen Vertreters Österreich (S/23052) an den Präsidenten des Sicherheitsrats,*

***sowie Kenntnis nehmend** von den vom 19. September 1991 beziehungsweise 20. September 1991 datierten Schreiben des Ständigen Vertreters Kanadas (S/23053) und des Ständigen Vertreters Ungarns (S/23057) an den Präsidenten des Sicherheitsrats,*

***sowie Kenntnis nehmend** von den vom 5. Juli 1991 (S/22775), 12. Juli 1991 (S/22785), 22. Juli 1991 (S/22834), 6. August 1991 (S/22898), 7. August 1991 (S/22902), 7. August 1991 (S/22903), 21. August 1991 (S/22975), 29. August 1991 (S/22991), 4. September 1991 (S/23010), 19. September 1991 (S/23047), 20. September 1991 (S/23059) beziehungsweise 20. September 1991 (S/23060) datierten Schreibens des Ständigen*

Vertreters der Niederlande, des Ständigen Vertreters der Tschechoslowakei, der Ständigen Vertreter Belgiens, Frankreichs und des Vereinigten Königreichs Großbritannien und Nordirland, des Geschäftsträgers a. i. Österreichs und des Ständigen Vertreters Australiens,

1. ***bringt*** *seine volle Unterstützung zum Ausdruck für die kollektiven Bemühungen um Frieden und Dialog in Jugoslawien, die unter der Schirmherrschaft der Mitgliedstaaten der Europäischen Gemeinschaft mit Unterstützung der Teilnehmerstaaten der Konferenz über Sicherheit und Zusammenarbeit in Europa im Einklang mit den Grundsätzen dieser Konferenz unternommen werden;*

2. ***unterstützt voll*** *und* ***ganz*** *alle Regelungen und Maßnahmen, die aus kollektiven Bemühungen wie den oben dargestellten hervorgehen, insbesondere zur Gewährung von Beistand und Unterstützung an die Beobachter der Feuereinstellung, mit dem Ziel einer stabilen und wirksamen Beendigung der Feindseligkeiten in Jugoslawien und des reibungslosen Funktionierens des im Rahmen der Konferenz über Jugoslawien geschaffenen Prozesses;*

3. ***bittet*** *zu diesem Zweck den Generalsekretär, unverzüglich seine Unterstützung anzubieten, im Benehmen mit der Regierung Jugoslawiens und allen, die die oben genannten Bemühungen fördern, und dem Sicherheitsrat so bald wie möglich Bericht zu erstatten;*

4. ***bittet*** *alle Beteiligten* ***nachdrücklich,*** *sich strikt an die Feuereinstellungsübereinkünfte vom 17. September 1991 und 22. September 1991 zu halten;*

5. ***appelliert eindringlich*** *an alle Parteien und legt ihnen nahe, ihre Streitigkeiten auf friedlichem Wege und durch Verhandlungen auf der Konferenz über Jugoslawien, einschließlich der durch sie geschaffenen Mechanismen, beizulegen;*

6. ***beschließt*** *nach Kapitel VII der Charta der Vereinten Nationen, daß alle Staaten zur Herstellung von Frieden und Stabilität in Jugoslawien alle Lieferungen von Waffen und militärischen Ausrüstungen an Jugoslawien sofort mit einem allgemeinen und vollständigen Embargo belegt werden, bis der Sicherheitsrat nach Konsultationen zwischen dem Generalsekretär und der Regierung Jugoslawiens etwas anderes beschließt;*

*7. **fordert** alle Staaten **auf**, sich jeglicher Handlungen zu enthalten, die zur Erhöhung der Spannungen und zur Behinderung oder Verzögerung eines friedlichen und auf dem Verhandlungswege herbeigeführten Ausgangs des Konflikts in Jugoslawien beitragen könnten, was allen Jugoslawen gestatten würde, ihre Zukunft in Frieden zu bestimmen und aufzubauen;*

*8. **beschließt**, bis zur Herbeiführung einer friedlichen Lösung mit dieser Angelegenheit befaßt zu bleiben."*

[S/RES/713 (1991)]

Resolution S/RES/836 (1993)

betreffend die Sicherheitszonen, verabschiedet vom Sicherheitsrat der Vereinten Nationen am 4. Juni 1993:

„Der Sicherheitsrat,

in Bekräftigung seiner Resolution 713 (1991) vom 25. September 1991 und aller danach verabschiedeten einschlägigen Resolutionen,

***insbesondere in Bekräftigung** seiner Resolution 819 (1993) vom 16. April 1993 und 824 (1993) vom 6. Mai 1993, in denen verlangt wurde, daß bestimmte Städte und deren umliegende Gebiete in der Republik Bosnien und Herzegowina als Sicherheitszonen behandelt werden,*

***in Bekräftigung** der Souveränität, territorialen Unversehrtheit und politischen Unabhängigkeit der Republik Bosnien und Herzegowina sowie der diesbezüglichen Verantwortung des Sicherheitsrats,*

***unter Verurteilung** der militärischen Angriffe und der Handlungen, welche die Souveränität, territoriale Unversehrtheit und politische Unabhängigkeit der Republik Bosnien und Herzegowina mißachten, die als Mitgliedstaat der Vereinten Nationen die in der Charta der Vereinten Nationen vorgesehenen Rechte genießt,*

***mit dem erneuten Ausdruck** seiner allerhöchsten Beunruhigung über die ernste und unannehmbare Situation in der Republik Bosnien und Herzegowina als Folge der schweren Verstöße gegen das humanitäre Völkerrecht,*

nochmals bekräftigend, *daß jede Aneignung von Hoheitsgebiet durch Gewalt und jedwede Praxis der ‚ethnischen Säuberung' rechtswidrig ist und unter keinen Umständen hingenommen werden kann,*

mit Anerkennung *für die Regierung der Republik Bosnien und Herzegowina und die Partei der bosnischen Kroaten für ihre Unterzeichnung des Vance-Owen-Plans,*

ernsthaft besorgt *über die hartnäckige Weigerung der Partei der bosnischen Serben, den Vance-Owen-Plan zu akzeptieren, und* ***mit der Aufforderung*** *an diese Partei, den Friedensplan für die Republik Bosnien und Herzegowina in seiner Gesamtheit zu akzeptieren,*

zutiefst besorgt *über das Andauern der bewaffneten Feindseligkeiten in dem Hoheitsgebiet der Republik Bosnien und Herzegowina, die dem Friedensplan völlig zuwiderlaufen,*

zutiefst beunruhigt *über die dadurch verursachte Not der Zivilbevölkerung im Hoheitsgebiet der Republik Bosnien und Herzegowina, insbesondere in Sarajewo, Bihac, Srebrenica, Gorazde, Tuzla und Zepa,*

unter Verurteilung *der Behinderung der humanitären Hilfe, hauptsächlich durch die Partei der bosnischen Serben,*

entschlossen, *den Schutz der Zivilbevölkerung in den Sicherheitszonen zu gewährleisten und eine dauerhafte politische Lösung zu fördern,*

in Bestätigung *des Verbots von militärischen Flügen im Luftraum der Republik Bosnien und Herzegowina, das mit den Resolutionen 781 (1992) vom 9. Oktober 1992, 786 (1992) vom 10. November 1992 und 816 (1993) vom 31. März 1993 erlassen wurde,*

erklärend, *daß das Konzept der Sicherheitszonen in der Republik Bosnien und Herzegowina, wie in den Resolutionen 819 (1993) und 824 (1993) enthalten, als Antwort auf eine Notsituation beschlossen wurde, und* ***feststellend,*** *daß das von Frankreich, in Dokument S/25800, sowie von anderen vorgeschlagene Konzept einen wertvollen Beitrag leisten könnte und keineswegs als Selbstzweck angesehen werden sollte, sondern als Teil des Vance-Owen-Prozesses und als ein erster Schritt auf dem Weg zu einer gerechten und dauerhaften politischen Lösung,* *in der Überzeugung*, daß es zur baldigen Verwirklichung dieses Ziels beitragen wird, wenn die genannten Städte und umliegenden Gebiete als Sicherheitszonen gelten,

betonend, daß die dauerhafte Lösung des Konflikts in der Republik Bosnien und Herzegowina auf den folgenden Grundsätzen beruhen muß: sofortige und vollständige Einstellung der Feindseligkeiten: Rückzug aus den unter Anwendung von Gewalt und durch ‚ethnische Säuberung' angeeigneten Gebieten; Rückgängigmachung der Folgen der ‚ethnischen Säuberung' und Anerkennung des Rechts aller Flüchtlinge auf Rückkehr an ihre Heimstätten; sowie Achtung vor der Souveränität, territorialen Unversehrtheit und politischen Unabhängigkeit der Republik Bosnien und Herzegowina,

sowie Kenntnis nehmend von der wichtigen Arbeit, die von der Schutztruppe der Vereinten Nationen (UNPROFOR) in der gesamten Republik Bosnien und Herzegowina geleistet wird, und feststellend, wie wichtig es ist, daß diese Arbeit fortgesetzt wird,

feststellend, daß die Situation in der Republik Bosnien und Herzegowina nach wie vor eine Bedrohung des Weltfriedens und der internationalen Sicherheit darstellt,

tätig werdend nach Kapitel VII der Charta der Vereinten Nationen,

1. **verlangt**, daß alle seine einschlägigen Resolutionen uneingeschränkt und sofort durchgeführt werden;

2. **befürwortet** den in Dokument S/25479 enthaltenen Friedensplan für die Republik Bosnien und Herzegowina;

3. **erklärt erneut**, daß der Erwerb von Hoheitsgebiet unter Anwendung von Gewalt nicht hingenommen werden kann und daß die volle Souveränität, territoriale Unversehrtheit und politische Unabhängigkeit der Republik Bosnien und Herzegowina wiederhergestellt werden müssen;

4. **beschließt**, die uneingeschränkte Achtung der in Resolution 824 (1993) genannten Sicherheitszonen zu gewährleisten;

5. **beschließt**, zu diesem Zweck das Mandat der UNPROFOR zu erweitern, um sie in den in Resolution 824 (1993) genannten Sicherheitszonen in die Lage zu versetzen, von Angriffen auf diese Sicherheitszonen abzuschrecken, die Waffenruhe zu überwachen, den Abzug

der militärischen oder paramilitärischen Einheiten mit Ausnahme von Einheiten der Regierung der Republik Bosnien und Herzegowina zu fördern und einige Schlüsselstellungen auf dem Boden zu besetzen, zusätzlich zu ihrer Mitwirkung an der Auslieferung humanitärer Hilfsgüter an die Bevölkerung, wie in Resolution 776 (1992) vom 14. September 1992 vorgesehen;

6. ***erklärt,*** *daß es sich bei diesen Sicherheitszonen um eine vorübergehende Maßnahme handelt und daß das primäre Ziel nach wie vor darin besteht, die Folgen der Anwendung von Gewalt rückgängig zu machen und es allen Personen, die von ihren Heimstätten in der Republik Bosnien und Herzegowina vertrieben wurden, zu erlauben, in Frieden an ihre Heimstätten zurückzukehren, beginnend unter anderem mit der zügigen Umsetzung der Bestimmungen des Vance-Owen-Plans in Gebieten, in denen die unmittelbar betroffenen Parteien diesen zugestimmt haben;*

7. ***ersucht*** *den Generalsekretär, im Benehmen unter anderem mit den Regierungen der Mitgliedstaaten, die Truppen für die UNPROFOR stellen,*

a) die zur Durchführung dieser Resolution erforderlichen Anpassungen oder Verstärkungen der UNPROFOR vorzunehmen und zu erwägen, mit Zustimmung der truppenstellenden Regierungen Teile der UNPROFOR zur Unterstützung der mit dem Schutz der Sicherheitszonen betrauten Einheiten abzustellen;

b) den Kommandeur der UNPROFOR anzuweisen, die seinem Befehl unterstellten Truppen in der Republik Bosnien und Herzegowina nach Möglichkeit umzudislozieren;

8. ***fordert*** *die Mitgliedstaaten auf, Truppen bereitzustellen, einschließlich logistischer Unterstützung, mit dem Ziel, die Durchführung der Bestimmungen betreffend die Sicherheitszonen zu erleichtern, dankt den Mitgliedstaaten, die bereits Truppen für diesen Zweck bereitstellen, und bittet den Generalsekretär, sich um weitere Kontingente seitens anderer Mitgliedstaaten zu bemühen;*

9. ***ermächtigt*** *die UNPROFOR, zusätzlich zu dem in den Resolutionen 770 (1992) vom 13. August 1992 und 776 (1992) festgelegten Mandat, in Durchführung des in Ziffer 5 beschriebenen Mandats und* *zur Selbstverteidigung, als Antwort auf die Bombardierung der Sicherheitszonen durch irgendeine der Parteien oder auf bewaffnete Einfälle in die Zonen oder im Falle einer vorsätzlichen Behinderung der Bewegungsfreiheit der UNPROFOR oder geschützter humanitärer Konvois in den Zonen oder in deren Umgebung, die erforderlichen Maßnahmen zu ergreifen, einschließlich der Anwendung von Gewalt;*

10. ***beschließt,*** *daß die Mitgliedstaaten, unbeschadet der Ziffer 1 der Resolution 816 (1993), einzelstaatlich oder durch regionale Organisationen oder Abmachungen, unter der Aufsicht des Sicherheitsrats und vorbehaltlich der engen Koordinierung mit dem Generalsekretär und der UNPROFOR, in den Sicherheitszonen und in deren Umgebung in der Republik Bosnien und Herzegowina alle erforderlichen Maßnahmen ergreifen können, unter Einsatz von Luftstreitkräften, um die UNPROFOR bei der Erfüllung ihres in den Ziffern 5 und 9 festgelegten Mandats zu unterstützen;*

11. ***ersucht*** *die betreffenden Mitgliedstaaten, den Generalsekretär und die UNPROFOR, ihre Maßnahmen zur Durchführung von Ziffer 10 eng zu koordinieren und dem Rat über den Generalsekretär Bericht zu erstatten;*

12. ***bittet*** *den Generalsekretär, dem Rat nach Möglichkeit innerhalb von sieben Tagen nach Verabschiedung dieser Resolution Bericht zu erstatten, damit er einen Beschluß über die Modalitäten ihrer Durchführung, insbesondere auch über ihre finanziellen Auswirkungen, fassen kann;*

13. ***bittet*** *den Generalsekretär* ***ferner,*** *dem Rat spätestens zwei Monate nach Verabschiedung dieser Resolution einen Bericht über ihre Durchführung und Befolgung vorzulegen;*

14. ***betont,*** *daß er sich die Möglichkeit offenhält, weitere und härtere Maßnahmen zu ergreifen, ohne damit irgendeine Maßnahme zu präjudizieren noch von vornherein auszuschließen;*

15. ***beschließt,*** *mit der Angelegenheit aktiv befaßt zu bleiben, und* ***verpflichtet sich,*** *nach Bedarf rasch tätig zu werden."*

Frieden in Slowenien – Krieg in Kroatien

Slowenien gelingt es, sich mit der Unabhängigkeitserklärung vom kriegerischen Konflikt abzukoppeln. Kroatien muß um seinen Staat weiter kämpfen. Auf seinem Territorium finden heftige Auseinandersetzungen mit den Serben statt.

Um eine Reihe kroatischer Städte - Vukovar ist ein Beispiel - toben blutige Kämpfe. Es zeigt sich, worum es der Führung rund um Milosevic in Belgrad eigentlich gegangen ist, nämlich um die Erfüllung eines Machtstrebens, um die Realisierung eines Groß-Serbiens. Auf dem Weg dazu mußte Kroatien in die Knie gezwungen werden.

Neue Kämpfe in Kroatien ausgebrochen
Utl.: Jugoslawische Luftwaffe beschießt kroatische Nationalgarde

Belgrad/Laibach (APA/Reuter/AFP/dpa) - Bei neuen Kämpfen zwischen kroatischen Polizisten und serbischen Extremisten sind in der Nacht zum Sonntag in der Republik Kroatien mehrere Zivilisten verletzt worden. Die Polizei gab an, daß bei den Sonntag früh teilweise noch andauernden Gefechten im Gebiet von Petrinja etwa 80 Kilometer südlich der kroatischen Hauptstadt Agram (Zagreb) Granatwerfer und automatische Waffen eingesetzt worden seien. Eine Einheit der Volksarmee sei alarmiert worden, um die Kämpfe zu beenden. „In Prnjavor ist eine regelrechte Schlacht im Gange", sagte ein Polizist am Telefon.

Die kroatische Polizei sei in dem Dorf von militanten Serben umzingelt und überfallen worden, berichtete der Polizist weiter. Auch aus den ostkroatischen Städten Pakrac und Osijek wurden neue Schießereien mit automatischen Waffen und Detonationen gemeldet.

Die jugoslawische Nachrichtenagentur Tanjug meldete, die jugoslawische Luftwaffe habe am Samstag nachmittag eine Stellung der kroatischen Nationalgarde in der Nähe des Dorfes Brsadin in Slawonien beschossen.

APA076 1991-07-14/11:50

Kroaten stürmen von Serben besetzte Dörfer
Utl: Kroatische Vorwürfe gegen Bundesarmee

Petrinja (APA/Reuter) - Kroatische Polizei und Nationalgarde haben am Sonntag vier von serbischen Freischärlern gestürmte Dörfer mit Waffengewalt zurückerobert. Die örtliche Polizei teilte mit, ein Polizist sei bei den stundenlangen Straßenkämpfen ums Leben gekommen und zehn weitere verletzt worden. Ein Polizeisprecher erklärte: „Wir wissen nicht, wieviele Tschetniks (serbische Nationalisten) beteiligt waren und wieviele getötet wurden." Die Dörfer liegen 50 Kilometer südlich der kroatischen Hauptstadt Agram (Zagreb) in einem Tal am Rande der überwiegend von Serben bewohnten Region Krajina.

Nach den Angaben der Polizei hatten die Serben ihren Angriff im Morgengrauen begonnen. Allein in die Ortschaften Dragotinci und Kraljevcani seien über 100 Granaten gefeuert worden. Mehr als 200 Dorfbewohner hätten Zuflucht in der Nachbarstadt Petrinja gesucht. Die kroatischen Einheiten seien dann mit Bussen, Lastwagen und Privatwagen in das Tal transportiert worden und hätten ihre Gegenoffensive begonnen. Die serbischen Freischärler hätten sich darauf in ihre angestammten Gebiete zurückgezogen, teilte die Polizei mit.

Seit Ausbruch der schweren ethnischen Konflikte zwischen Kroaten und Serben, denen bisher Dutzende von Menschen zum Opfer gefallen sind, wagen kroatische Sicherheitskräfte nicht mehr, in diese Gebiete vorzudringen. In der Nähe der Dörfer patrouillieren einige Panzer der von Serben dominierten jugoslawischen Bundesarmee.

APA003 1991-07-15/01:14

Kämpfe in Kroatien gehen weiter

Utl.: Staatspräsidium will mit Republikspräsidenten verhandeln - Serbien: „Kroatien vernichtet systematisch serbisches Volk"

Das Belgrader Staatspräsidium hat die Präsidenten der sechs Republiken eingeladen, an der Sitzung der Obersten Verwaltungsbehörde am (morgigen) Dienstag teilzunehmen. Im Mittelpunkt der Sitzung, die auf der Adria-Insel Brioni stattfindet, soll das Ultimatum des Präsidiums, wonach alle illegal bewaffneten Verbände im Land bis spätestens Donnerstag entwaffnet werden sollen, stehen. Die kroatische Führung hat bereits die Bereitschaft des Präsidenten Franjo Tudjman signalisiert, nach Brioni zu kommen. Ob Slowenien seine Vertreter zur Sitzung entsenden wird, ist noch unklar. Der mazedonische Vertreter im Staatspräsidium, Vasil Tupurkovski, fuhr am Montag zum Weltwirtschaftsgipfel nach London, um die Repräsentanten der westlichen Industriestaaten über die Krise Jugoslawiens zu informieren.

Die Regierungspartei Serbiens beschuldigte am Montag Kroatien, „systematisch das serbische Volk zu vernichten". In Anspielung auf die bewaffneten Zusammenstöße zwischen Kroaten und der serbischen Minderheit in Kroatien wird in einer in Belgrad veröffentlichten Erklärung der „Sozialistischen Partei Serbiens" (SPS) betont: „Jeder Angriff auf Teile des serbischen Volkes muß als Angriff auf das ganze serbische Volk aufgefaßt werden."

„Die Armee muß in noch größerem Maße als bisher eingespannt werden", sagte der Vertreter Montenegros im Staatspräsidium, Branko Kostic, der zugleich das Amt des stellvertretenden Staatspräsidenten innehat, am Montag in Belgrad. Er versprach den serbischen Flüchtlingen aus Kroatien: „Sie haben meine volle Garantie, daß die Armee nicht in die Kasernen zurückkehrt." Ein Abzug der Streitkräfte aus dem Gebiet der serbischen Minderheit Kroatiens „bedeutet die direkte Einleitung in einen Bürgerkrieg", begründete Kostic seine Haltung. Dagegen machte Kroatien den Rückzug der Armee in die Kasernen zur Voraussetzung für weitere Verhandlungen zwischen den Republiken: „Die Grundbedingung ist, daß man die Armee hindert, an dem dreckigen Krieg (der Serben) gegen Kroatien teilzunehmen", verlangte der kroatische Regierungschef Manolic in Agram.

Der Vizepräsident des serbischen Parlaments, Vukasin Jokanovic, erklärte am Sonntag vor tausenden Zuhörern in der Ortschaft Badovinci nahe der serbisch-bosnischen Grenze, die Einheiten der serbischen Territorialstreitkräfte seien darauf vorbereitet, den Schutz der Serben in Kroatien zu übernehmen, wenn die Armee dazu nicht imstande sein sollte.

APA261 1991-07-15/16:38

Jugoslawische Luftwaffe attackierte Agram
Utl.: Regierungssitz und Präsidentenamt getroffen - „Mehrere Verletzte" - Luftalarm in ganz Kroatien

Agram (APA/AP/ADN/Reuter/AFP) - Flugzeuge der jugoslawischen Luftwaffe haben am Montag die kroatische Hauptstadt Agram (Zagreb) angegriffen. Dabei sei der Sitz der Regierung und des Präsidenten sowie einige Ministerien getroffen worden, berichtete das Agramer Fernsehen. Angaben über Opfer lagen zunächst nicht vor. Im Rundfunk hieß es lediglich, es habe „mehrere Verletzte" gegeben. Eine „große Bomberstaffel" sei im Anflug auf die Millionen-Stadt, meldete das Fernsehen gegen 16:00 Uhr. Die Bevölkerung wurde eindringlich aufgefordert, „diese Ankündigungen ernst zu nehmen und sich in die Luftschutzkeller zu begeben". Auf dem gesamten kroatischen Territorium sei Luftalarm gegeben worden, hieß es. ****

Kurz zuvor hatte der stellvertretende Kommandant des 5. Armeebezirks, General Andrija Raseta, den Angriff angekündigt. Er gab zu verstehen, daß die Armee noch „an diesem Tag" einen entsprechenden Angriff durchführen könnte. Er begründete dies damit, daß die kroatischen Streitkräfte Montag früh eine Armee-Kaserne in Samobor am westlichen Stadtrand von Agram überrannt hätten und eine weitere in dem südlich der Hauptstadt gelegenen Armee-Stützpunkt Velika Buna bedrängten.

Kroatiens Präsident Franjo Tudjman hatte zuvor der jugoslawischen Bundesarmee vorgeworfen, ihre Aggression in der Teilrepublik zu verstärken. Die Armee stehe vor den Toren Agrams und wolle die kroatische Hauptstadt zerstören, sagte er auf einer Pressekonferenz. Es sei erforderlich, daß die internationale Gemeinschaft ihre militärische Macht demonstriere. Die US-Regierung sei ersucht worden, die im Mittelmeer operierende 6. Flotte in die Adria zu entsenden.

Nach Angaben des kroatischen Krisenstabes wurde die Umgebung der Stadt Samobor, zwölf Kilometer westlich von Agram, während der Nacht vom Boden aus mit Raketen angegriffen. Dabei soll eine Person getötet worden sein. Die seit Wochen umkämpfte slawonische Stadt Vukovar (130 Kilometer nordwestlich von Belgrad) war auch am Montag Ziel der Angriffe der jugoslawischen Armee und der mit ihr verbündeten Serben, berichtete Radio Zagreb. In der Nacht seien allein im Zentrum von Vukovar 5.000 Artillerie-Granaten eingeschlagen. Auch Kampfbomber hätten wieder Einsätze gegen die Stadt geflogen, die unmittelbar vor dem Fall zu stehen scheint. Nach Angaben der Armee ist inzwischen auch das Krankenhaus erobert worden.

APA325 1991-10-07/16:47

Entscheidungsschlacht um Vukovar
Utl.: Artilleriegefechte an kroatisch-bosnischer Grenze

Belgrad/Agram (APA/ADN/AP) - Die jugoslawische Bundesarmee und Truppen der serbischen Freischärler haben Montag vormittag eine Großoffensive gegen die seit Wochen belagerte kroatische Stadt Vukovar begonnen. Die Armee führe nun „ihre abschließende Operation zur Vertreibung der kroatischen paramilitärischen Kräfte aus der ostslawonischen Hauptstadt Vukovar durch", meldete die Belgrader Nachrichtenagentur Tanjug unter Berufung auf Armeequellen. Die Hälfte der Stadt sei von der Armee eingenommen und die Verbindung zum benachbarten Borovo Naselje abgeschnitten.

Nach Darstellung des Agramer Verteidigungsministeriums wurde die Donaustadt, die zum Symbol des kroatischen Widerstandes geworden war, mit Panzern und schwerer Artillerie beschossen. Kampfbomber der jugoslawischen Luftwaffe seien im Tiefflug über die Stadt gedonnert. Aus ihren Bunkerstellungen in Vukovar berichteten kroatische Regierungsbeamte: „Es ist schrecklich. Jede Sekunde hören wir eine Detonation."

Zuvor hatte der für die Verteidigung der Stadt verantwortliche Kommandant Milan Dedakovic die Regierung in Agram (Zagreb) beschuldigt, ihn und die 12.000 in Kellern versteckten Bewohner von Vukovar im Stich gelassen zu haben. Die Stadt sei nur noch wenige Stunden zu halten. Nach einem Frontbesuch des Generalstabschefs der Bundesarmee, Blagoje Adzic, hatten die unter serbischem Befehl stehenden Streitkräfte ihre Angriffe am Sonntag erheblich verstärkt.

APA172 1991-11-04/13:04

„Slibowitz-Hochburg" Vukovar wurde zum „Stalingrad Kroatiens"
Utl.: In Slawonien war die Donau fast immer eine Grenze

Wien (APA) - Seit Wochen steht Vukovar an vorderster Front des erbitterten Ringens zwischen Kroaten und Serben um die Beherrschung Ostslawoniens und ist als „Stalingrad Kroatiens" weltweit zu einem Begriff geworden. In Reiseführern aus alten Tagen finden sich dagegen nur zeilenweise Berichte über die Stadt an der Donau und wenn, dann werden weniger die Bauwerke der Stadt oder die Naturschönheiten seiner Umgebung gewürdigt, sondern der köstliche Slibowitz, der im Hügelland der sogenannten „Zwetschkenberge" (Fruska Gora) gebrannt wird.

So heißt es in „Meyer`s Reisebuch" aus dem Jahre 1898 unter anderem: „Vukovar (empfohlener Gasthof „Löwe"), Flecken mit 9494 kroatischen und deutschen Einwohnern, Hauptort des ungarisch-slawonischen Komitats Syrmien und Sitz des Obergespans, an der Mündung der Vuka in die Donau, mit Schloß und Franziskanerkloster. Viel Obstbau, auch Feigen. Guter Slibowitz".

Bei Vukovar war die Donau fast immer Grenze, schon zur Römerzeit und auch in den Jahrhunderten der Habsburger-Herrschaft, hier allerdings zumeist eine reine Verwaltungsgrenze zwischen dem zu den Ländern der ungarischen Stephanskrone gehörenden Kroatien und der Vojvodina, die bis 1918 ein unmittelbarer Landesteil Ungarns war.

APA069 1991-11-06/10:18

Der Angriff auf Kulturgüter

Der Krieg in Ex-Jugoslawien hat viele symbolhafte Bilder, auch solche, die mit Kulturdenkmälern in Verbindung gebracht werden. Eines dieser Bilder gilt der Zerstörung der historischen Brücke in Mostar. Ein anderes sind die Angriffe auf Dubrovnik.

Die dalmatinische Hafenstadt ist vor allem vielen Touristen in aller Welt in Erinnerung geblieben. Als der historische Stadtkern bombardiert wird, eine ganze Kulturstätte Gefahr läuft zerstört zu werden, unwiderbringliche Schäden davonzutragen, geht ein Aufschrei durch die internationale Öffentlichkeit.

EG-Friedenskonferenz von Kämpfen in Dubrovnik überschattet

Agram/Belgrad (APA/AP/AFP) - Während in Den Haag die EG-Friedenskonferenz zu Jugoslawien tagte, sind in Kroatien die Kämpfe an einigen Brennpunkten weitergegangen. Am heftigsten waren die Gefechte in Pakrac rund 100 Kilometer östlich von Agram (Zagreb), das nach kroatischen Angaben die ganze Nacht hindurch beschossen und in der Früh erneut angegriffen worden sein soll. Auch die Gefechte an der neu eröffneten Front bei Dubrovnik an der Adriaküste gingen weiter.

Zwischen Novska und Okucani an der Autobahn Agram-Belgrad hätten kroatische Truppen die Armee angegriffen, meldete die Belgrader Nachrichtenagentur Tanjug. Radio Zagreb berichtete dagegen, Kampfhubschrauber der Armee hätten Novska mit Raketen zuerst unter Feuer genommen. Der Angriff sei mit Raketenwerfern unterstützt worden.

In einem weiteren Tanjug-Bericht hieß es, von einem Kriegsschiff seien Schüsse in Richtung des Ortes Molunat an der Küste zwischen Dubrovnik und Herceg Novi Uin abgegeben worden. Im „Dreiländereck" zwischen Kroatien, Bosnien-Herzegowina und Montenegro südlich von Dubrovnik beschossen nach Angaben von Radio Zagreb serbische Freischärler am Mittwoch kroatische Truppen.

APA298 1991-09-26/14:59

EG-Friedenskonferenz vertagt

Utl.: Weiter Kämpfe um Dubrovnik

Agram (APA/ADN/dpa) In der Nacht zum Dienstag hielten die Kämpfe in Kroatien weiterhin an. Besonders betroffen waren nach kroatischen Rundfunkberichten die Gebiete um Nova Gradiska an der Autobahn Agram-Belgrad, Pakrac und Vukovar in Slawonien sowie die Region um Dubrovnik. Der Hilfskonvoi für das seit fast zwei Monaten belagerte Vukovar wird am Dienstag nicht einen neuen Versuch starten, die Donaustadt zu erreichen. Das teilte das Mitglied des Generalstabs der kroatischen Nationalgarde, Oberst Imre Agotic, Montag abend nach Verhandlungen mit Vertretern der Bundesarmee mit.

Erstmals haben die selbsternannten Regierungen der serbischen Minderheit in Kroatien gemeinsam mit dem Kabinett der Republik Serbien in Belgrad getagt. Das berichtete die wichtigste serbische Zeitung „Politika" am Dienstag. Einzelheiten wurden nicht genannt. Beobachter sehen in der gemeinsamen Sitzung erste Vorbereitungen für eine künftige staatliche Zusammenarbeit, die eine Einigung aller Serben in Jugoslawien zum Ziel habe.

Die festgefahrene EG-Friedenskonferenz zu Jugoslawien hatte sich Montag abend auf kommenden Freitag vertagt. „Die Serben wollen mehr als die Kroaten bereit sind zu geben, und die Kroaten wollen mehr als die Serben akzeptieren können", umschrieb der Vorsitzende der Konferenz, der frühere britische Außenminister Lord Peter Carrington die derzeitige Pattsituation.

APA224 1991-10-15/14:29

Feuerpause in Dubrovnik vereinbart

Utl.: Radio Belgrad: 13 Armeereservisten von Kroaten massakriert

Agram/Belgrad (APA/AFP) - In Dubrovnik haben die Stadtverwaltung und die Militärkommandantur der Region eine Feuerpause vereinbart, berichtete der kroatische Rundfunk Freitag abend. Das Abkommen sei um 19.30 Uhr MESZ geschlossen worden. Vorausgegangen seien Verhandlungen zwischen dem Militärkommandanten der Region, Fregattenkommandant Mihal Zarkovic, und dem Bürgermeister von Dubrovnik, Zeljko Sikic. Dubrovnik war nach kroatischen Angaben seit drei Tagen von Panzerschiffen und Infanterieeinheiten bombardiert worden. Noch am Freitag um 17.00 Uhr MESZ wurden Kämpfe aus der Hafenstadt gemeldet.

Radio Belgrad warf den kroatischen Sicherheitskräften unterdessen vor, 13 Armeereservisten - ausschließlich Serben aus der Region Banija - massakriert zu haben. Der Vorfall habe sich vergangenen Samstag in der Nähe von Karlovac, rund 60 Kilometer südlich von Agram ereignet, meldete der Sender unter Berufung auf einen angeblichen Überlebenden. Die Armee-Einheit geriet der Darstellung zufolge in einen Hinterhalt. Die sterblichen Überreste seien am Freitag den Angehörigen übergeben worden.

Zur Situation an der adriatischen Küste meldete Radio Agram, Kriegsschiffe hätten am Nachmittag Position gegenüber dem Hafen Vela Luka auf der Insel Korcula bezogen, etwa hundert Kilometer nördlich von Dubrovnik. Aus Furcht vor einem Angriff hätten die örtlichen Behörden den Strom abschalten lassen und die Bevölkerung aufgefordert, sich in die Luftschutzkeller zu begeben.

APA008 1991-09-28/00:56

Brücke von Mostar eingestürzt

Utl.: Regierung: Berühmtes Bauwerk von Kroaten zusammengeschossen

Sarajewo (APA/AP) - Die weltberühmte Brücke von Mostar aus dem 16. Jahrhundert ist nach Angaben der bosnischen Regierung vom Dienstag unter kroatischem Beschuß eingestürzt. Das Staatspräsidium in Sarajewo teilte nicht mit, wann genau das von Türken erbaute Wahrzeichen der Stadt zusammenbrach. Eine Sondersitzung des Staatspräsidiums wurde für den Nachmittag anberaumt.

Die Stadt ist seit Monaten zwischen moslemischen und kroatischen Truppen schwer umkämpft. Die Kroaten betrachten Mostar als Hauptstadt ihrer selbsternannten „Republik Herceg-Bosna" im Süden der Kriegsrepublik.

APA351 1993-11-09/14:30

Brücke von Mostar

Utl.: Bauwerk steht auf UNESCO-Liste

Die beiden Brückenköpfe befanden sich unter der Kontrolle der moslemischen Truppen. Die UNO konnte die Zerstörung zunächst noch nicht bestätigen. Die Fußgängerbrücke war bei früheren Gefechten wiederholt getroffen worden. Ihre Standfestigkeit galt bereits vor drei Monaten als stark beeinträchtigt. Das Bauwerk steht ebenso wie Teile des kroatischen Adriahafens Dubrovnik auf der UNESCO-Liste des zu schützenden Kulturerbes der Menschheit.

Die 1566 fertiggestellte Brücke aus weißem Kalkstein überspannt den Fluß Neretva in einem 30 Meter weiten und 20 Meter hohen Bogen. Der türkische Baumeister Hairudin hatte den Auftrag für den Bau 1557 von Sultan Soliman dem Prächtigen übernommen. Erst 1522 war die Stadt Mostar, deren Namen von den Brückenhütern (Mostari) abgeleitet wird, zur Residenz des türkischen Begs geworden, der über den im 15. Jahrhundert eroberten Sandschak (Bezirk) Herzegowina herrschte.

Hairudin ersetzte mit seinem Bau eine hölzerne Brücke, die vorher an der Stelle gestanden hatte. Sein Bauwerk, das seinerzeit als statisch äußerst gewagt gegolten hatte, überlebte alle Erdbeben und den Touristenansturm des 20. Jahrhunderts.

In Friedenszeiten sprangen junge Männer gegen ein Trinkgeld von der Brücke in den 20 Meter tiefer gelegenen Fluß. Im Sommer gab es sportliche Wettbewerbe im Brückenspringen.

APA377 1993-11-09/14:59

Die bosnische Tragödie

An der Jahreswende 1993 beruhigt sich die Situation um Kroatien. In der Hauptstadt herrscht bereits wieder reges Leben. Die Kroaten konnten den Serben offenbar die Stirn bieten, wenngleich eine Reihe kroatischer Gebiete unverändert in serbischer Hand sind.

Die leise Hoffnung, daß sich die kriegerischen Auseinandersetzungen in Jugoslawien beruhigen könnten und damit die Chance besteht, auf dem Verhandlungsweg Lösungen zu finden, erfüllt sich nicht.

Bosnien-Herzegowina wird nun zum „Schlachtfeld".

Ausnahmezustand in Bosnien-Herzegowina ausgerufen
Utl: Schwere Kämpfe in mehreren Städten - Luftwaffe fliegt Angriffe

Sarajewo (APA/AFP/dpa) - In Bosnien-Herzegowina ist am Mittwoch abend der Ausnahmezustand ausgerufen worden. Wie das Fernsehen in Sarajewo bekanntgab, erließ das Präsidium der Republik ein entsprechendes Dekret, das umgehend in Kraft treten sollte. Danach übernimmt das Republikspräsidium, in dem nur noch die kroatischen und moslemischen Volksgruppen vertreten sind, sämtliche Machtbefugnisse, darunter auch den Oberbefehl über die Streitkräfte, die zuvor der jugoslawischen Bundesarmee unterstanden.

Das Parlament wird aufgelöst und gibt seine Aufgaben und Befugnisse an das Präsidium ab. Am Mittwoch abend appellierte das bosnische Präsidium auch an die internationale Gemeinschaft, den Artilleriebeschuß der historischen Altstadt von Sarajewo, die laut UNESCO zu den Kulturdenkmälern der Welt zählt, zu verurteilen. Gleichzeitig wurde der Zusatz „sozialistisch" aus dem Namen der „Republik Bosnien-Herzegowina" gestrichen.

Das Präsidium hatte nach Angaben von Radio Sarajewo seit Mittwoch früh in außerordentlicher Sitzung getagt. Der kroatische Vertreter im Präsidium, Stjepan Kljujic, hatte am Mittwoch im bosnischen Fernsehen erklärt, nach der Ausrufung des Ausnahmezustandes werde das bosnische Verteidigungsministerium die Befehlsgewalt über die territorialen Verteidigungskräfte übernehmen. Damit stünden fortan alle die Hauptstadt Sarajewo verteidigenden Kräfte unter einem Kommando, erklärte Kljujic. Er kündigte an, daß das Präsidium in der seit Tagen umkämpften Stadt Kupres den Waffenstillstand ausrufen werde. Dieser Schritt werde ein Loyalitätstest für die Bundesarmee gegenüber der Republiksführung sein.

Die jugoslawische Bundesarmee hatte am Mittwoch schwere Angriffe auf Ortschaften in Bosnien-Herzegowina geführt. Die serbisch dominierte Armee eroberte die strategisch wichtige Stadt Kupres in heftigen Kämpfen mit kroatischen Milizen zurück. Die Luftwaffe flog neue Angriffe gegen kroatische Dörfer im Südwesten Bosniens. In einer Erklärung hieß es, die Angriffe hätten „Militäreinrichtungen und feindlichen Stellungen in der Region" gegolten. Tanjug berichtete auch von Kampfhandlungen zwischen Serben und Moslems in den Städten Zvornik und Visegrad.

Radio Sarajewo meldete schwere Kämpfe aus Mostar und aus Bosanski Brod an der Grenze zu Kroatien.

Die Armeeführung erklärte, sie werde trotz Bosniens Anerkennung durch die EG und die USA nicht aus der Republik abziehen, weil sie die Serben dort schützen müsse.

APA552 1992-04-08/22:56

Sechs Kinder beim Schlittenfahren in Sarajewo durch Granate getötet

Utl.: Zwei weitere Kinder schwer verletzt

Sarajewo (APA/AFP/Reuter) - Sechs Kinder sind am Samstag in Sarajewo beim Schlittenfahren durch eine Granate getötet worden. Das teilte das Kosevo-Krankenhaus in der bosnischen Hauptstadt mit. Zwei weitere Kinder seien bei dem Angriff auf das Stadtviertel Alipasino Polje schwer verletzt worden.

Nach Angaben von Radio Sarajevo wurde die Granate aus dem benachbarten Nedzarici-Viertel abgefeuert, das von Truppen der bosnischen Serben kontrolliert wird.

APA197 1994-01-22/15:47

Blutbad in Sarajewo

Utl.: Izetbegovic appelliert an den Westen - UNPROFOR kann Herkunft des Geschoßes nicht ermitteln

Sarajewo (APA/Reuter/AFP/dpa) - Das Blutbad mit 68 Toten in Sarajewo hat den Ruf nach energischem Vorgehen gegen die serbischen Belagerer verstärkt. In Sarajewo, wo nach dem Angriff rund 200 Verletzte teilweise nur unzureichend behandelt werden konnten, trafen am Sonntag amerikanische Ärzte ein. Sie wollten nach UNO-Angaben mit einem Sonderflugzeug transportfähige Verwundete zur Versorgung ins

Ausland fliegen. Der bosnische Präsident Alija Izetbegovic erklärte, entweder bombardiere der Westen jetzt serbische Stellungen und beliefere die Moslems mit Waffen oder er bleibe passiver Komplize bei Kriegsverbrechen. Allerdings ist nicht geklärt, ob die Serben tatsächlich die Granate abfeuerten: Die UNO-Schutztruppen (UNPROFOR) konnten die Herkunft des Geschoßes nicht mit Sicherheit bestimmen.

Die Granate war am Samstag um 12.30 Uhr auf dem belebten Zentralmarkt Sarajewos eingeschlagen. 68 Menschen starben nach Angaben des bosnischen Gesundheitsministers. An die 200 Menschen, die Brot und Gemüse einkaufen oder Wasser holen wollten, wurden verletzt, viele von ihnen grauenhaft verstümmelt. Ein Augenzeuge sagte, die Granate habe bei ihrem Einschlag in einen Verkaufsstand mehrere Menschen völlig zerfetzt. Die bosnische Regierung erklärte den Sonntag zum Trauertag und verbot Menschenansammlungen unter freiem Himmel.

Der Oberkommandierende der serbischen Aufständischen, General Manojlo Milovanovic, und andere serbische Politiker wiesen die Beschuldigung zurück, sie hätten die Granate abgeschossen. „Ich erkläre kategorisch, daß von Stellungen der bosnisch-serbischen Armee in jenem Raum und zu jener Zeit nicht geschossen wurde", sagte Milovanovic. Serbenführer Radovan Karadzic behauptete, das Blutbad sei von den Moslems selbst „konstruiert" worden.

Am Sonntag erklärte der UNO-Kommandant in Bosnien, Michael Rose, es sei nicht möglich zu sagen, welche Seite die Granate abgefeuert hat. Da sie auf einem Verkaufsstand aus einem Marktplatz in der Innenstadt von Sarajevo explodiert war, konnten Ballistiker wegen des fehlenden Einschlagkraters die Position des abfeuernden Geschützes nicht ermitteln. Die Experten der Blauhelme konnten lediglich feststellen, daß die Granate aus dem Nordosten der belagerten Stadt abgeschossen worden war.

Die bosnische Moslem-Regierung richtete unterdessen erneut Hilfsappelle an alle Welt. Regierungschef Haris Silajdzic und Bosniens Vertreter bei der UNO, Mohamed Sacirbey, erklärten, die Welt möge helfen, andernfalls drohe den Moslems in Bosnien ein „langsamer Genozid". Sacirbey sagte: „Es ist Zeit, daß die Welt reagiert." Die Vertreter der bosnischen Moslems beschlossen, trotz des Blutbades an der nächsten Runde der Genfer Friedensverhandlungen am kommenden Donnerstag teilzunehmen.

APA136 1994-02-06/13:53

Situation um Sarajewo spitzt sich wieder zu
Utl.: UNO droht mit Luftangriffen - Gefechte griffen auf Sperrzone über

Sarajewo (APA/AFP/Reuter) - Die Situation um die bosnische Hauptstadt Sarajewo hat sich am Mittwoch wieder zugespitzt. Nachdem die Kämpfe zwischen den moslemisch dominierten bosnischen Regierungstruppen und den serbischen Einheiten auf die von der UNO verhängte 20 Kilometer-Sperrzone um die Stadt übergegriffen hatten, drohte die Schutztruppe UNPROFOR beiden Kriegsparteien eindringlich mit NATO-Luftangriffen.

Dies ist das erste Mal, daß auch den Regierungstruppen mit NATO-Angriffen gedroht wurde. UNPROFOR-Sprecherin Claire Grime sagte am Mittwoch in Sarajewo, die Schutztruppe sei bereit, „alle verfügbaren Mittel anzuwenden", um zu verhindern, daß das Verbot schwerer Waffen in der Sperrzone um die bosnische Hauptstadt verletzt werde. Der UNPROFOR-Kommandant für Bosnien-Herzegowina, Michael Rose, habe dies beiden Kriegsparteien in einem Brief mitgeteilt.

Beide Kriegsparteien verletzten die 20-Kilometer-Sperrzone um Sarajewo, sagte Grime. NATO-Luftangriffe werde es jedoch erst dann geben, wenn die Kriegsparteien den Vorschlag einer UNO-Puffertruppe endgültig ablehnten. Das Angebot einer Puffertruppe werde jedoch „nicht unendlich lange" aufrecht erhalten, sagte Grime.

APA322 1994-08-10/14:50

Die NATO startet Luftangriffe

Eine Unzahl von Resolutionen internationaler Organisationen, von der UNO bis zur KSZE, wurden verabschiedet, mit Appellen, den Krieg zu beenden, mit Drohungen, in diesen Krieg einzugreifen. Statistiker wollen insgesamt über 30 Waffenstillstandsabkommen registriert haben. Sie alle blieben weitgehend ohne Echo und ohne Wirkung.

Schließlich macht die NATO, vor allem auf Drängen der Amerikaner, mit ihrer verbalen Drohung Ernst und nimmt tatsächlich serbische Stellungen aus der Luft ins Visier.

Noch aber zeigt sich „zu ebener Erde“ noch wirklich kein Respekt. Zulange hat man gewartet, den Aggressor in die Schranken zu weisen.

Erster NATO-Kampfeinsatz: Flugzeuge über Bosnien abgeschossen

Utl.: Athen spricht von serbischen Maschinen - Belgrad und bosnisch-serbische Armee dementieren - Tuzla unter Beschuß

Brüssel/Sarajewo (APA/Reuter/AFP/AP/Tanjug/HINA) - Kampfflugzeuge der NATO haben am Montag vier vermutlich serbische Flugzeuge über Bosnien-Herzegowina abgeschossen. Der erste NATO-Kampfeinsatz seit der Gründung 1949, den zwei amerikanische F-16 flogen, war eine Reaktion auf die Verletzung des von der UNO über Bosnien-Herzegowina verhängten Flugverbotes, teilte die Allianz in Brüssel mit. Der griechische Verteidigungsminister sprach von abgeschossenen „Trainingsflugzeugen der bosnischen Serben". Von serbischer Seite wurde dies strikt dementiert. Auch der Generalstab Rest-Jugoslawiens bestritt, daß die Flugzeuge zu seiner Luftwaffe gehören. Bosnische Medien berichteten, daß Montag früh sowohl serbische als auch kroatische Maschinen Angriffe in Zentralbosnien geflogen hatten.

Die beiden Piloten der F-16 hätten die Piloten der „Jastreb"-Maschinen - einer technischen Abart der „Galeb"-Flugzeuge, die den bosnischen Serben zur Verfügung stehen - zwei Mal aufgefordert zu landen, erklärte ein NATO-Sprecher in Brüssel. Die Warnung hatte sechs „Jastrebs" gegolten, von denen sich zwei offenbar zur Heimatbasis der bosnisch-serbischen Luftwaffe Banja Luka absetzen konnten. Ein serbischer Militärsprecher bestritt allerdings, daß von dort Kampfflugzeuge aufgestiegen seien. Vier Maschinen seien schließlich abgeschossen worden, sagte der NATO-Sprecher.

Augenzeugen in der Nähe von Banja Luka berichteten von verkohlten Flugzeugteilen, die in einem Feld niedergegangen seien. Über das Schicksal der Piloten ist nichts bekannt. Die bosnisch-serbische Armeeführung dagegen betonte, daß „nirgendwo" über Bosnien am Montag Flugzeuge ihrer Luftwaffe abgeschossen worden seien.

Offenbar in einer ersten Reaktion auf den NATO-Einsatz griffen serbische Verbände am Montag die von bosnischen Regierungstruppen kontrollierte Industriestadt Tuzla im Norden an. Nach UNPROFOR-Angaben wurde das Zentrum und der Flughafen beschossen.

Das seit April vergangenen Jahres geltende Flugverbot wurde schon häufiger gebrochen worden, aber es war noch nie zu einem Kampfeinsatz gekommen. Die Aktion fand genau eine Woche, nachdem UNO und NATO die serbisch-bosnische Seite mit der Drohung von Luftangriffen gezwungen hatten, ihre schweren Belagerungswaffen aus einer 20 Kilometer breiten Schutzzone um Sarajewo abzuziehen oder der UNO zu unterstellen, statt. Nach UNPROFOR-Informationen verstießen die serbischen Verbände am Montag gegen diese Vereinbarung und fuhren sechs Panzer aus der Schutzzone.

Den Kontakt mit den „Jastrebs" hatte die NATO-Rotte „Flying Falcons" kurz nachdem eine Munitionsfabrik in Novi Travnik angegriffen worden war. Die „Jastrebs" seien beim Abschuß entweder noch mitten im Einsatz gewesen oder hätten gerade abgedreht, verlautete aus UNO-Kreisen in Zagreb.

Die bosnischen Serben verfügen nach Erkenntnissen des Londoner Internationalen Institutes für Strategische Studien über einige Dutzend „Jastrebs" und „Galebs". Die meisten sind in Banja Luka stationiert. Den vom italienischen Stützpunkt gestarteten F-16 sind sie bei weitem unterlegen.

APA366 1994-02-28/15:14

NATO-Kampfflugzeuge attackierten Serben bei Gorazde

Utl.: Amerikanische F-16 zerstörten „mindestens zwei serbische Panzer"

Sarajewo/Brüssel (APA/AP/Reuter/dpa) - NATO-Kampfflugzeuge haben Sonntag abend Stellungen der serbischen Belagerer der ostbosnischen Stadt Gorazde angegriffen. Nach Angaben eines UNO-Sprechers in Sarajewo wurden bei dem Einsatz von zwei amerikanischen Maschinen des Typs F-16 mindestens zwei serbische Panzer zerstört. Der Angriff sei gegen 19:00 Uhr MESZ geflogen worden. Ein NATO-Sprecher in Brüssel bestätigte, die Aktion sei auf Ersuchen der UNO-Streitkräfte in Bosnien-Herzegowina erfolgt.

Erst am Vortag hatte UNO-Generalsekretär Boutros Boutros-Ghali verlangt, die Serben auch mit Hilfe von Luftangriffen an der Eroberung Gorazdes zu hindern. Tausende von Flüchtlingen waren am Wochenende nach UNO-Berichten in panischer Angst in der Region um die Moslem-Enklave auf der Flucht.

Gorazde wird seit dem 21. März 1992 von den Serben belagert. Der Weltsicherheitsrat hatte die Stadt bereits im

Mai 1993 zur Schutzzone erklärt. Erst seit der letzten Woche sind 15 UNO-Militärbeobachter dort stationiert.

Der NATO-Luftangriff vom Sonntag war der erste auf serbische Boden-Stellungen.

APA279 1994-04-10/20:24

NATO mit Kampfflugzeugen gegen bosnische Serben
Utl.: Einzelheiten über Einsatz noch unklar - Offenbar Vergeltung für Entwendung von Waffen aus UNO-Depot

Brüssel/Sarajewo (APA/Reuter/dpa) - Mit dem Einsatz von Kampfflugzeugen hat die NATO am Freitag auf den jüngsten Verstoß der bosnischen Serben gegen die Waffenruhe und das NATO-Ultimatum zu Sarajewo reagiert. Ein NATO-Gewährsmann bestätigte den Luftangriff am Abend, ohne Einzelheiten zu nennen. Einheiten der bosnischen Serben hatten sich zuvor am Freitag in der Sperrzone der bosnischen Hauptstadt mehrerer unter UNO-Kontrolle stehender schwerer Waffen bemächtigt.

Wieviele Kampfflugzeuge zum Einsatz kamen und welche Ziele angegriffen wurden, war zunächst unklar. Offen ist auch, ob die dem Vernehmen nach überwiegend amerikanischen Flugzeuge von Aviano in Italien aus starteten oder von dem in der Adria stationierten US-amerikanischen Flugzeugträger „Washington". Ziel des von der UNO erbetenen Luftangriffs sei es, die Sperrzone um Sarajewo durchzusetzen und Zuwiderhandlungen nicht zuzulassen, berichtete der US-Fernsehsender CNN aus dem Pentagon. Das Weiße Haus sei informiert worden.

Panzer, gepanzerte Fahrzeuge und Geschütze in Ilidza bei Sarajewo waren nach der Luftangriffsdrohung der NATO im Februar der UNO-Schutztruppe (UNPROFOR) unterstellt worden. Aufständische hatten am Morgen aus dem Depot in dem Vorort einen Panzer, zwei Panzerfahrzeuge und ein

Luftabwehrgeschütz entwendet. Die wachhabenden ukrainischen UNO-Soldaten hätten die Serben erst bemerkt, als diese mit den Panzerfahrzeugen aus dem Lager gefahren seien, teilte ein UNPROFOR-Sprecher mit. Die ukrainischen Soldaten hätten die Serben gewähren lassen, weil sie sich nicht in der Lage gesehen hätten, die Eindringlinge aufzuhalten.

APA453 1994-08-05/18:08

UNO-Soldaten als serbische Geiseln

Die ärgste Demütigung erfährt die internationale Staatengemeinschaft, als in Bosnien von den serbischen Truppen UNO-Soldaten als Geisel genommen werden.

Der Kontrollor ist selbst Gefangener geworden.

Während die Truppen der bosnischen Serben die UNO geradezu an der Nase herumführen, ist man im UNO-Hauptquartier fassungslos.

Karadzic droht UNO mit Geiselnahmen
Utl.: „Abzug der Blauhelme aus Bosnien wäre begrüßenswert" - Serbenführer ist sich keiner Schuld bewußt

Bonn (APA/Reuter) - Der bosnische Serbenchef Radovan Karadzic hat damit gedroht, bei einem internationalen Eingreifen in den Bosnien-Konflikt UNO-Soldaten als Geiseln zu nehmen. „Sollten unsere Stellungen von NATO-Bombern angegriffen werden, dann sind die Blauhelme unsere Geiseln", sagte Karadzic laut einem Vorbericht vom Samstag dem Hamburger Nachrichtenmagazin „Der Spiegel". Einen Abzug der UNO aus Bosnien würde er begrüßen, sagte Karadzic. Falls die UNO-Schutzzonen nicht von den Moslems entmilitarisiert würden, würden die bosnischen Serben sie mit Gewalt einnehmen, die Hauptstadt Sarajewo eingeschlossen.

Der internationalen Kontaktgruppe warf Karadzic vor, als Friedensstifter wirkungslos und zudem von deutscher Vormundschaft gelähmt zu sein. „Die Deutschen sollte man da unbedingt rauswerfen", sagte Karadzic. Dagegen nannte der Serben-Politiker Bemühungen von Diplomaten, die darauf abzielten, Bosnien als Union zweier souveräner Staaten zu konstituieren, für die bosnischen Serben „akzeptabel". Mit einigen Grenzkorrekturen könne er dem zustimmen.

Im Blick auf die Ermittlungen des Den Haager Kriegsverbrecher-Tribunals wegen der Serben zugeschriebenen Vertreibungen und Vergewaltigungen sagte Karadzic, er sei sich keiner Schuld bewußt, er habe sich stets korrekt verhalten und weder Vertreibungen von Moslems noch Massenvergewaltigungen angeordnet. „Finden Sie mir hundert Kinder, die aufgrund von Vergewaltigungen zur Welt kamen, dann werde ich mich schuldig bekennen", wurde der Serbenchef im „Spiegel" weiter zitiert.

APA089 1995-05-20/11:46

Nach NATO-Luftangriffen eskaliert Krieg in Bosnien
Utl.: Zweiter NATO-Angriff auf Munitionslager nahe Pale
UNO-Offiziere als Geiseln angekettet

Brüssel/Sarajewo/Belgrad (APA/AFP/Reuter/dpa) - Der Krieg in Bosnien-Herzegowina ist am Freitag erneut eskaliert. Nach schweren serbischen Artillerieangriffen auf sechs UNO-Schutzzonen bombardierten Kampfflugzeuge der NATO am Freitag zum zweiten Mal binnen 24 Stunden ein Munitionsdepot der bosnischen Serben nahe der Serbenhochburg Pale. Daraufhin ketteten die bosnischen Serben UNO-Soldaten an Häuser an, um sie als menschliche Schutzschilde vor weiteren NATO-Angriffen zu nutzen. Außerdem nahmen sie etwa 50 UNO-Soldaten als Geiseln.

Bei den Angriffen der bosnischen Serben auf UNO-Schutzzonen, die sie als Vergeltung für den ersten NATO-Angriff am Donnerstag führten, wurden nach jüngsten Angaben 76 Menschen getötet. Ein UNO-Sprecher teilte in Genf mit, weitere 150 Menschen seien verletzt worden. Allein in Tuzla seien 71 Personen getötet worden. Kurz nach dem NATO-Luftangriff nahmen die bosnischen Serben am Freitag Sarajewo erneut unter Artilleriebeschuß. Dabei wurden nach Angaben des bosnischen Rundfunks fünf Menschen getötet.

Bei dem Luftangriff der NATO gegen die bosnischen Serben Freitag um 10.30 Uhr MESZ sind nach Angaben des Bündnisses bei Pale fünf Munitionsbunker zerstört worden. NATO-Kampfflugzeuge haben bis Mittag vier Luftangriffe auf zivile Ziele in und nahe Pale geflogen, meldete das bosnisch-serbische Fernsehen. Insgesamt neun Bomben sollen erheblichen Sachschaden verursacht haben. Der Oberkommandant der NATO-Truppen in Südeuropa, US-Admiral Leighton Smith, sagte dem amerikanischen Fernsehsender CNN, NATO und UNO koordinierten das weitere Vorgehen.

Der Fernsehsender der bosnischen Serben von Pale zeigte Bilder von drei gefangengehaltenen UNO-Soldaten. Ein kanadischer und ein russischer Offizier waren an Metallpfähle gefesselt, ein tschechischen Offizier war von den Serben mit Handschellen an die Tür eines mit Artilleriegranaten gefüllten Bunkers gekettet. Die bosnisch-serbische Nachrichtenagentur SRNA berichtete, die UNO-Soldaten seien in der Nähe „möglicher Ziele der NATO-Luftangriffe" plaziert worden, um weitere Angriffe zu verhindern. Die UNPROFOR teilte mit, die bosnischen Serben blockierten seit der Nacht auf Freitag auch drei UNO-Sammelstellen für schwere Waffen und hätten etwa 50 Blauhelmsoldaten als Geiseln genommen.

In Abstimmung mit dem französischen Ministerpräsidenten Alain Juppe, den USA und NATO-Generalsekretär Willy Claes appellierten die Regierungschefs Frankreichs und Deutschlands an den russischen Präsidenten Boris Jelzin, seinen Einfluß auf den serbischen Präsidenten Slobodan Milosevic geltend zu machen. Jelzin habe in einem Telefonat zugesagt, auf Milosevic einzuwirken, berichtete Kohl. Major und Juppe erklärten, ihre Länder erwägen den Abzug ihrer UNO-Soldaten aus Bosnien.

APA394 1995-05-26/16:10

Serben nehmen weitere UNO-Soldaten als Geiseln
Utl.: Neuerlicher Angriff auf Tuzla

Sarajewo (APA/Reuter/AFP/dpa) - Die bosnischen Serben weichen nicht von ihrem Konfrontationskurs gegenüber der UNO ab. Sie nahmen am Sonntag weitere UNO-Soldaten als Geiseln und hielten bereits 277 UNO-Soldaten als Geiseln fest. Außerdem feuerten sie erneut Granaten auf die Stadt Tuzla. Zudem schossen sie nach eigenen Angaben auf NATO-Flugzeuge, die die Serben-Hochburg Pale überflogen. Die diplomatischen Bemühungen gingen unterdessen weiter. US-Präsident Bill Clinton diskutierte die Lage telefonisch mit Frankreichs Präsident Jacques Chirac und dem britischen Premierminister John Major.

Die Serben nahmen am Sonntag acht kanadische UNO-Soldaten als Geiseln. Damit befanden sich nach UNO-Angaben mehr als 230 Mitglieder der Friedenstruppe in der Gewalt der serbischen Truppen. Vermutlich 16 UNO-Angehörige sind als „menschliche Schutzschilde" vor militärischen Zielen angekettet worden, um weitere NATO-Luftangriffe zu verhindern.

In einer außergewöhnlich scharfen Reaktion auf die Geiselnahme sagte UNO-Sprecher Alexander Iwanko, „die Armee der bosnischen Serben benimmt sich weiterhin wie eine Terroristen-Organisation, indem sie unbewaffnete Militärbeobachter der UNO als menschlichen Schutzschild an militärische Objekte kettet, indem sie UNO-Offizieren Pistolen an den Kopf hält und mit Erschießen bedroht und indem sie Uniformen und Insignien der UNO-Truppen trägt".

Beim Granatbeschuß der UNO-Schutzzone Tuzla wurde am Sonntag nach UNO-Angaben ein Mann getötet. Die Serben dementierten, daß sie für den Angriff verantwortlich seien. Am Freitag waren bei einem serbischen Angriff auf Tuzla 71 Menschen getötet und über 150 verletzt worden. Außerdem beschossen die Serben nach eigenen Angaben NATO-Kampfflugzeuge, die das serbische Hauptquartier in Pale überflogen.

Serbische Soldaten hatten am Wochenende auch gedroht, weitere UNO-Depots für schwere Waffen zu plündern. Der UNO-Kommandant für Bosnien, General Rupert Smith, habe daraufhin befohlen, solche Angriffe zurückzuschlagen, sagte ein UNPROFOR-Sprecher.

APA152 1995-05-28/14:47

Serben wollen UNO-Geiseln erst „nach festem Frieden" freilassen

Utl.: Auch USA für härtere Gangart der UNO-Truppe

Sarajewo/Zagreb (APA/dpa) - Die bosnischen Serben wollen die weit über 300 als Geiseln gehaltenen UNO-Soldaten erst „nach der Herstellung eines festen Friedens" freilassen. Das erklärte ihr „Informationsminister" Miro Toholj am Montag nach Angaben des bosnisch-serbischen Fernsehens. „Die Blauhelme sind erst dann frei, wenn ihre Regierungen diesem Land den Frieden bringen", wurde Toholj zitiert. Beobachter werteten die Forderungen der Serben als „klare Erpressung", mit der der Westen gezwungen werden sollte, Moslems und Kroaten zur Beendigung des Kriegs zu bewegen.

Die USA unterstützen unterdessen französische Absichten, die UNO-Truppe in Bosnien entschiedener gegen Angriffe der Serben auftreten zu lassen. Aus der Umgebung von Außenminister Warren Christopher verlautete, die USA seien für einen derartigen Fall auch bereit, die UNO-Truppe mit dem notwendigem Material auszustatten.

Die EU-Außenminister setzen auf eine verstärkte militärische Präsenz der UNO und gleichzeitige politische Verhandlungen mit Serbien.

Die Chancen für ein Kommando-Unternehmen zur Befreiung der Geiseln werden beim Internationalen Institut für Strategische Studien (IISS) in London skeptisch beurteilt.

APA290 1995-05-29/14:06

Das Drama um die UNO-Schutzzonen

Die UNO, die gewissermaßen die Schlichtungsfunktion im Konflikt in Ex-Jugoslawien einnehmen hätte sollen, wird zur Zielscheibe der serbischen Attacken. Zum Schutz der nicht-serbischen Bevölkerung in Bosnien wurden sogenannte Schutzzonen eingerichtet.

Diese Schutzzonen sind nun das Ziel der Aggression serbischer Truppen. Und die Weltöffentlichkeit schaut zu.

Srebrenica, Zepa und viele andere bosnische Städte werden zum Synonym für ein besonderes brutales Vorgehen der serbischen Truppen, für die Vergewaltigung von Frauen, für die Vertreibung von Menschen, für Massenerschießungen, für die Demütigung der UNO.

NATO erwägt Schaffung neuer Sperrzonen in Bosnien
Utl.: Schutz für die Städte Srebrenica, Bihac, Zepa und Tuzla erwogen

Washington (APA/Reuter) - Die NATO überprüft derzeit Pläne, in Bosnien-Herzegowina vier sogenannte Schutzzonen zu Sperrzonen für schwere Waffen zu erklären. Neben den bereits existierenden Sperrzonen um Sarajewo und Gorazde werde erwogen, die Städte Tuzla, Zepa, Srebrenica und Bihac mit demselben Status zu versehen, sagte der amerikanische NATO-Botschafter Robert Hunter am Montag vor der Presse in Washington. Damit würde festgelegt, daß sämtliche schweren Waffen aus der Umgebung der vier Städte abgezogen werden müßten, die derzeit lediglich den Status von UNO-Schutzzonen genießen.

Ein Sperrzonen-Status für Srebrenica, Bihac, Zepa und Tuzla würde künftig NATO-Luftangriffe rechtfertigen, wenn eine der Kriegsparteien dort schwere Waffen stationiert, oder sich ihrer bemächtigt, nachdem sie der UNO unterstellt wurden.

APA031 1994-08-09/07:52

UNO: Srebrenica an Serben gefallen
Utl.: Bosnische Serben dringen ins Zentrum der Stadt ein

Sarajewo (APA/AP/AFP) - Die UNO-Schutzzone Srebrenica ist nach UNO-Angaben in die Hände der bosnischen Serben gefallen. UNO-Sprecher Alexander Ivanko teilte Dienstag nachmittag mit, die bosnischen Serben, die die Schutzzone seit vergangenen Mittwoch angegriffen haben, seien in die Stadt Srebrenica im Osten Bosniens eingedrungen. Niederländische Blauhelme hätten sich aus der Stadt zurückgezogen, gemeinsam mit einer Gruppe von Flüchtlingen.

UNO-Sprecher Gary Coward sagte in Sarajewo: „Die Serben sind ins Zentrum der Stadt Srebrenica eingedrungen".

APA474 1995-07-11/17:21

NATO-Luftangriff gegen bosnische Serben bei Srebrenica
Utl: Serbischer Panzer zerstört

Sarajewo/Brüssel (APA/AFP) - NATO-Flugzeuge haben am Dienstag einen Luftangriff auf Stellungen der bosnischen Serben um die ostbosnische UNO-Schutzzone Srebrenica geflogen. Nach Angaben aus UNO-Kreisen wurde bei dem Angriff ein serbischer Panzer getroffen. Der Angriff habe um 14.40 Uhr MESZ begonnen und sei 40 Minuten später erfolgreich abgeschlossen worden. Die NATO hatte zuvor in Brüssel bestätigt, daß eine Operation zur Luftunterstützung im Gang sei. Der Angriff - der neunte seit 1993 - war eine Reaktion auf die serbischen Angriffe gegen niederländische UNO-Soldaten. Am Dienstag hatten die Serben die Blauhelme und die Zivilbevölkerung ultimativ aufgefordert, die Schutzzone innerhalb von 48 Stunden zu verlassen. Am Montag war es an einer UNO-Straßensperre zu Zusammenstößen gekommen.

UNO-General Herve' Gobillard habe wegen der Angriffe auf die niederländischen UNO-Soldaten in Srebrenica die NATO-Angriffe angefordert, sagte UNO-Sprecher Gary Coward in Sarajewo. Die NATO-Luftunterstützung diene dem Schutz der niederländischen UNO-Soldaten und der Zivilbevölkerung. Zuvor hatten die bosnischen Serben zwei UNO-Lager in Srebrenica angegriffen. In der Stadt sind mehr als 30.000 überwiegend moslemische Zivilisten eingeschlossen.

Das von den Serben gestellte Ultimatum lehnte ein UNO-Sprecher als „völlig unannehmbar" ab.

Der Sicherheitsrat der Vereinten Nationen hatte die bosnischen Konfliktparteien am Montag mit Nachdruck aufgerufen, den „Status der UNO-Schutzzone um Srebrenica zu respektieren". Nach Angaben des bosnischen Rundfunksenders Radio Sarajewo wurden bei dem serbischen Vormarsch auf Srebrenica allein am Montag 17 Menschen getötet und 57 weitere verletzt. In Srebrenica sind etwa 400 niederländische UNO-Soldaten stationiert. Mehr als 30 von ihnen werden seit dem Wochenende von den bosnischen Serben festgehalten.

APA437 1995-07-11/16:21

Serben nehmen Srebrenica und wollen Zepa

Utl.: UNHCR: 25.000 Menschen aus der Stadt geflüchtet - Frankreich zum Eingreifen bereit

Sarajewo (APA/AFP/Reuter) - Mit der Eroberung der ostbosnischen Stadt Srebrenica haben die bosnischen Serben den UNO-Schutztruppen am Dienstag eine beispiellose Niederlage zugefügt und rund 25.000 Zivilisten in die Flucht getrieben. Trotz NATO-Luftangriffen gegen Stellungen der bosnischen Serben nahe der UNO-Schutzzone Srebrenica gelang es den serbischen Einheiten am Nachmittag, die Kontrolle über die Stadt zu übernehmen. Jetzt drohen die Serben mit der Eroberung Zepas. Sie setzten in Srebrenica Dienstag abend eine eigene Verwaltung ein. Frankreich äußerte sich bereit, auf Bitten der Vereinten Nationen Srebrenica zurückzuerobern. Zusammen mit Deutschland und den Niederlanden setzte es sich für eine Dringlichkeitssitzung des UNO-Sicherheitsrates ein.

Auch die Zerstörung zweier Panzer durch NATO-Kampfflugzeuge der USA und der Niederlande konnte die aufständischen Serben am Dienstag nicht aufhalten. Die niederländischen UNO-Soldaten in Srebrenica verhandelten nach Angaben ihrer Regierung mit den Serben über freies Geleit für sich und rund 7000 Flüchtlinge, die am Abend noch unter ihrem Schutz standen. Sie wollten zudem die 30 Kameraden mitnehmen, die am Wochenende in serbische Hände gefallen waren. Nach Angaben der UNO waren bis dahin bereits 25.000 Menschen aus Srebrenica geflohen, der ersten UNO-Schutzzone, die von den Serben in dem seit mehr als drei Jahren wütenden Bürgerkrieg eingenommen wurde.

Nur wenige Stunden nach der Eroberung Srebrenicas setzten die bosnischen Serben nach eigenen Angaben dort eine eigene Verwaltung ein. Das Fernsehen der Aufständischen meldete am Abend, es sei auch ein Bürgermeister ernannt worden. Zudem berichtete der serbische Sender, noch für die Nacht werde auch die Einnahme der UNO-Schutzzone Zepa nordwestlich Srebrenicas erwartet.

Der französische Präsident Jacques Chirac sagte am Dienstag, sein Land sei bei entsprechender Anforderung der UNO bereit, Srebrenica zurückzuerobern. Er verlangte vom Sicherheitsrat in New York, die aus Franzosen, Briten und Niederländern gebildete Schnelle Eingreiftruppe damit zu beauftragen. Wenn die Völkergemeinschaft die Eroberung Srebrenicas hinnehme, sehe er nicht, was die Serben daran hindern sollte, andere Moslem-Enklaven oder gar Sarajewo einzunehmen, sagte Chirac auf einer Pressekonferenz mit Deutschlands Bundeskanzler Helmut Kohl in Straßburg. Kohl äußerte sich betroffen über das Leiden der Bevölkerung in Srebrenica.

UNO-Generalsekretär Boutros Boutros-Ghali sagte, die neue Eingreiftruppe sei noch nicht so weit gewesen, in Srebrenica eingesetzt zu werden. Er nannte die Friedensaufgabe der UNO in Bosnien unerfüllbar. „Unter den gegenwärtigen Bedingungen haben wir nicht die Mittel, unsere Mission zu erfüllen."

APA576 1995-07-11/22:30

Serbische Angriffe auf Zepa nehmen zu
Utl.: Beschuß durch Artillerie und Panzer

Sarajewo (APA/dpa/AFP) - Die bosnischen Serben haben am Donnerstag erste Angriffe auf Zepa unternommen. Ein serbischer Panzer beschoß die in der Schutzzone gelegene kleine Stadt Ribioc. Die zunehmenden Angriffe serbischer Artillerie auf Zepa in unmittelbarer Nähe zur bereits gefallenen Schutzzone Srebrenica haben bei der UNO-Führung am Donnerstag tiefe Besorgnis ausgelöst. Nach Darstellung eines UNO-Sprechers in Sarajewo vom Donnerstag mittag registrierten die in der Enklave stationierten ukrainischen

Blauhelm-Soldaten schon seit dem Vorabend zahlreiche Artillerieüberfälle der Serben.

Serbenführer Radovan Karadzic hat am Vorabend die nur 20 Kilometer von Srebrenica gelegene Enklave Zepa zum nächsten Ziel seiner Truppen erklärt. „Die Lage ist inzwischen sehr gespannt", sagte der UNO-Sprecher in Sarajewo. Die knapp 12.000 moslemischen Zivilisten in der Schutzzone werden gegenwärtig von 79 ukrainischen Blauhelm-Soldaten beschützt.

Dagegen bemühten sich UNO-Sprecher im Jugoslawien-Hauptquartier der Blauhelme in Zagreb, die Entwicklung rund um Zepa herunterzuspielen. „Die Schutzzone ist zwar extrem gefährdet im Falle eines Angriffs, aber gegenwärtig ist die militärische Lage rund um Zepa sehr, sehr ruhig", sagte UNO-Chefsprecher Chris Gunness. Gunness hatte schon zu Wochenbeginn die Lage rund um Srebrenica, bis wenige Stunden vor ihrem Fall, als „relativ ruhig mit nur vereinzelten Zwischenfällen" beschrieben.

APA326 1995-07-13/13:38

NATO: UNO-Posten in Zepa „fast alle gefallen"
Utl.: Großangriff der bosnischen Serben auf UNO-Schutzzone

Brüssel (APA/AFP) - Die Posten der ukrainischen UNO-Soldaten in der ostbosnischen UNO-Schutzzone Zepa sind nach Angaben des NATO-Rats „fast alle gefallen". Dies sagte der Oberkommandierende der Alliierten Streitkräfte in Europa, US-General George Joulwan, nach Angaben von Diplomaten in Brüssel Freitag abend im NATO-Rat. Am späten Nachmittag hatten die Verbände der bosnischen Serben mit einem Großangriff auf die Moslem-Enklave Zepa begonnen.

APA550 1995-07-14/19:53

Oberkommando der bosnischen Serben: Zepa hat kapituliert

Pale (APA/Reuter/AP) - Die bosnischen Serben haben Mittwoch abend nach eigenen Angaben die ostbosnische UNO-Schutzzone Zepa erobert. Ihr Oberkommando teilte in Pale bei Sarajewo weiter mit, die Behörden in der Moslem-Enklave mit etwa 17.000 Einwohnern hätten kapituliert. Damit ist nach der Eroberung Srebrenicas durch die Serben in der vorigen Woche die zweite von drei UNO-Schutzzonen in Ostbosnien an die Serben gefallen.

APA554 1995-07-19/21:31

Kroatien nimmt sein Recht in Anspruch

Die serbischen Truppen geraten letztlich doch in die Defensive. Der Widerstand der bosnischen Truppen wird immer härter. Das zunehmend schärfere Durchgreifen der NATO macht Eindruck.

Schließlich fühlt sich auch Kroatien stark genug, jene Gebiete zurückzuerobern, die ihm zustehen, die aber noch immer von den Serben besetzt gehalten werden, deren Rückgewinnung aber Kroatien sogar durch eindeutige völkerrechtliche Bestimmungen und durch UNO-Resolution zusteht, die Krajina und West-Slawonien. Kroatien landet einen raschen und klaren militärischen Erfolg, erntet aber internationale Kritik. Das von den Serben noch besetzt gehaltene Ost-Slawonien, das wird in weiterer Folge vertraglich vereinbart, muß bis zum 1. Juli 1997 an Kroatien zurückgegeben werden.

Schwerste Kämpfe in Kroatien seit eineinhalb Jahren

Utl.: Kroatische Offensive in Westslawonien - Luftangriff auf Brücke nach Bosnien - Karadzic droht mit Gegenschlag

Zagreb (APA/Reuter/AFP/dpa) - Die kroatische Armee hat mit einer Offensive gegen die aufständischen Serben in Westslawonien am Montag die heftigsten Kämpfe in der Region seit eineinhalb Jahren ausgelöst. Der UNO zufolge überschritten 2.000 Soldaten mit Panzern die Waffenstillstandslinien, um die von Serben blockierte Autobahn E-70 (Zagreb-Belgrad) unter ihre Kontrolle zu bringen. Nach UNO-Angaben griffen Montag nachmittag zwei kroatische Mig-Flugzeuge die Brücke über die Save an, um die Verbindung zu den serbischen Gebieten nach Bosnien abzuschneiden.

Die Brücke liegt in einem Gebiet, das von den Krajina-Serben kontrolliert wird und gewährleistet die Verbindung zwischen den Serbengebieten in Kroatien und Bosnien. Der Oberste Verteidigungsrat der Krajina-Serben ordnete die Mobilmachung zusätzlicher Einheiten an. Die Oberkommandierenden der Krajina-Serben kündigten erbitterten Widerstand gegen die kroatische Armee an. Ein Sprecher der Krajina-Serben richtete einen Hilfsappell an die Serben aus dem benachbarten Bosnien und aus dem aus Serbien und Montenegro bestehenden Jugoslawien.

Der bosnische Serbenführer Radovan Karadzic sagte im bosnisch-serbischen Rundfunk, die Kroaten hätten die bosnische Stadt Bosanska Gradiska an der Grenze zu Kroatien angegriffen. Karadzic kündigte nach Angaben der bosnisch-serbischen Nachrichtenagentur Srna an, daß sich die bosnischen Serben und die Serben der Krajina gemeinsam „verteidigen" würden. „Wir sind ein Volk", sagte er.

Die kroatischen Soldaten seien bei Tagesanbruch in das serbisch kontrollierte Westslawonien einmarschiert, teilte die UNO mit. Nach einer Meldung der kroatischen Nachrichtenagentur HINA stießen die Soldaten von Osten und Westen in einer Zangenbewegung auf die Stadt Okucani vor.

Die UNO teilte mit, die kroatische Armee sei zudem in zwei 200 Kilometer südwestlich der Adria gelegene UNO-Beobachterposten eingerückt. Die Krajina-Serben wiederum hätten etwa 80 UNO-Soldaten aus Nepal und Argentinien die kugelsicheren Westen, Stahlhelme und Funkgeräte abgenommen, hieß es in UNO-Kreisen. Offenbar wollten sie ihre Geiseln als menschliche Schutzschilde gegen die vorrückenden Kroaten einsetzen. Einheiten der Krajina-Serben hätten auch 26 mit der Bewachung der Autobahn Zagreb-Belgrad befaßte UNO-Polizisten gefangengenommen.

Die serbische Minderheit kann mit ihren Waffen praktisch alle kroatischen Städte erreichen und hatte einen Beschuß wiederholt angekündigt. Die Serben, die seit ihrem 1991 begonnenen Aufstand gegen die Loslösung Kroatiens von Jugoslawien fast ein Drittel des Landes besetzen, verfügen über ein großes Waffenarsenal. Seit März 1994 gilt formal ein Waffenstillstand, der von den UNO-Truppen überwacht wird.

APA291 1995-05-01/20:03

UNO-Sicherheitsrat fordert Einstellung der Kämpfe um Bihac
Utl.: Appell zur Respektierung der Grenzen

New York (APA/AFP) - Der UNO-Sicherheitsrat in New York hat die Einstellung der Kämpfe rings um die nordwestbosnische UNO-Schutzzone Bihac und den Respekt der kroatisch-bosnischen Grenze gefordert. In einer am Freitag angenommenen Erklärung zeigte sich das Gremium „tief beunruhigt" über die Situation um Bihac. Gleichzeitig wurden alle Kriegsparteien aufgerufen, „die internationale Grenze zwischen Kroatien und Bosnien-Herzegowina und deren territoriale Integrität voll zu respektieren". Jede Aktion, die den Konflikt über die Grenze nach Kroatien tragen könnte, müsse unterbleiben.

Die Region Bihac wird seit einigen Tagen verstärkt von den bosnischen Serben und den mit ihr verbündeten Serben der kroatischen Krajina und Kämpfern des abtrünnigen Moslemführers Fikret Abdic angegriffen. Dabei konnten die Angreifer ein Drittel der Region unter ihre Kontrolle bringen. NATO und UNO arbeiteten am Freitag in Brüssel an Plänen, um die Serben von Angriffen auf die UNO-Schutzzone Bihac abzuhalten. Die Kämpfe um Bihac hatten sich im Laufe des Freitags nach Süden in das Grenzgebiet zwischen Südkroatien und Westbosnien ausgeweitet. Die bosnischen Kroaten konnten dort die strategisch bedeutsame Ortschaft Bosanka Grahovo im serbisch kontrolliertem Gebiet in Südwestbosnien und anschließend das nahegelegene Glamoc erobern.

Angesichts des Verlustes von Bosanka Grahovo hatte der bosnische Serbenführer Radovan Karadzic den „Kriegszustand" über das von seinen Truppen kontrollierte Gebiet in Bosnien verhängt. Am Abend folgte die Führung der Krajina-Serben in Kroatien und rief ebenfalls den „Kriegszustand" aus.

APA008 1995-07-29/02:02

Kämpfe um Region Bihac und in der Krajina
Utl.: Bosnische Serben brennen Zepa nieder - Nach Kroaten-Vorstoß - Ausrufung des Kriegsrechts

Sarajewo/New York (APA/AFP/Reuter/dpa/Tanjug) - Nach der Einnahme der mehrheitlich von bosnischen Serben bewohnten Städte Bosanko Grahovo und Glamoc durch Einheiten der bosnischen Kroaten haben die Gefechte um die nordwestbosnische Moslem-Region Bihac am Samstag angedauert. Der UNO-Beauftragte für das ehemalige Jugoslawien, Yasushi Akashi, traf im dalmatinischen Küstenort Brioni mit Kroatiens Präsident Franjo Tudjman zusammen, um eine weitere Eskalation der Gefechte zu verhindern. Einheiten der bosnischen Serben brannten nach UNO-Angaben nach Vertreibung der Zivilbevölkerung aus der früheren UNO-Schutzzone Zepa die Stadt weitgehend nieder und plünderten sie aus.

Vertreter der UNO-Schutztruppen UNPROFOR befürchteten eine Offensive der kroatischen Truppen auch auf die von den Krajina-Serben kontrollierten Gebiete in Kroatien. In

Mitteilungen der Krajina-Serben wurde die Lage in dem Gebiet als schwierig bezeichnet, zahlreiche Zivilisten sollen bereits aus der Krajina geflüchtet sein. Nach der Ausrufung des Kriegszustands am Freitag verhängten die Krajina-Behörden am Samstag eine Ausgangssperre, wie Radio Belgrad berichtete.

Nach dem Verlust von Bosanko Grahovo und Glamoc hatten zunächst der bosnische Serben-Führer Radovan Karadzic und anschließend die Führung der Krajina-Serben den „Kriegszustand" über die von ihren Truppen kontrollierten Gebiete verhängt. Der Chef der Krajina-Serben, Milan Martic, rief den UNO-Sicherheitsrat auf, die „kroatische Aggression" gegen die selbstproklamierten serbischen „Republiken" in Bosnien und Kroatien zu stoppen. Der Sicherheitsrat hatte am Freitag die Einstellung der Kämpfe rings um Bihac und die Respektierung der kroatisch-bosnischen Grenze gefordert.

Laut bosnischen Armeekreisen bewegten sich die von der UNO auf rund 10.000 Mann geschätzten kroatischen und bosnischen Einheiten in Richtung auf die Städte Jajce und Donji Vakuf zu, offenbar mit dem Ziel, die Krajina-Serben von ihren Verbündeten in Bosnien zu trennen. Nach Ansicht von Militärbeobachtern dient der kroatische Vorstoß zugleich der Entlastung für die Regierungssoldaten im Raum Bihac. Vor der Offensive sollen Tausende Menschen die Flucht angetreten haben.

Die kroatische Armee konnte mit dem Einmarsch in Bosansko Grahovo und Glamoc die wichtigste Versorgungsstraße für die kroatische Serben-Hochburg Knin besetzen.

APA173 1995-07-29/17:11

Krajina-Offensive der kroatischen Armee
Utl.: Angriff mit Trommelfeuer der Artillerie eröffnet

Zagreb (APA/Reuter/AP) - Die kroatische Armee hat nach UNO-Angaben Freitag früh eine umfassende Offensive gegen

Städte der aufständischen Serben in der Krajina begonnen. Der Stabschef der UNO-Truppen im Raum Knin, Oberst Andrew Leslie, teilte mit, die kroatische Armee habe auf alle größeren Städte, darunter die Serben-Hochburg Knin, das Feuer mit Artillerie eröffnet. Die Infanterie rücke nach vorliegenden Berichten auf mindestens zwei Städte vor. „Wir haben seit fünf Uhr früh heftigen Beschuß aller großen städtischen Zentren", sagte Leslie.

Die Offensive wurde um 05.00 Uhr eröffnet. Die UNO hatte eine Stunde zuvor die Warnung erhalten, daß „nach Ablauf einer Stunde Offensivoperationen beginnen werden". Granaten schlügen im Abstand von 400 Metern oder vier Kilometern von UNO-Stellungen ein, sagte Leslie. Die UNO habe gepanzerte Fahrzeuge rausgeschickt, um UNO-Soldaten und Beobachter von teilweise exponierten Stellungen zurückzuholen.

APA048 1995-08-04/07:35

Ein Dokument, das aufrütteln sollte

Der Bericht der Mazowiecki-Kommission ist ein erschütterndes Dokument zum Konflikt im Ex-Jugoslawien.

Das Dokument zeigt auf, welche Menschenrechtsverletzungen tatsächlich begangen wurden, wenngleich es auch nur ein Zipfel des Dramas lüftet. Das Dokument zeigt auf, mit welcher Gleichgültigkeit letztlich auf diese eklatanten Verstöße gegen Recht und Leben reagiert wurde. Wenngleich Mazowiecki sein Mandat zurücklegte, nachdem er bei seinen Recherchen und Untersuchungen mehr behindert denn gefördert wurde, weil er mit Recht das Gefühl hatte, zunächst gegen eine Mauer des Schweigens zu laufen, so war sein Bericht doch letztlich ein wichtiges Glied in jener Kette, die ein Ende des Krieges veranlassen sollte.

Wirtschafts- und Sozialrat

Endbericht von Tadeusz Mazowiecki, Sonderberichterstatter der Menschenrechtskommission laut Paragraph 42 der Kommissionsresolution 1995/89 über die Situation der Menschenrechte im früheren Jugoslawien.

Einführung

1. Am 27. Juli 1995 informierte Tadeusz Mazowiecki, Sonderberichterstatter der Menschenrechtskommission den Vorsitzenden der Kommission über seinen Entschluß, sein Mandat zurückzulegen. (S. 236)

2. Im vorliegenden Bericht legt er seine Ermittlungsergebnisse über Ereignisse, die bis zu seinem Rücktritt stattfanden, dar, wobei es sich um Menschenrechtsverletzungen nach dem Fall von Srebrenica handelt.

3. Der Bericht umfaßt auch die Analyse der Entwicklung und eine Konzeptdarlegung für die sicheren Gebiete des Sonderberichterstatters, sowie Informationen, die dieser bei kürzlich stattgefundenen Treffen mit Menschenrechtsorganisationen der Republik Jugoslawien, die nicht der Regierung angehören, erhielt.

Srebrenica

A. Allgemeine Bemerkungen

4. Dieser Bericht beruht auf den Schlußfolgerungen einer Mission des Sonderberichterstatters in Tuzla vom 22. bis 24. Juli 1995, sowie auf Untersuchungen, die von Mitarbeitern des Menschenrechtszentrums gemeinsam mit Friedenstruppen der Vereinten Nationen (UNPF) durchgeführt wurden. Diese Untersuchungen umfaßten Interviews mit vertriebenen Personen und Diskussionen mit Menschen aus der Tuzlaregion, sowie mit Vertretern der Gebiets- und Stadtverwaltung, lokalen medizinischen Einrichtungen und Mitgliedern der Serbischen Bevölkerungsgruppe. Zahlreiche internationale Organisationen und lokale, nicht der Regierung angehörende und in diesem Bereich aktive Organisationen wurden ebenso kontaktiert, wie das Büro des UNO-Hochkommissionärs für Flüchtlingsfragen (UNHCR), das Internationale Komitee des Roten Kreuzes, Ärzte ohne Grenzen (Belgien), die Europäi-

sche Beobachtungskommission, das Bürgerforum Tuzla und das Plenum der Helsinkibewegung. Es wurden auch Informationen von Journalisten berücksichtigt. Zusätzlich basiert dieser Bericht auf Informationen, die man durch Interviews mit den UNO-Friedenstruppen (UNPROFOR) erhielt, die sich in Potocari und Srebrenica zur Zeit der im Bericht beschriebenen Ereignisse befanden.

5. Die tragische Odysse der Muslims von Srebrenica begann mit dem Fall der Enklave am Dienstag, den 11. Juli 1995. Die Vertreibung der gesamten moslemischen Bevölkerungsgruppe wird auf 38.000 bis 42.000 geschätzt. Sie verlief folgendermaßen:

> *Eine Gruppe vornehmlich bestehend aus Frauen, Kindern und alten, nicht mehr wehrdienstfähigen Männern wandte sich von Srebrenica an das Hauptquartier der Friedenstruppen der Vereinten Nationen (UNPROFOR) in Potocari. Sie blieben hier für eine kurze Zeit, bevor sie gewaltsam mit Bussen an die Konfrontationslinie im Zuge einer von den bosnischen Serben organisierten Evakuierung entfernt wurden.*[1] *Die Kranken und Verwundeten wurden zuerst nach Potocari transportiert und dann mit einem Krankenwagenkonvoi von UNPROFOR-Autos an die Konfrontationslinie, wiederum organisiert von den bosnischen Serben. Eine Gruppe von hauptsächlich wehrfähigen Männern wurde zu einer langen Kette zusammengefaßt und auf einen mehrtägigen Marsch von Srebrenica an die Konfrontationslinie geschickt.*

6. Die folgenden Berichte umfassen die Erfahrungen von Personen, die die Enklave auf verschiedenen Wegen verlassen haben.

---

1 Wenn in diesem Bericht der Ausdruck „Truppen der bosnischen Serben", oder „Behörden der bosnischen Serben" verwendet wird, so bezieht sich dies, wenn nicht anders betont, nur auf bosnische Serben, die eine militärische oder zivile Position der de facto Verwaltung mit Sitz in Pale ausüben. Es besteht dabei keinerlei Bezug zu bosnischen Serben, sie sich gegenüber der Republik Bosnien und Herzegovina loyal verhalten.

B. Die Situation in Srebrenica

7. Die Bombardierung der Enklave von Srebrenica begann im vollem Umfang am Donnerstag, den 6. Juli und am folgenden Dienstag waren die Truppen der bosnischen Serben in die Stadt vorgedrungen. Zu dieser Zeit befanden sich bereits Tausende Frauen und Kinder auf dem Schutzgebiet der UNPROFOR. Es gab darunter auch einige Männer. Der Schutzbereich war mit Menschen überfüllt und wurde am Nachmittag beschossen. Menschen schrien und weinten am Eingang, und es wurden Verwundete und mindestens ein Toter gemeldet.

8. Die Evakuierung dieser Menschen wurde teilweise durch UNPROFOR-Personal in fünf LKW nach Potocari vorgenommen, wobei der Rest zu Fuß folgte. Fast 95 % dieses Exodus waren Frauen, Kinder und alte Personen. Die Reise nach Potocari verlief Berichten zufolge völlig chaotisch. Menschen hingen an den Seiten der LKW und fielen teilweise vor Erschöpfung herunter, was auch auf das heiße Wetter zurückzuführen ist.

9. Es gab auch zahlreiche Berichte über Plünderungen von moslemischen Häusern durch Truppen der bosnischen Serben und serbische Zivilisten nach der Evakuierung. Diese Menschen kamen den Berichten nach aus Städten und Dörfern und stahlen Gegenstände und Vieh. Die Häuser wurden durchwühlt und das Diebsgut wurde in Schubkarren abtransportiert. Einige Häuser sollen Berichten zufolge auch verbrannt worden sein, sowie Moscheen zerstört.

C. Die Situation in Potocari

10..Ca. 25.000 Personen flohen von Srebrenica und die erste Gruppe kam am Dienstag, den 11. Juli in Potocari an. Auf UNPROFOR-Territorium befanden sich ca. 5.000 Frauen und Kinder, die übrigen 20.000 wurden in Fabriken untergebracht.

11. Am Morgen des 12. Juli, Mittwoch, kamen die Truppen der bosnischen Serben an und umstellten den Platz mit Artillerie und Panzern. Das UNPROFOR-Personal reagierte darauf und umgab die vertriebenen Personen mit einem Schutzgürtel. Die Armee der bosnischen Serben gab einen Evakuierungsplan bekannt, wobei Frauen, Kinder und ältere Personen zuerst evakuiert werden sollten. Männer im Alter zwischen 16 und 60 Jahren sollten von den anderen getrennt werden. Die Durchführung dieses Plans zur Evakuierung von 25.000 Personen begann am Mittwoch, den 12. Juli und dauerte eineinhalb Tage, wobei 300 Busse verwendet wurden, von denen jeder 70 Personen gleichzeitig transportieren konnte. Ein Vorschlag, auf jedem Bus einen Vertreter der UNPROFOR mitzuschicken, wurde nicht durchgeführt.

12. Es gab nur wenige Männer (hauptsächlich im nicht-wehrfähigem Alter) unter den Flüchtlingen von Potocari, und diese wurden vom Rest der Gruppe ohne Vorwarnung am Mittwoch den 12. und am Donnerstag den 13. Juli getrennt. Soldaten der bosnischen Serben kamen Berichten zufolge zu den Fabriken, wo sich die Flüchtlinge befanden, und transportierten die Männer in kleinen Gruppen ab. Andere Männer, im Alter von 15 bis 74 Jahren, wurden von der Hauptgruppe getrennt, als sie zu Bussen fuhren, die sie mit ihren Familien besteigen wollten. Eine Frau beschreibt, wie ihr Vater mit Gewehrkolben geschlagen und von ihr getrennt wurde, als sie den Bus bestieg. Sie hat ihn seither nicht mehr gesehen. Ein internationaler Beobachter beschreibt, wie ein Vater, der ein Kind trug, von den bosnischen Serben weggerissen wurde und das Kind allein unter Fremden blieb. Diese Männer, die man von der Gruppe trennte, wurden dann zu einem Haus geführt, das von Soldaten der bosnischen Serben bewacht wurde.

13. Es gab auch Berichte von Frauen, die von der Gruppe getrennt wurden. Laut Berichten soll es sich um 8 bis 10 Frauen handeln. Es gibt allerdings keine Namen der vermißten Frauen.

14. Es wurde von physischer Gewalt von Soldaten der bosnischen Serben gegen die Flüchtlinge berichtet, wobei es sogar Todesfälle gegeben haben soll. Ein internationaler Beobachter beschreibt die Exekution eines Zivilisten in der Nähe der wartenden Busse. Er sah, wie das Opfer gewaltsam von einer großen Gruppe getrennt wurde. Kurze Zeit später hörte man Schreie und man sah, wie ein Soldat der bosnischen Serben dem Mann in den Kopf schoß. Derselbe Vorfall wurde von einem anderen internationalen Beobachter gesehen.

15. Andere internationale Beobachter berichten, daß sie verschiedenes sahen und hörten, was darauf hindeutete, daß Exekutionen statt-

fanden. Einer beschreibt, wie ein Mann mit Gewehrkolben geschlagen wurde und dann in ein Haus gezerrt wurde. Man hörte danach einen Schuß und nahm an, daß der Mann getötet worden war. Ein anderer Zeuge beschreibt dieselbe Kette von Ereignissen in zwei anderen Fällen. Es gab Berichte über Schüsse und Schreie während der Nacht, vor allem in der Nähe eines Maisfeldes hinter dem Haus, in dem der Mann gefangengehalten wurde.

16. Drei internationale Beobachter fanden 9 oder 10 Tote in der Nähe eines Flusses. Die Leichen waren in Zivilkleidung und man fand sie mit dem Kopf nach unten fast im Wasser. Es gab Schußwunden im Rücken und an der Seite. Ein anderer Beobachter sah, wie 10 Männer in die Richtung der Stelle geführt wurden, an der man später die Leichen fand. Zwei weitere internationale Beobachter sahen dieselbe Szene etwas später am selben Tag. 6 bis 7 Leichen in Zivilkleidung wurden an einer anderen Stelle gesehen, wobei es bei den Berichten keine Klarheit gab, ob diese Menschen durch Aufschlitzen der Kehle oder Schußwunden starben.

17. Es gibt viele zuverlässige Berichte, daß die Flüchtlinge von Soldaten der bosnischen Serben gestoßen und geschlagen wurden. Einige wurden geschlagen, wenn sie sich nicht schnell genug bewegten. In einem Fall kamen die Soldaten der bosnischen Serben laut Berichten zu einer Fabrik und nahmen einige Männer mit. Keiner dieser Männer kam zurück, mit Ausnahme eines, der schwere Wunden im Gesicht hatte. Man berichtete auch von Beschimpfungen der Flüchtlinge.

18. Der Allgemeinzustand der Flüchtlinge war laut Berichten sehr schlecht. Die Truppen der bosnischen Serben versorgten die Flüchtlinge am Mittwoch, den 12. Juli mit Verpflegung und Wasser, aber laut Berichten, war dies nicht genug. Es herrschte eine allgemeine Panik und ein internationaler Beobachter, der anwesend war, berichtete, daß er noch nie soviel Angst in einer Menschengruppe gesehen hätte.

D. Die Busreise

19. Die Busse und Lastwagen fuhren von Potocari an die Grenze des von den bosnischen Serben gehaltenen Territoriums in der Nähe von Tisca. Man fuhr über Bratunac und Vlasenica. Die Fahrt dauerte zweieinhalb Stunden. Die Flüchtlinge gingen dann ca. sechs Kilometer zu Fuß von den Barrikaden zur Konfrontationslinie auf das von der bosnischen Regierung gehaltene Gebiet von Kladanj.

20. Zeitweise waren die Transportbedingungen äußerst schwierig. Man verlud Frauen, Kinder und Alte auf Lastwagen, die mit Plastikplanen bedeckt waren. Es war sehr heiß, und die Lastwagen waren kaum belüftet. Ein internationaler Beobachter fragte einen Soldaten der bosnischen Serben, die Planen zu heben, damit die Menschen leichter atmen könnten, aber dies wurde verweigert. Dieser Beobachter berichtete auch, daß die Menschen wie Vieh zusammengetrieben wurden und daß auf ihren Gesichtern große Angst stand.

21. Weitere Menschen wurden während dieser Fahrt weggebracht. Man berichtete vor allem von Männern, die von der Gruppe getrennt wurden. Es gab Berichte über drei Männer in einem Alter von ca. 60 Jahren, die vom Bus während eines Aufenthalts bei Kravica geholt wurden. Weitere Männer wurde von der Gruppe an den Barrikaden der Konfrontationslinie getrennt. Laut einem Bericht wurde es weiteren Männern gestattet, den Bus bei Nova Kasaba zu besteigen. Es gab Berichte, daß neun Frauen, im Alter zwischen 15 und 20 Jahren, in Bratunac aus dem Bus geholt wurden.

22. Es gab viele Berichte, wonach die Busse auf der Fahrt von Soldaten der bosnischen Serben gestoppt wurden, die Geld und Schmuck verlangten. Diese Forderungen wurden von Gewaltandrohungen begleitet, in einem Fall wurde berichtet, daß ein Messer an den Hals eines Babys gehalten wurde.

23. Die Busse wurden auf ihrer Fahrt auch von bosnisch-serbischen Zivilisten gestoppt. In einem Fall wurde von einem Kind berichtet, das am Kopf durch einen Stein verletzt wurde, der auf den fahrenden Bus geschleudert wurde.

24. Einige der Busfahrenden berichten von gefangenen Männern, die sie durch das Fenster sahen. Ein internationaler Beobachter und ein Flüchtling sahen zwischen 300 und 500 Männer auf einem Fußballfeld in Nova Kasaba. Viele davon trugen Uniformen. Ein Zeuge sah mehr als 10 Männer, nackt bis zur Hüfte und mit den Händen hinter dem Kopf verschränkt. Ein anderer sah eine Gruppe von ca. 100 Män-

nern in der Nähe von Kravica und Konjevic Polje, und eine Frau berichtete, daß sie ihren Bruder in einer Gruppe von 20 bis 30 gefangenen Männern sah.

25. Es gab auch Berichte von Toten, die man auf der Fahrt sah, vor allem auf der Straße zwischen Bratunac, Konjevic Polje und Nova Kasaba. Einige dieser Leichen waren Berichten zufolge in Zivilkleidung mit aufgeschlitzten Kehlen oder Schußwunden. Eine Frau berichtete, daß sie vier tote Zivilisten auf einem Marsch über Niemandsland nach Kladanj sah.

E. Die Fahrt im Sanitätskonvoi

26. Am Mittwoch, den 13. Juli wurden ca. 65 Verwundete von Potocari in einem Konvoi von sieben Lastwagen, begleitet von medizinischem Personal und UNPROFOR-Truppen abtransportiert. Der Konvoi wurde am Kontrollpunkt der bosnischen Serben nahe der Konfrontationslinie aufgehalten, wo Soldaten der bosnischen Serben verlangten, daß die Patienten ausgeladen werden sollten. Ca. 30 Männer wurden aus dem Auto ausgeladen, und nur die Schwerverletzten wurde im Wagen gelassen. Man berichtete, daß die Kranken und Verwundeten von Soldaten der bosnischen Serben geschlagen und gestoßen wurden. Zumindest ein Mann wurde mit einem Maschinengewehr schwer geschlagen, und ein Mann mit gebrochenem Bein mußte ohne Hilfe gehen. Die Gruppe, die man zum Verlassen des Wagens gezwungen hatte, mußte in einem Feld unter sehr kalten und schweren Bedingungen übernachten. Es wurde angegeben, daß eine Krankenschwester mit dieser Gruppe in der Nacht mitgenommen und von Soldaten der bosnischen Serben vergewaltigt wurde. Weitere Details sind in Abschnitt H angegeben. Die Gruppe mußte in der Morgendämmerung in Richtung Konfrontationslinie marschieren.

27. Der Rest des Konvois wurde nach Potocari zurückgeschickt, wurde aber wieder am Kontrollpunkt der bosnischen Serben gestoppt und mußte dort die Nacht verbringen. Man berichtete, daß das medizinische Personal die Patienten nicht behandeln durfte, und daß einer während der Nacht starb, offensichtlich bedingt durch fehlende medizinische Hilfe. Soldaten der bosnischen Serben sollen Berichten zufolge

Wertsachen und andere Besitztümer der Menschen im Konvoi während der Nacht weggenommen haben. Am nächsten Tag durfte der Konvoi in ein lokales Spital nach Bratunac weiterfahren. Man berichtete, daß weitere Männer die Gruppe verlassen mußten, und es ist nicht bekannt, wohin diese Patienten kamen.

28. Das Internationale Komitee des Roten Kreuzes konnte 88 Verwundete aus Bratunac und Potocari am 17. und 19. Juli evakuieren. Als alle Verwundeten in Bratunac am ersten Tag der Evakuierung zusammengeholt waren, wurde 23 von ihnen die Abfahrgenehmigung nicht erteilt. ICRC betrachtet sie als Kriegsgefangene und versucht eine Besuchserlaubnis zu bekommen.

F. Der Fußmarsch

29. Die wehrfähigen Männer von Srebrenica versammelten sich auf einem Hügel, Suljim Jaglic, ganz nahe der Stadt am Montag, den 10. Juli. Sie waren Teil einer sehr großen Gruppe von ca. 15.000 Menschen, die die Stadt in Richtung bosnisches Regierungsterritorium verließen. Die Gruppe bestand vornehmlich aus Männern. Es waren meistens Zivilisten. 3.000 bis 4.000 sollen Berichten zufolge bewaffnet gewesen sein und ca. 10.000 unbewaffnet. Es gab einige Frauen und Kinder in der Gruppe.

30. Die Gruppe bewegte sich in einem Zug von 2 bis 3 Personen in der Breite auf einer Länge von mehreren Kilometern weiter. Berichten zufolge gingen die bewaffneten Männer am Anfang der Gruppe, dann kamen die Verwundeten, dann die Zivilisten und am Ende wieder ein Trupp bewaffneter Männer. Es gab auch einige bewaffnete Männer an der Flanke des Zuges.

31. Während des Marsches teilte sich diese große Gruppe in viele kleine Gruppen. Später schlossen sich diese kleinen Gruppen den anderen Gruppen an und marschierten gemeinsam. Es ist schwierig, die genaue Abfolge der Ereignisse zu rekonstruieren, da es sich um eine so große Menschengruppe handelte, die ständig in wechselnde Untergruppen zerfiel. Zeugenaussagen sind nur einzelne Teile eines großen Puzzles.

32. Überlebende dieses Marsches berichten von Angriffen und Überfällen durch Truppen der bosnischen Serben, die vornehmlich aus Zi-

vilisten bestanden.[2] *Während eines Beschusses in Konjevic Polje beschrieb ein Zeuge, wie eine Granate in diese Gruppe geworfen wurde, was zu zahlreichen Toten und Verwundeten führte. Der Zeuge beschreibt das allgemeine Chaos und er sah Menschen mit abgerissenen Armen und Beinen. Er selbst entkam über den Fluß Jadar, der schwarz war von Blut und Schmutz. Ein anderer Bericht beschreibt, wie man durch ein schwer vermintes Gebiet gehen mußte, wobei die Situation noch durch den unstabilen mentalen Zustand der Flüchtlinge zu diesem Zeitpunkt erschwert wurde. Der Zeuge berichtet von 15 Menschen, die in diesem Gebiet getötet oder verletzt wurden.*

33. Einige Zeugen beschreiben körperliche Angriffe auf Männer, die sich ergeben hatten und damit den Stand von Kriegsgefangenen hatten. Diese Angriffe führten manchmal zu deren Tod. Verschiedene Berichte beschreiben, wie Truppen der bosnischen Serben Megaphone benützten, um die Menschen zur Ergebung zu zwingen. Ein Mann berichtet, daß er in einer Gruppe war, die zumindest zu einem Drittel aus Zivilisten bestand. Diese Gruppe wurde auf der Straße zwischen Kravica und Konjevic Polje beschossen. Seine Gruppe ergab sich und wartete im Gras neben der Straße. Dann beschrieb er, wie die Soldaten der bosnischen Serben Menschen wahllos töteten, indem sie die Opfer

---

2 Es stellt sich die schwierige juristische Frage, ob dies militärische Angriffe gegen Zivilisten als solche waren. Um eine Menschenrechtsverletzung festzustellen, müssen sich diese Angriffe gegen Zivilisten richten. Angriffe auf Kämpfer sind im Zuge von normalen Kriegshandlungen zulässig. Dies ist insofern ein Problem, als die Spitze und einige Splittergruppen des Zuges eine Mischung aus Zivilisten und Kämpfern darstellten. Daher ist in jedem Einzelfall festzustellen, ob die Angriffe im einzelnen eine Verletzung der internationalen humanitären Gesetzgebung waren. Ein wichtiger Faktor, der bei dieser Festlegung zu berücksichtigen ist, ist die proportionale Zusammensetzung von Zivilisten und Kämpfern. Kämpfer, die sich ergeben haben, gelten als Kriegsgefangene und müssen laut der Genfer Konvention für den Schutz von Kriegsgefangenen von 1949 geschützt werden.

bei den Haaren packten und ihnen die Kehle aufschlitzten. Dieser Zeuge wurde freigelassen, weil er zu jung war und er wurde auf einen Bus, der von Potocari kam, gesetzt. Einem anderen Bericht zufolge wurden Männer in Nova Kasaba an eine Wand gestellt und erschossen. Weitere Berichte melden vom Schicksal einer Gruppe von Männern, die sich ergaben und über die in Abschnitt G berichtet wird.

34. Es gibt auch Berichte über Angriffe von Soldaten der bosnischen Serben, die gegen Gruppen gerichtet waren, die nur aus bosnischen Regierungssoldaten bestanden. Bewaffnete Auseinandersetzungen fanden statt, und Zeugen berichten, daß dabei Soldaten der bosnischen Serben getötet oder gefangengenommen wurden.

35. Anderen Informationen von diesen Zeugen zufolge schlossen sich Zivilisten der bosnischen Serben den Gruppen an und führten die bosnischen Moslems in Fallen. Es gibt auch Hinweise, daß bosnische Serben UNPROFOR-Uniformen trugen und in UNPROFOR-Autos fuhren. Eine Zeuge berichtet, wie Soldaten der bosnischen Serben UNPROFOR-Uniformen trugen und als vermeintliche Vertreter der UNPROFOR seine Gruppe anwiesen, sich an einen bestimmten Ort zu begeben. Er floh, da er annahm, daß es sich um Betrüger handelte.

36. Es war ein gefährlicher Marsch und er fand unter sehr schwierigen Bedingungen statt. Er dauerte einige Tage. Die Menschen hatten karge Essensrationen und mußten von Äpfeln und Pilzen, die sie im Wald fanden, leben. Es gab auch Schwierigkeiten, Trinkwasser zu finden. Es gibt viele Berichte von der große psychischen Belastung auf diesem Marsch. Es gab viele Selbstmorde. In einem besonders schrecklichem Bericht beschreibt ein Zeuge, wie sich ein Mann selbst ins Gesicht schoß, aber nicht tot war und dann andere anflehte, ihn zu töten.

G. Massenexekutionen

37. In all den erwähnten Berichten gibt es Hinweise auf Massenexekutionen. In diesem Abschnitt gibt es auch Berichte, daß gefangene Männer zurückgehalten wurden und dan massenweise unter offenem Himmel in verschiedenen Orten nahe Srebrenica getötet wurden. Es ist klar, daß diese Berichte nicht zur Gänze verifiziert werde können, ohne Territorium zu betreten, das von den bosnischen Serben gehalten wird. Die folgenden Informationsbruchstücke sind in dieser Frage allerdings von Bedeutung.

38. Eine internationale Quelle stellt fest, daß es einen Kriegsgefangenensammelpunkt der bosnisch-serbischen Armee bei einem Fußballfeld in der Nähe von Nova Kasaba gab.

39. Ein internationaler Zeuge und ein Flüchtling berichten, daß sie 300-500 Männer auf einem Fußballplatz bei Nova Kasaba sahen. Sie trugen fast alle Uniform. Der Flüchtling berichtet, daß er daneben einen Leichenberg gesehen habe.

40. Ein Zeuge berichtet, daß er in einer Gruppe von ca. 2.000 Männern war, die sich Dorf Kravica ergaben (andere bestätigen den Bericht über die Gefangennahme einer so großen Gruppe). Der Zeuge sagt, daß sie nach der Gefangennahme an verschiedene Orte gebracht wurden. Er beschreibt die erstickende Hitze in den Lastwagen und daß die Männer kein Wasser hatten. Einige tranken daraufhin ihren Urin. Er beschreibt, wie die Männer mit Stöcken und Maschinengewehren geschlagen wurden, und wie einige erschossen wurde, als man sie zurückhielt. Schließlich kam man in der Nacht an einem Ort unter freiem Himmel an. Gruppen zu je 5-10 Männer wurden von den Lastwagen entladen, in einer Linie aufgestellt und dann von den Soldaten der bosnischen Serben erschossen. Der Zeuge bemerkte, daß schon etwa 100 Männer erschossen waren, als die Reihe an ihn kam. Er sagte, daß Schüsse fielen und eine Kugel seinen Fuß streifte. Er lag einige Stunden still, stellte sich tot und konnte dann flüchten.

41. Zwei andere Zeugen beschreiben ähnlich Ereignisse wie die obigen. Die genauen geographischen Koordinaten können allerdings ohne genauere Untersuchungen nicht festgestellt werden. Daher kann man nicht sagen, ob sich diese Vorfälle am Fußballfeld bei Nova Kasaba ereigneten, wo sich Berichten zufolge solche Grausamkeiten zutrugen. Eine ursprüngliche Analyse der Augenzeugenberichte weist darauf hin, daß dies in einem nördlicher gelegenen Ort, nahe Zvornik, stattfand.

42. Eine internationale Quelle beschreibt, daß sie sich am Samstag, den 15. Juli, auf der Fahrt von Simici nach Bratunac befand. Sie fuhr an einem Fußballfeld nahe Nova Kasaba vorbei. In einem Abschnitt des Fußbaldfeldes sah sie Schuhe und Rucksäcke von ca. 100 Män-

nern. Gleich danach sah sie einen Traktor mit einem Anhänger, auf dem Leichen lagen. Ca. 500 m weiter sah sie wieder Schuhe und Ausrüstung von ca. 20 bis 40 Menschen. Hier sah sie auch einen Kipper mit Leichen in der Baggerschaufel. Zum Schluß sah sie eine Leiche in einer Straßenkurve.

43. Die bekannten Fotos der Regierung der Vereinigten Staaten, die dem Sicherheitsrat vorgelegt wurden, zeigen vier große Flächen mit neu bearbeiteter Erde und Lastwagenspuren auf Feldern bei Nova Kasaba. Jede Fläche umfaßt mehrere Quadratmeter und man nimmt an, daß es sich um Massengräber handelt. Andere Fotos zeigen, daß dasselbe Feld einige Tage vorher unbearbeitet war, und es gibt auch Fotos, die ca. 600 Gefangene auf diesem Feld zeigen.

44. Vom 14. August 1995 berichtet die ICRC, daß man 10.000 Vermißtenanzeigen von Verwandten nach dem Fall von Srebrenica erhalten hatte. Man muß bei Schlußfolgerungen über die Anzahl der Vermißten vorsichtig sein, da die Vermißtenanzeigen mehrfach aufgegeben worden sein können, und da weiters nicht alle Gefundenen der ICRC gemeldet wurden. ICRC konnte letztendlich nur 164 Gefangene besuchen. Man berichtet auch von Hunderten Männern, die in die bosnische Regierungsarmee eintraten, wobei es keine genauen Ziffern gibt.

G. Vergewaltigungen

45. Im Spital von Tuzla wurden Vergewaltigungen gemeldet. In einem Fall beging ein 14jähriges Mädchen Selbstmord, nachdem sie von serbischen Soldaten vergewaltigt worden war. In einem anderen bestätigten Bericht wurde ein 19jähriges Opfer auf dem Weg zur Konfrontationslinie in einem Verwundetentransport vergewaltigt. Laut zahlreichen Berichten bestiegen Soldaten der bosnischen Serben den Bus bei einem Stopp nahe der Konfrontationslinie und suchten die Schwester eines bestimmten Offiziers der bosnischen Regierungstruppen. Eine Frau berichtet, daß sie den Bus verlassen mußte, befragt wurde und dann den Bus unversehrt wieder besteigen konnte. Es wird berichtet, daß eine andere Frau, die als Krankenschwester im Bus arbeitete, aussteigen mußte. Sie war einige Stunden verschwunden und kam in einem verwirrten Zustand zurück. Sie berichtete, daß sie von drei Soldaten der bosni-

schen Serben vergewaltigt worden war. Es gibt andere Berichte über Vergewaltigung und Notzucht, aber nur einige konkrete Fälle.

H. Die Situation in Tuzla

46. Am 13. Juli kamen die ersten Flüchtlinge in Tuzla an. Obwohl es 11.000 Unterkünfte für sie in Massenquartiern um Tuzla gab, bestanden die bosnischen Regierungsbehörden darauf, daß alle Flüchtlinge zum Flugfeld zu bringen seien. Der Flughafen ist vermint, und es gab keine Unterkünfte, keine sanitären Einrichtungen oder Wasser für die neuen Flüchtlinge. Obwohl internationale Hilfsorganisationen Zelte und andere Einrichtungen am Flughafen aufstellten, konnte man nicht alle Flüchtlinge versorgen. Am 14. Juli erklärten sich die Regierungsbehörden damit einverstanden, die neu ankommenden Flüchtlinge in den vorhandenen Unterkünften unterzubringen, und man transportierte die Flüchtlinge, die schon am Flughafen waren, in die Massenunterkünfte. Am 17. Juli schätzte man, daß ca. 17.200 Flüchtlinge in Massenunterkünften untergebracht waren und ca. 5.800 noch am Flughafen Tuzla waren.

47. Viele Flüchtlinge waren bereits ein- oder zweimal geflohen und lebten bereits in Srebrenica als Flüchtlinge. Darunter waren Bauern, die an einen ruhigen gleichmäßigen Lebensstil gewohnt waren und auf die die ständige Entwurzelung einen traumatischen Effekt hat. Sie sind enttäuscht und fühlen sich von der internationalen Gemeinschaft verlassen, die sie trotz aller Versprechungen eines „sicheren Hafens, einer Schutzzone“ nicht beschützen konnte.

48. Die lokalen Behörden untersuchen nun Möglichkeiten, Familien wieder ständig unterzubringen, um den Flüchtlingen ein gewisses Gefühl der Sicherheit zu geben. Damit will man Gemeinschaftsbande und den traditionellen Lebensstil wieder herstellen.

49. Das Schicksal der Männer ist für deren Verwandte und Freunde eine große Belastung. Das Verschwinden einer so großen Anzahl von Männern ist vor allem in einer männerorientierten Gesellschaft, in der Frauen fast zur Gänze von ihren Männern abhängig sind, ein großes Problem. Eine Frau soll Berichten zufolge Selbstmord begangen haben, indem sie mit ihren zwei Kindern in einen Teich sprang, weil ihr Mann als vermißt galt.

50. Dem Sonderberichterstatter wurde von Ausschreitungen und Gewaltakten gegen Serben in den kleinen Dörfern bei Tuzla von lokalen Behörden, lokalen, nicht der Regierung angehörigen Organisationen und serbischen Dorfvorstehern berichtet. Die Serben fühlen sich von den vielen Flüchtlingen, die sich hier niedergelassen haben, bedroht. In Simin Han wurden Häuser von einigen serbischen Familien ausgeraubt und niedergebrannt, wobei die lokale Polizei laut Berichten wenig tat, um dies zu verhindern. In Jasenice wurde Berichten zufolge ein Serbe von einem Unbekannten getötet, während die lokale Polizei zusah. In anderen Dörfern wird von Beschimpfungen und Vertreibungen berichtet. Der Bürgermeister von Tuzla und der Bezirksvorsteher haben diese Vorgänge verurteilt, wobei der Polizei entsprechende Anweisungen erteilt wurden, die Ordnung wiederherzustellen und Maßnahmen zur Wiedergutmachung an den Serben zu ergreifen.

J. Schlußfolgerung

51. Es gibt direkte und indirekte Zeugenberichte, die darauf hinweisen, daß es Massenhinrichtungen sowohl von Einzelpersonen als auch von kleinen Gruppe gegeben hat. Was die Massenhinrichtungen von großen Menschengruppen betrifft, so muß man auf Grund der bis jetzt gehörten Berichte leider annehmen, daß diese stattgefunden haben könnten. Weitere Schlußfolgerungen, vor allem in bezug auf die Gesamtanzahl der Hingerichteten und über das Schicksal der noch Vermißten kann es nicht geben, solange es keinen Zutritt zu dem Territorium gibt, das sich unter der Kontrolle der bosnischen Serben befindet, und solange man die fraglichen Örtlichkeiten nicht untersuchen kann, Leichen nicht exhumieren und untersuchen kann und solange man keine weiteren Informationen über die noch als vermißt gemeldeten Männer hat.

52. Es gibt glaubhafte Berichte, daß Frauen von den Soldaten der bosnischen Serben vergewaltigt wurden. Es gibt auch Hinweise, daß es sich dabei nicht um Massenvergewaltigungen handelte. Allerdings könnte es sich auch um Untertreibungen handeln.

53. Bei den bewaffneten Auseinandersetzungen wurden Zivilisten bombardiert, was zu Todesfällen und Verwundungen führte. Kriegsge-

fangene wurden äußerst schlecht behandelt und aller Wahrscheinlichkeit auch hingerichtet, was einen Verstoß gegen internationales Menschenrecht darstellt.

54. Die Tatsache, daß noch Tausende vermißt werden, ist äußerst wichtig. Man konnte noch nicht bestätigen, daß sich diese Menschen in Gefangenschaft befinden.

55. Es gibt eindeutige Beweise, daß Menschen physisch angegriffen wurden, d.h. sie wurden laut Berichten gestoßen und teilweise brutal geschlagen.

56. Es gabe viele Fälle, in denen die Bevölkerung unmenschlich und demütigend behandelt wurde.

57. Die psychischen Leiden, die durch die Vertreibung der Bevölkerung aus Srebrenica, besonders als Folge der Zerschlagung von Familien, Freundschaften und der Gemeinschaft entstanden, wurden nicht beachtet.

58. Es gibt glaubhafte Berichte von Plünderungen und Zerstörungen von moslemischem Eigentum nach dem Fall von Srebrenica.

59. Es gibt Hinweise von Vergeltungsschlägen gegen die serbische Zivilbevölkerung in Tuzla durch moslemische Flüchtlinge von Srebrenica.

K. Empfehlungen

60. Es ist von großer Wichtigkeit, daß die Untersuchungen fortgesetzt werden und daher muß es baldigst eine Zutrittsmöglichkeit zu den Territorien, die von den bosnischen Serben gehalten werden, geben. Informationen von militärischen Nachrichtendiensten über internationale Menschenrechtsverletzungen sollten den zuständigen Organen der Vereinten Nationen und besonders dem Internationalen Kriegsverbrechertribunal zugänglich gemacht werden.

61. Die gegenwärtigen Organe der bosnischen Serben sollten sich sofort über die noch Tausenden Vermißten äußern.

62. Dem Internationalem Komitee des Roten Kreuzes sollte der Zugang zu den Gefangenenlagern gewährt werden.

63. Die Internationale Gemeinschaft sollte alles mögliche unternehmen, damit das Recht der Flüchtlinge für eine sichere und würdige Heimkehr gesichert ist.

64. Die Internationale Gemeinschaft sollte sofortige Hilfeleistung und finanzielle Unterstützung für die Flüchtlinge beim Wiederaufbau ihres Lebens gewähren.Dabei sollte man der Errichtung von ständigen Wohnsitzen für diese Flüchtlinge besonderes Augenmerk schenken.

65. Die lokalen Behörden in Tuzla sollten sich weiter bemühen, damit die Rechte der serbischen Minderheit entsprechend geschützt werden.

66. Es gab in Srebrenica zahlreiche Anschuldigungen gegen UNPROFOR, die man wegen Befangenheit und anderer Hindernisse nicht belegen kann. Es sollte eine Untersuchung unter internationaler Aufsicht durchgeführt werden, um diese Anschuldigungen zu verifizieren.

Beilage I

Brief vom 27. Juli von Herrn Tadeusz Mazowiecki an den Vorsitzenden der Menschenrechtskommission

27. Juli 1995

Sehr geehrter Herr Vorsitzender!

Die Ereignisse der letzten Wochen in Bosnien und Herzegowina, und vor allem die Tatsache, daß die Vereinten Nationen den Fall von Srebrenica und Zepa und damit eine unendliche Tragödie für die Bevölkerung, die Zuflucht in diesen von internationalen Abkommen „sicheren Häfen" suchten, zuließen, zwingen mich festzustellen, daß ich keine Möglichkeit sehe, das Mandat eines Sonderberichterstatters, wie es mir von der Menschenrechtskommission verliehen wurde, weiterzuführen.

Als ich das Mandat im August 1992 annahm, habe ich eindeutig erklärt, daß es nicht nur mein Ziel ist, Berichte zu schreiben, sondern den Menschen selbst zu helfen. Die Schaffung von „Sicherheitszonen" war von Anfang an eine meiner Hauptempfehlungen in meinen Berichten. Die kürzlich gefaßte Entscheidung der Londoner Konferenz, den Fall von Srebernica zu akzeptieren und auf Zepa zu verzichten, sind für mich unannehmbar. Diese Entscheidungen schufen nicht die Bedingungen, die für die Verteidigung von „Sicherheitszonen" notwendig sind.

Diese Ereignisse stellen einen Wendepunkt in der Entwicklung der Situation von Bosnien dar. Wir haben es gleichzeitig mit dem Kampf eines Staates, eines Mitglieds der Vereinten Nationen, um Überleben und den Erhalt des Vielvölkercharakters zu tun, sowie mit dem Bemühen, die Prinzipien einer internationalen Ordnung aufrecht zu erhalten. Man kann nicht glaubhaft vom Schutz der Menschenrechte sprechen, wenn die internationale Gemeinschaft und deren Führer nicht die Beharrlichkeit und den Mut aufbringen. Die Tragödie der Menschen in Srebrenica und Zepa hat gezeigt, wie es wirklich um die Menschenrechte steht. Es gibt weiterhin himmelschreiende Menschenrechtsverletzungen. Es gibt ständige Hindernisse für die Lieferung von humanitärer Hilfe. Die Zivilbevölkerung wird gnadenlos bombardiert, und die „Blauhelme" und die Vertreter der humanitären Organisationen sterben. Es wurden grausame Verbrechen begangen, und die entsprechende Reaktion der internationalen Gemeinschaft war lau und uneffektiv.

Mein Mandat ermöglicht es mir nur weiterhin Verbrechen und Menschenrechtsverletzungen zu beschreiben. Die gegenwärtige kritische Lage zwingt uns allerdings, den wahren Charakter dieser Verbrechen und die Verantwortung von Europa und der internationalen Gemeinschaft für deren Hilflosigkeit, diesen Verbrechen zu begegnen, festzustellen. Wir haben in Polen gegen ein totalitäres System mit einer Vision vom Europa der Zukunft gekämpft. Wie können wir an ein Europa der Zukunft glauben, das von Kindern und Menschen geschaffen werden soll, die heute dem Schicksal preisgegeben wurden?

Ich möchte gerne glauben, daß der gegenwärtige Augenblick ein Wendepunkt in der Einstellung Europas und der Welt gegenüber Bosnien ist. Die Stabilität der internationalen Ordnung und die Prinzipien der Zivilisation stehen in Bosnien auf dem Spiel. Ich bin nicht überzeugt, daß es zu diesem erhofften Wendepunkt kommt, und ich kann nicht weiterhin an der Vortäuschung des Schutzes der Menschenrechte teilnehmen.

Herr Vorsitzender, bitte verstehen Sie die Motive, die hinter meiner Entscheidung stehen und teilen sie diese den Mitgliedern der Menschenrechtskommission mit. Ich werde meinen 18. Endbericht über meine derzeitige Mission in Tuzla der Kommission in der nächsten Zukunft vorlegen.

Eure Exzellenz, bitte nehmen Sie die Versicherung meiner vorzüglichen Wertschätzung entgegen.

Hochachtungsvoll

Tadeusz Mazowiecki
Sonderberichterstatter über die Situation der Menschenrechte auf dem Gebiet des früheren Jugoslawien.

Dayton-Abkommen als vorläufiger Schlußpunkt

Das Engagement der Amerikaner, deren Rolle als „Weltpolizist" oft kritischen Betrachtungen und Kommentaren unterliegt, führt schließlich dazu, daß substantielle Verhandlungen zur Beendigung des Krieges aufgenommen und überraschend schnell abgeschlossen werden.

Das Friedensabkommen wird in den USA, in Dayton, geschlossen und in Europa, das Schauplatz der Auseinandersetzung war aber keine Lösungskompetenz bewies, unterzeichnet. Man spricht daher durchaus zurecht eher vom Abkommen von Dayton denn von Paris.

Bosnien-Friedensabkommen in Dayton paraphiert
Utl.: Christopher: „Ein Sieg für uns alle"

Dayton/Washington (APA/dpa) - Das Friedensabkommen für Bosnien ist am Dienstag in Dayton (Ohio) von den Präsidenten Serbiens, Bosniens und Kroatiens paraphiert worden. Slobodan Milosevic, Alija Izetbegovic und Franjo Tudjman hatten sich nur wenige Stunden zuvor nach über dreieinhalbjährigem Krieg und dreiwöchigen Verhandlungen geeinigt. Das Abkommen soll Anfang Dezember in Paris unterzeichnet werden.

Bei der Konferenz in Dayton sei eine umfassende Vereinbarung erzielt worden, die ohne die Führungskraft von Präsident Bill Clinton nicht möglich gewesen wäre, sagte US-Außenminister Warren Christopher. „Es ist ein Sieg für uns alle", sagte er nach der feierlichen Paraphierung. Jetzt müßten die Parteien die gemachten Verpflichtungen umsetzen.

Der Bosnien-Unterhändler der EU, Carl Bildt, hat sich optimistisch über die Durchsetzung des Abkommens geäußert, das von Präsident Clinton in Washington verkündet worden war. Bei allen Parteien habe letztlich die Überzeugung gesiegt, daß der Krieg nicht fortgesetzt werden dürfe. Bildt gab sich zuversichtlich, daß der serbische Präsident Slobodan Milosevic auch das Abkommen gegenüber den bosnischen Serben durchsetzen werde.

APA649 1995-11-21/22:43

Bosnische Serbenführung droht mit Blutbad

Utl: Karadzic: Dayton-Abkommen muß von Serbenparlament ratifiziert werden - Scharfe NATO-Warnung aus Brüssel

Paris/Brüssel/Belgrad (APA/Reuter/AFP) - Der bosnische Serbenführer Radovan Karadzic fordert, daß die von den Präsidenten Bosniens, Serbiens und Kroatiens in den USA paraphierten Dayton-Friedensvereinbarungen vom bosnischen Serbenparlament ratifiziert werden, und hat den Westen vor einem Blutbad gewarnt. Die USA haben bereits jede Neuverhandlung des Vertrages ausgeschlossen, der im Dezember in Paris unterzeichnet werden soll. Auch die Belgrader Führung gab den bosnischen Serben unmißverständlich zu verstehen, daß eine Revision der Daytoner Vereinbarungen nicht möglich sei. Die NATO hat die bosnischen Serben am Montag in scharfer Form vor jedem Versuch gewarnt, die multinationalen Friedenstruppen einzuschüchtern oder zu provozieren.

Für die NATO-Soldaten könnte der Bosnien-Einsatz zu einem „wahren Alptraum" werden, drohte Karadzic in einem am Montag von der französischen Zeitung „InfoMatin" veröffentlichten Interview. Er warnte den Westen vor einem Blutbad, sollte versucht werden, die bosnischen Serbenführer zu fassen und dem Haager UNO-Kriegsverbrechertribunal zuzuführen. Die Dayton-Konferenz habe den Kampf der bosnischen Serben um einen eigenen Staat anerkannt, dessen Oberhaupt er nach Recht und Gesetz sei, sagte Karadzic. Er lehnt es weiterhin ab, den serbisch kontrollierten Sektor mit der Hauptstadt Sarajewo wiederzuvereinigen. Ohne eine Teilung der Stadt werde es keinen Frieden geben. Sonst könnte die bosnische Hauptstadt „das Beirut Europas" werden.

Der jugoslawische Außenminister Milan Milutinovic hat unterdessen jede Möglichkeit einer Revision des Dayton-Abkommens ausgeschlossen. Der Belgrader Zeitung „Politika" (Montag-Ausgabe) sagte er, in Paris, wo die Vertragsunterzeichnung stattfinden soll, könne über andere Fragen verhandelt werden, nicht jedoch über die Beschlüsse von Dayton. Der Staatspräsident Jugoslawiens (Serbien und Montenegro), Zoran Lilic, warnte die bosnische Serbenführung vor „Sabotage". Gegenüber Radio Belgrad sagte Lilic Sonntag abend: „Niemandem soll es erlaubt sein, das Abkommen zu sabotieren, denn das wäre sicherlich nicht im Interesse des serbischen Volkes."

APA320 1995-11-27/13:43

Ende des Bosnien-Krieges in Paris feierlich besiegelt

Utl.: Gegenseitige Anerkennung zwischen Sarajewo und Belgrad - Noch Probleme mit Zagreb - Granaten auf bosnische Hauptstadt

Paris/Sarajewo (APA/AFP/Reuter/dpa) - Mit der Unterzeichnung des Friedensabkommens für Bosnien-Herzegowina ist am Donnerstag in Paris das Ende des fast vierjährigen Krieges feierlich besiegelt worden. Die Präsidenten Bosniens, Kroatiens und Serbiens setzten im Elysee-Palast ihre Unterschriften unter das in Dayton (USA) ausgehandelte Dokument. Am Abend erfolgte auch die diplomatische Anerkennung zwischen Bosnien-Herzegowina und dem aus Serbien und Montenegro bestehenden Rest-Jugoslawien. In seinem Bemühen, ein Abkommen zur gegenseitigen Anerkennung Kroatiens und Serbiens zu vermitteln, ist Frankreich bisher aber gescheitert.

Als Zeugen des Friedensabkommens unterzeichneten US-Präsident Bill Clinton, Frankreichs Präsident Jacques Chirac, der russische Premier Viktor Tschernomyrdin, der britische Regierungschef John Major, der deutsche Bundeskanzler Helmut Kohl und der spanische Regierungschef Felipe Gonzales als amtierender EU-Ratspräsident.

Die Staatengemeinschaft soll den Wiederaufbau des Landes, die Rückkehr der 3,5 Millionen Flüchtlingen und die Abhaltung freier Wahlen gewährleisten. Nach der Vertragsunterzeichnung ist nur noch die Zustimmung der UNO für die Mission der multinationalen Truppe unter NATO-Führung nötig, deren 60.000 Soldaten den Frieden sichern sollen.

Bosniens Präsident Alija Izetbegovic nannte das Abkommen eine „bittere Medizin" für das bosnische Volk. Serbiens Präsident Slobodan Milosevic sprach den Wunsch aus, daß der Friedensvertrag „den Zerstörungen und dem Leiden ein Ende setzen" werde. Kroatiens Präsident Franjo Tudjman sagte, der „historische Moment ziehe einen Schlußstrich unter eine der größten politischen und militärischen Krisen unserer Zeit".

Noch während der Unterzeichnungszeremonie explodierten in Sarajewo vier offenbar von bosnischen Serben abgeschossene Granaten. Berichte über Opfer gab es zunächst nicht. Ein UNO-Hubschrauber wurde über der bosnischen Hauptstadt von Soldaten der bosnischen Regierungsarmee beschossen. Alle am Friedensabkommen beteiligten Staatspräsidenten verurteilten den Angriff.

APA660 1995-12-14/19:30

Schauplätze und Grenzen

Bosnien-Herzegowina vor dem Krieg 1990

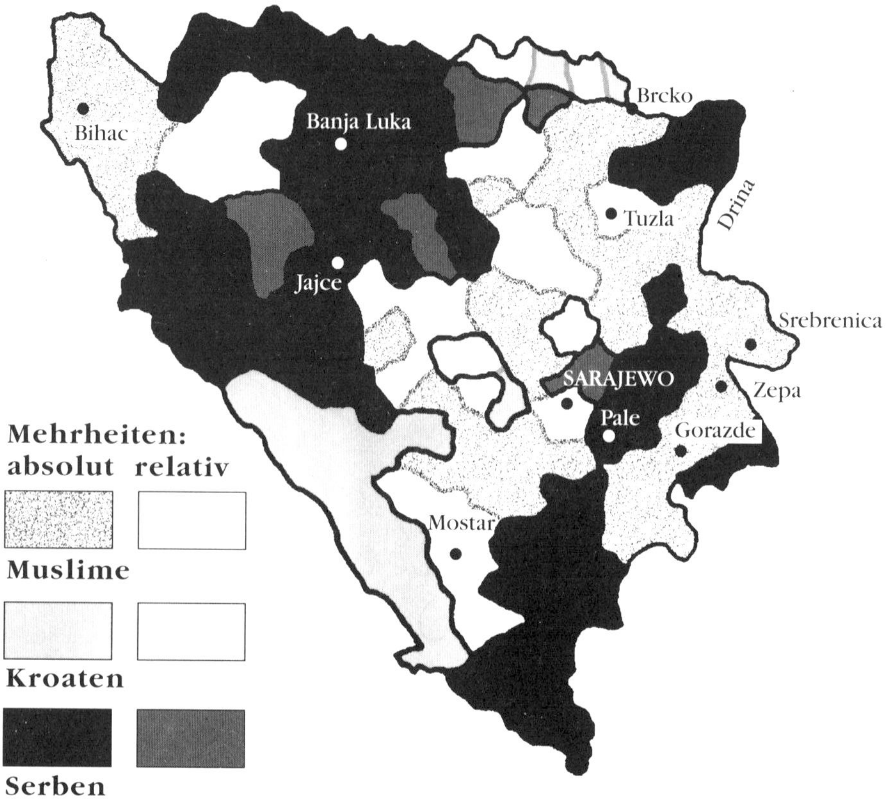

Diese und die folgende Karte zeichnen das Drama, das sich im Herzen Ex-Jugoslawiens abgespielt hat. Bosnien-Herzegowina 1990, eine Landkarte wie ein „Flickenteppich": Die ethnische Zusammensetzung ändert sich oft innerhalb weniger Kilometer, wechselt von Stadt zu Stadt.

In der Zwischenzeit - eine Folge der ethnischen Vertreibung, der Flüchtlingsbewegungen - ist eine „Flurbereinigung" erfolgt. Friedenspläne müssen der Realität Rechnung tragen: Das Land teilt sich nur noch in einige Gebiete, die entweder zur moslemisch-kroatischen Föderation oder zum serbischen Republikteil gehören.

Bosnien-Herzegowina

Aufteilungsplan der „Kontaktgruppe" vom Juli 1994

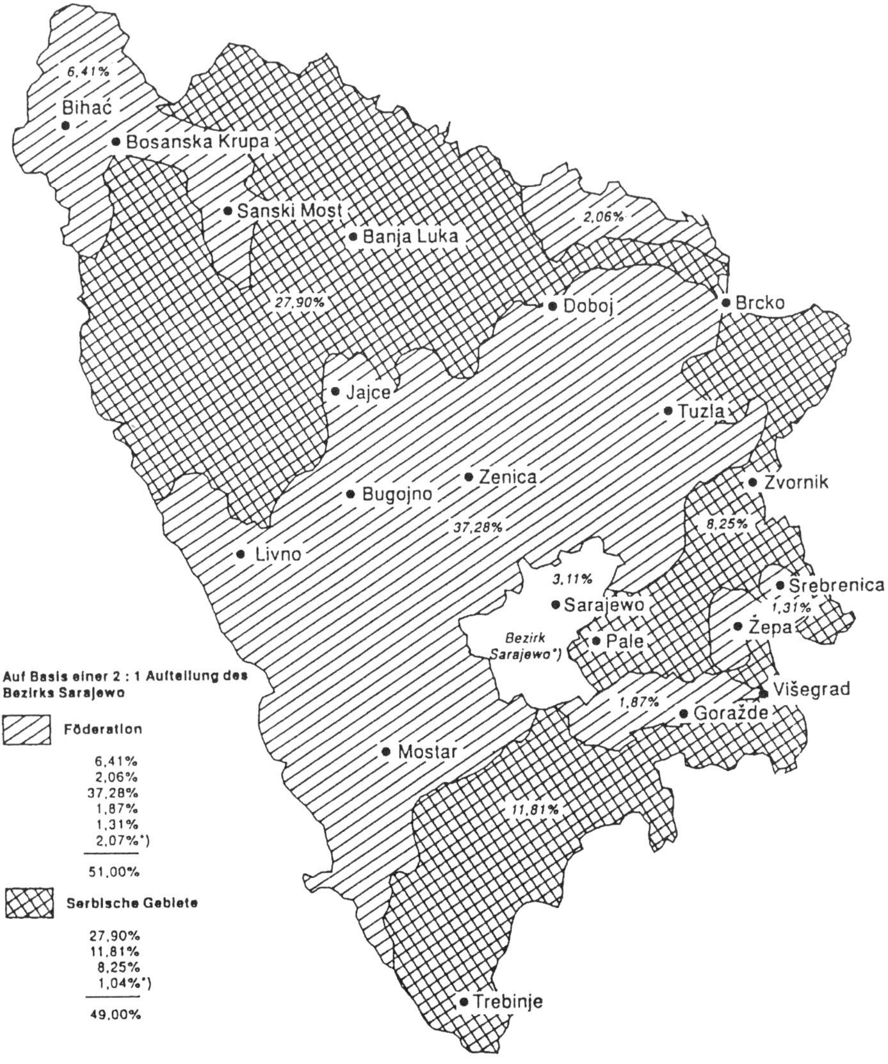

*) Bezirk Sarajewo

Quelle: Bundesministerium für auswärtige Angelegenheiten.
Grafik: Österreichisches Statistisches Zentralamt.